La tour Chrysler.

DIRECTEURS DE COLLECTION ET AUTEURS
Dominique AUZIAS et Jean-Paul LABOURDETTE

AUTEURS
Vanessa RICHARD, Gaétan MATHIEU, Tio MITIO, Jean-Paul LABOURDETTE, Dominique AUZIAS et alter

DIRECTEUR EDITORIAL
Stéphan SZEREMETA

RÉDACTION MONDE
Laure CHATAIGNON, Morgane VESLIN, Pierre-Yves SOUCHET, Natalia COLLIER

RÉDACTION FRANCE
Briséis CREAC'H-MENUT, Tony DE SOUSA, Mélanie COTTARD, Audrey VEDOVOTTO

MAQUETTE ET MONTAGE
Romain AUDREN, Julie BORDES, Delphine PAGANO

ICONOGRAPHIE CARTOGRAPHIE
Anne DIOT, Julien DOUCET

DIRECTRICE DES VENTES
Bénédicte MOULET assistée d'Aissatou DIOP

RESPONSABLE DES VENTES
Jean-Pierre GHEZ assisté de Nelly BRION

RELATIONS PRESSE-PARTENARIATS
Jean-Mary MARCHAL

PRÉSIDENT
Jean-Paul LABOURDETTE

DIRECTRICE ADMINISTRATIVE ET FINANCIÈRE
Valérie DECOTTIGNIES

DIRECTRICE DES RESSOURCES HUMAINES
Dina BOURDEAU assistée de Sandra DOS REIS et Eva BAELEN

COMPTABILITÉ
Guillaume PETIT, Aminata BAGAYOKO, Jeannine DEMIRDJIAN

RECOUVREMENT
Fabien BONNAN assisté de Sandra BRIJLALL

CITY TRIP NEW YORK

LES NOUVELLES EDITIONS DE L'UNIVERSITE
18, rue des Volontaires - 75015 Paris.
✆ 01 53 69 70 00 - Fax 01 42 73 15 24
Internet : www.petitfute.com
SAS au capital de 1 000 000 € -
RC PARIS B 309 769 966
Couverture : Tour Chrysler, New York
© Nadia_Block - iStockPhoto.com
Impression : IMPRIMERIE CHIRAT -
42540 Saint-Just-la-Pendue
Achevé d'imprimer : février 2023
Dépôt légal : novembre 2022
ISBN : 9782305076614

Pour nous contacter par email, indiquez le nom de famille en minuscule suivi de @petitfute.com
Pour le courrier des lecteurs : info@petitfute.com

PEFC 10-31-1895

IMPRIMÉ EN FRANCE

BIENVENUE À NEW YORK !

Il n'est pas rare qu'un New-Yorkais se demande pourquoi il habite à New York. Pourquoi accepte-t-il de partager avec trois colocataires un minuscule appartement à 3000 US$ le mois, au 5e étage sans ascenseur ? Pourquoi reste-t-il dans une ville où les trottoirs sont bondés, le bruit incessant, l'été irrespirable, l'hiver trop rude, le rythme de la vie quotidienne intense ? Autant de questions existentielles que le New-Yorkais se pose lorsqu'il rate son métro à quelques secondes près et qu'il attend sur le quai, dans un froid glacial ou dans une chaleur étouffante, de pouvoir rentrer chez lui après une journée forcément bien remplie. Les New-Yorkais, parfois incompris, savent qu'ils ont besoin de cette ville tumultueuse et passionnante comme ils ont besoin de leur *bagel cream cheese* et de leur *iced coffee* le matin. Le silence les dérange, les rues vides les inquiètent. New York a tant à leur offrir : les musées les plus prestigieux au monde, des galeries d'art à n'en plus finir, des salles de concerts par dizaines, des bars branchés par centaines, des restaurants qui servent une délicieuse cuisine du monde, des magasins pour tous les budgets, des possibilités de rencontres infinies.
Si l'on devait résumer New York en une seule phrase, on pourrait citer Simone de Beauvoir, qui écrivit en son temps : « Il y a quelque chose dans l'air de New York qui rend le sommeil inutile ; c'est peut-être car ici votre cœur bat plus vite qu'ailleurs ». Dormir, vous n'y penserez pas ou peu pendant votre séjour : il y a tellement à voir, tellement à faire et puis, au moment d'aller vous coucher, l'agitation incessante de la ville qui ne dort jamais vous empêchera certainement de fermer l'œil !

C'est très tôt que Vanessa Richard a attrapé le virus du voyage. Elle a posé ses valises au Canada, à Singapour et à Dubaï avant de s'installer à New York, où elle

habite depuis plus de 6 ans. Grâce à ses collaborations avec le Petit Futé, elle a pu explorer de nombreuses villes américaines, de Chicago à Boston en passant par Washington et, bien sûr, sa ville d'adoption. Trépidante, créative et musicale, New York est la ville où l'on vient des quatre coins du monde pour se réinventer et dont il est bien difficile, pour ne pas dire impossible, de se lasser.

SOMMAIRE

103 TIMES SQUARE ET MIDTOWN

Quartier du shopping et des plus beaux buildings de la ville, Midtown abrite également Times Square et son *show* permanent, le quartier gay de Chelsea, les plateformes d'observation de Edge et Summit et quelques belles enclaves de verdure comme Bryant Park et Madison Square Park.

UPPER WEST SIDE ET CENTRAL PARK 138

Complexe mais fascinant, l'Upper West Side est un monde à part et un condensé de la ville où cohabitent artistes, étudiants, professions libérales, yuppies, millionnaires, retraités... Il donne sur l'immense poumon vert de NYC.

153 UPPER EAST SIDE

Quartier de la haute société, l'Upper East Side abrite aussi l'élite des musées new-yorkais, le long d'un des plus fabuleux parcours culturels de la planète : le Museum Mile. Une grisante enfilade de musées d'excellence à parcourir en quelques enjambées.

HARLEM ET LE NORD 166

Symbole de la mémoire et de l'histoire mouvementée des Noirs américains avec ses 400 paroisses, ses clubs de jazz, ses cités et ses vénérables brownstones, Harlem vit une résurrection spectaculaire depuis le début des années 2000 et s'embourgeoise d'année en année.

179 LES AUTRES BOROUGHS

Ville dans la ville, Brooklyn est une des zones les plus dynamiques du grand New York : Brooklyn Heights, Williamsburg, Park Slope, Red Hook sont autant de quartiers où s'expriment le mieux sa créativité et sa diversité. Le Queens et le Bronx, quartiers résidentiels, ont bien changé et méritent le détour. Quant à Staten Island, le *forgotten borough* (« *borough* oublié »), on y fait un saut rapide après avoir pris le Staten Island Ferry.

LES IMMANQUABLES

REPÈRES HISTORIQUES DE LA VILLE

QUAND LA GROSSE POMME S'APPELAIT NOUVELLE-AMSTERDAM

En 1609, Henry Hudson, navigateur anglais au service de la Compagnie hollandaise des Indes occidentales, est à la recherche d'un passage pour l'Orient. Il découvre que le fleuve qui porte aujourd'hui son nom est navigable sur 200 km, et que sa vallée contient des richesses prometteuses en fourrures. Pour exploiter ce commerce, la Compagnie hollandaise des Indes occidentales décide d'établir Fort Amsterdam en 1614, à l'extrémité sud de l'île de Manhattan.

Selon l'une des plus vieilles légendes de New York, le premier gouverneur de la nouvelle colonie, Peter Minuit, achète la totalité de l'île pour soixante florins (24 US$). Selon une autre légende, typiquement new-yorkaise, il l'achète à des Indiens, les Canarsie, auxquels elle n'appartenait pas. Quoi qu'il en soit, Manhattan, dont le nom signifierait « le lieu des collines rocheuses », est à l'époque strictement utilisé comme réserve de chasse par les Indiens.

New York, véritable *melting-pot*, a toujours été considéré comme un havre de tolérance. Le fait est qu'en 1643 les 4 500 habitants qui occupent le bas de l'île parlent dix-huit langues. Avec la nomination de Peter Stuyvesant au poste de gouverneur en 1647, la prospérité est au rendez-vous. La ville de La Nouvelle-Amsterdam est officiellement fondée.

ENTREPRENANTE ET INSOUMISE

A cette même période où la Hollande réclame toute la côte comprise entre Cape Cod et le fleuve Delaware, Stuyvesant part en guerre contre les colonies suédoises implantées dans le Delaware. Puis, Anglais et Hollandais se déclarent la guerre. En 1664, une flotte anglaise commandée par le duc d'York fait le blocus de la cité. Le 8 septembre, grâce à la complicité de ses habitants, les Anglais s'emparent de la Nouvelle-Amsterdam et la rebaptisent New York.

En 1858, Abraham Lincoln choisit New York pour annoncer sa candidature à la présidence des Etats-Unis dans un discours qu'il tient au Cooper Union, sur Astor Place. Mais New York est anti-abolitionniste. Astor Place fait alors partie du quartier des théâtres. Le bâtiment, qu'on peut toujours voir à l'entrée de l'East Village, sera, lui, le théâtre d'un autre genre, celui d'émeutes terrifiantes entre les partisans de deux célèbres acteurs tragiques, Booth et Forrest.

A la différence du reste de l'Etat, New York s'oppose à l'abolition de l'esclavage parce qu'une part essentielle de sa prospérité provient du commerce avec le Sud. On a pu dire que l'accent typiquement Brooklyn de nombreux New-Yorkais de souche était une altération de l'accent du Sud, importé par les relations maritimes entre Brooklyn et Charleston (Caroline du Sud) et la Nouvelle-Orléans (Louisiane). A cette même période, Manhattan, de concert avec Staten Island et Long Island, tente de créer une ville-Etat qui serait composée des trois îles. La ville aurait été nommée Tri-Insula. La déclaration de guerre entre le Sud et le Nord à Fort Sumter met un terme à ces velléités d'indépendance. Et New York rejoint finalement les rangs des Yankees.

LA VILLE AUX CINQ BOROUGHS

A cette époque, New York à proprement dit consiste seulement en l'île de Manhattan (ou New York County). Afin de limiter l'exode de la classe moyenne vers les banlieues, la ville déborde la Harlem River en 1874 et annexe ce qu'on appelle alors le North End (aujourd'hui le West Bronx).

En 1895, la totalité du Bronx jusqu'à sa frontière nord actuelle est annexée, tandis que Brooklyn (Kings County), une grande ville indépendante, est incorporée en 1898, de même que Staten Island (Richmond County) et une partie du Queens County.

L'invention du pont suspendu a rendu possible cette expansion. En reliant Brooklyn à Manhattan en 1883, le Brooklyn Bridge sera le premier pont jeté au-dessus de l'East River. Rapidement, d'autres ponts vont enjamber la Harlem River et relier Manhattan au Bronx, seule partie de la ville de New York située sur la terre ferme. Pendant les cinquante années qui ont suivi la fin de la guerre civile, le pays a connu une rapide et intense industrialisation.

UNE IMMIGRATION RAPIDE

La dernière décennie du XIXe siècle marque aussi le début du contrôle de l'immigration à New York et le passage obligatoire à Ellis Island. Pendant plus de soixante ans, tous les voyageurs les plus pauvres y débarquent en bateau afin de passer des examens médicaux et des tests mentaux. Chaque jour, ce sont plus de 5 000 candidats à l'immigration venus d'Europe, des Caraïbes, d'Afrique, qui se présentent avec des rêves de nouveau départ.

NAISSANCE D'UN GÉANT

A la fin du XIXe siècle, la frontière des Etats-Unis est officiellement tracée. La nation est constituée d'un océan à l'autre et le pays se dit prêt à devenir un empire. Quant à New York, la ville a toujours su capitaliser ses dons naturels en se tenant à l'avant-garde du développement technologique. Les inventions se multiplient : le télégraphe, le chemin de fer, l'éclairage électrique, le téléphone, l'ascenseur, le gratte-ciel à armature d'acier, la machine à écrire, le grand magasin (*department store*), l'imprimerie, le vaudeville, le cinéma, l'automobile, l'aviation, etc. New York devient le centre des banques et de la finance internationale, du commerce, des affaires, des communications, des transports, de l'industrie de pointe, etc.

Pour mener à bien toutes ces activités, il faut du monde. Bientôt, la densité de la population new-yorkaise atteint des proportions alarmantes ; le crime est omniprésent et les maladies latentes. Même selon les standards de ce début de siècle, les conditions de vie sont extrêmement précaires.

Autre problème : la population doit vivre à une distance raisonnable du lieu de travail, ce qui limite sévèrement l'espace. La solution se trouve donc dans la création de transports publics. Des trams tirés par des chevaux, puis par des câbles sont d'abord mis en place ; viennent ensuite les voies de chemin de fer aériennes et des locomotives actionnées par la vapeur, puis par l'électricité. Enfin, ces voies aériennes sont enterrées. Ainsi naît le *subway*. Dès lors, New York croît et peut atteindre sa taille actuelle. Les quartiers résidentiels ne sont plus qu'à une heure du centre-ville, quand il aurait fallu une demi-journée de voyage à l'époque coloniale. Un certain M. Otis, inventeur de l'ascenseur, s'installe dans le Yonkers pour construire sa machine magique qui va révolutionner la ville et le monde. Il n'en faut pas davantage pour que New York se mette à bâtir des immeubles dépassant facilement les six étages et à gagner en hauteur l'espace qui lui fait tant défaut...

LES ANNÉES 2000

New York a été frappée le 11 septembre 2001 par les attentats du World Trade Center, symbole de la toute-puissance financière américaine. Une attaque terroriste qui n'a pas endigué l'esprit d'entreprise et la révolution technologique dont est temoin la ville aujourd'hui. Vingt ans après les attaques, la ville n'en a toujours pas fini avec le chantier du World Trade Center. L'ouverture de la station de métro et de la gare du World Trade Center, ainsi que l'inauguration en novembre 2014 du One World Trade Center, la plus haute tour de New York, a été un signe fort de la marche en avant de la ville, qui si elle n'a pas oublié, ne vit plus dans la peur constante du terrorisme.
Après être devenue en mars 2020 l'épicentre de la pandémie de Covid-19, alors que certains déclaraient déjà « *New York is over* », la Grosse Pomme a su montrer une fois encore qu'elle était la ville du renouvellement et de la résilience. Si l'impact économique et social de la crise sanitaire est durable et bien réel, en 2022, alors que le tourisme international a repris avec la réouverture des frontières américaines, ceux qui ne l'avaient pas vue depuis longtemps retrouvent New York telle qui l'ont toujours connue : vivante, vibrante, une véritable fourmilière qui attire les rêveurs et ceux qui voient les choses en grand.

POINTS D'INTÉRÊT

STATUE DE LA LIBERTÉ

C'est le symbole de New York et la première image du Nouveau Monde qu'auront vu des millions d'immigrants arrivant d'Europe par bateau avant d'accoster à Ellis Island. La statue a été offerte au peuple américain par le peuple français en signe de fraternité. Dressée sur sa petite île de Liberty Island au milieu du port de New York, elle fut construite entre 1874 et 1886, sa charpente métallique bénéficiant des lumières du grand Gustave Eiffel. Frédéric Bartholdi s'inspira du visage de sa mère pour représenter les traits de la Liberté.

▶ **En chiffres.** La statue pèse 225 tonnes et mesure 33 mètres des orteils à la tête. Elle est juchée

© TRIGGERPHOTO – ISTOCKPHOTO.COM

New York et sa statue de la liberté.

sur un piédestal de 30 m reposant sur des remparts en forme d'étoile, hauts de 20 m. Le ferry vous emmène au pied de la statue et à Ellis Island où se trouve le musée de l'Immigration. Les 354 marches d'un escalier circulaire (il y a aussi un ascenseur) vous conduiront sous la tunique de Madame et jusqu'à l'observatoire situé au dixième étage, d'où vous pourrez admirer le port de New York et la *skyline*.

Une couronne très prisée. Effective depuis le 4 juillet 2009, jour anniversaire de l'Indépendance : la réouverture de la couronne ! L'accès, qui avait été interdit suite aux attentats du 11-Septembre, est cependant limité à dix personnes à la fois. Pour y avoir accès, il faut s'y prendre souvent des mois à l'avance (www.nps.gov/stli).

En mai 2019, un nouveau musée consacré à l'histoire de la statue a été inauguré sur Liberty Island. Sa visite, qui donne notamment à voir la torche d'origine, est vite devenue incontournable !

STATUE DE LA LIBERTÉ ★★★★
Castle Clinton National Monument
Battery Park – Liberty Island
MANHATTAN
© +1 877 523 9849
www.nps.gov/stli/index.htm
info@statuecruises.com
M° Whitehall Street (lignes R, W) ou Bowling Green (lignes 4, 5). Ferry à Castle Clinton, dans Battery Park.
A l'aller, le ferry fait escale à la statue de la Liberté avant d'atteindre Ellis Island ; au retour, la navette rejoint directement Manhattan.
Départs des ferrys de 9h30 à 15h30. Trajet, accès à Liberty Island et au musée d'Ellis Island : 23,50 US$.

ELLIS ISLAND

Les imposants bâtiments d'Ellis Island ont vu passer douze millions d'immigrants, entre 1892 et 1954. Ellis Island, du nom de son propriétaire originel, M. Samuel Ellis, fut rachetée par le gouvernement de New York en 1808 avant de se convertir en centre de réception des immigrants de 1892 à 1943.

▶ **Un kaléidoscope de l'histoire américaine**. Cette petite île abrite un musée consacré à la mémoire des immigrants ayant franchi la Golden Door.

La visite permet de comprendre comment les Etats-Unis accueillaient tout ce monde, mais aussi sur quels critères le droit d'entrée était refusé à certaines minorités.

▶ **Dernière étape avant le Nouveau Monde**. C'est ainsi que des millions d'immigrants sont venus peupler cette Amérique, munis d'un baluchon, de quelques dollars et d'un billet de train gratuit. Aujourd'hui plus de la moitié de la population de New York descend de ces aventuriers. A voir : la projection du film *Island of Hope, Island of Tears*, une fiction inspirée par l'histoire de ces personnages, une trentaine de galeries présentant des objets légués au musée par les descendants des immigrants, et le célèbre *American Immigrant Wall of Honor* qui affiche les noms de plus de 600 000 personnes honorées par leurs descendants, parmi lesquels on peut lire le nom de l'arrière-grand-père de George Washington ou de John F. Kennedy.

Ellis Island Immigration Museum.

■ ELLIS ISLAND IMMIGRATION MUSEUM ★★★
Ellis Island
Départs des ferrys
à Battery Park
MANHATTAN
✆ +1 212 561 4588
www.statuecruises.com/fr
contactus@ellisisland.org
M° Whitehall Street (lignes R, W)
ou Bowling Green (lignes 4, 5).
Départs des ferrys de 9h30 à 15h30.
Trajet en ferry, visite de Liberty Island et du musée d'Ellis Island : 23,50 US$.

METROPOLITAN MUSEUM OF ART

« *5 000 years of Art* », tout est dit dans le slogan du Met ! Cette institution new-yorkaise, équivalent local de notre Louvre, fut fondée en 1870 par un groupe d'éminents citoyens de la finance, de l'industrie et des arts.

▶ **Un des plus beaux musées du monde**. Le musée occupe l'équivalent de quatre *blocks*. On dit qu'il faudrait une vie entière pour découvrir les quelque deux millions d'œuvres d'art conservées dans les dix-huit départements du Met sur plus de 600 km^2 : le musée regroupe des objets d'art de 5 000 ans de civilisations les plus diverses, de la préhistoire à nos jours. L'établissement accumula ses trésors pendant 90 ans avant de construire des galeries où les exposer.

Metropolitan Museum of Art.

▶ **De trésors en trésors**. Le Met regroupe cinq collections majeures : les antiquités égyptiennes, les arts primitifs, l'art médiéval, la peinture européenne et américaine. Signalons également quelques autres collections : art moderne, instruments de musique, armes et armures, art ancien du Proche-Orient, arts grec et romain, etc.
Le Roof Garden Café, situé sur la terrasse panoramique du 5ᵉ étage, offre une très belle vue sur Central Park et New York (ouvert de mai à la fin de l'automne, selon la température).

■ **METROPOLITAN MUSEUM OF ART (MET)** ★★★★
1000 5th Avenue
Upper East Side
MANHATTAN
✆ +1 212 535 7710
www.metmuseum.org
web.site@metmuseum.org
M° 86th Street (lignes 4, 5, 6).
Ouvert du dimanche au jeudi de 10h à 17h3, le vendredi et le samedi de 10h à 21h. Fermé le mercredi. Tarif : 25 US$.

WORLD TRADE CENTER SITE – GROUND ZERO

C'est ici que se sont déroulés les attentats dramatiques du 11 septembre 2001 et l'effondrement des tours qui a provoqué la mort de plus de 2 600 personnes. Depuis, cette immense zone sécurisée est devenue un lieu de pèlerinage. Si les travaux ont bien avancé, la totalité du site n'est toujours pas achevée. Au total, six tours seront édifiées autour du Memorial Center situé à l'emplacement exact des anciennes tours. En 2022, quatre d'entre elles sont terminées et entièrement ou partiellement louées par des entreprises (Uber, Spotify, Moët Henessy...) qui y ont installé leurs bureaux.
Voici les sites qui constituent le nouveau World Trade Center :

▸ **La tour One World Trade Center**, la tour la plus haute de New York qui culmine à 509 m. Elle est occupée depuis 2014. Au 102e étage, depuis le One World Observatory, vous vous trouverez à 380 mètres de hauteur avec un panorama à 360° sur New York.

▸ **Le World Trade Center.** Le WTC 2, 382 mètres de hauteur, qui devrait être le dernier chantier du complexe ; le 3 World Trade Center, terminé en 2018 ; le WTC 4, achevé en 2013 et haut de 288 mètres ; le WTC 5 dont la construction est pour l'instant en stand-by ; enfin le WTC 7, la première tour du complexe, inaugurée en 2006. Vous aurez peut-être noté qu'il n'y a pas de WTC 6, car c'est à cet emplacement que se trouve le One World Trade Center.

▸ **Le 9/11 Memorial** se compose de deux grands bassins (North Pool et South Pool) creusés aux emplacements exacts des deux tours jumelles de l'ancien World Trade Center. Y sont gravés les noms des victimes des attentats de 2001 et de celui de 1993. Un lieu de mémoire accessible aux touristes depuis le 11 septembre 2011.

▸ **Le 9/11 Museum** est un musée souterrain qui rend hommage aux victimes des attentats et aux pompiers. On y trouve notamment de nombreux objets retrouvés dans les décombres des deux tours, des portefeuilles, lettres, vêtements, drapeaux, mais aussi des camions de pompiers partiellement détruits et des morceaux de la carcasses des avions American Airlines qui se sont écrasés sur les tours.

Ground Zero.

▪ WORLD TRADE CENTER SITE – GROUND ZERO ★★★★
MANHATTAN
www.wtc.com

▪ 9/11 MEMORIAL ★★★★
180 Greenwich Street
✆ +1 212 266 5211
www.911memorial.org
info@911memorial.org
M° Cortlandt St (N, R) et Fulton St (4, 5). Entre Liberty et Fulton Streets.
Accès libre. Gratuit.

▪ ONE WORLD TRADE CENTER – ONE WORLD OBSERVATORY ★★★★
One World Trade Center
285 Fulton Street
✆ +1 212 602 4000
www.oneworldobservatory.com
M° Chambers Street (lignes A, C) et Park Place (lignes 2, 3).
Observatoire du 102e étage : 38 US$ sur Internet, 43 US$ sur place. Réservation conseillée sur le site.

▪ 9/11 MUSEUM ★★
180 Greenwich Street
Financial District
✆ +1 212 266 5211
www.911memorial.org/museum
reservations@911memorial.org

© LEWIS TSE PUI LUNG – SHUTTERSTOCK.COM

9/11 Museum.

M° Fulton Street (A, C, J, Z, 2, 3, 4, 5), Cortlandt Street (R).
Ouvert du jeudi au lundi de 10h à 18h.
Tarif : 26 US$.

BROOKLYN BRIDGE

Les New-Yorkais l'adorent. Construit en 1883 après seize ans de laborieux efforts et long de 1 883 m, il fut pendant un temps le plus long pont suspendu du monde.
Magique, cette longue passerelle tendue comme une cathédrale de filins qui relierait Brooklyn à Manhattan, part de City Hall, côté Manhattan. Faire les 20 à 30 min de traversée à pied au-dessus de l'East River avec vue imprenable sur les gratte-ciel du sud de Manhattan est une expérience unique. Nous vous conseillons le lever du jour (de Manhattan à Brooklyn) et le crépuscule (de Brooklyn à Manhattan) pour profiter de la lumière. Si vous n'avez que peu de temps, mieux vaut traverser le pont dans le sens Brooklyn-Manhattan. Partir des stations Borough Hall (lignes 2, 3, 4 et 5) ou Clark Street (lignes 2 et 3).

■ **BROOKLYN BRIDGE** ★★★★
MANHATTAN
M° Brooklyn Bridge-City Hall (lignes 4, 5, 6).

© TTSTUDIO – SHUTTERSTOCK.COM

Le pont de Brooklyn.

EMPIRE STATE BUILDING

L'immeuble le plus emblématique de New York a été bâti en 1930. Du haut de ses 381 m, l'Empire State Building a détenu le record du plus haut gratte-ciel au monde jusqu'à la construction des tours Jumelles en 1971. Montez à l'observatoire en plein air du 86e étage, pour un panorama sans équivalent sur Manhattan, à 320 m d'altitude. Allez-y une fois la nuit tombée, il y a moins de monde. Désormais surpassé par la tour 1 du World Trade Center et d'autres gratte-ciel à New York et Chicago, l'Empire State n'en demeure pas moins ce symbole de la grandeur et du génie américain. En temps normal, près de 4 millions de visiteurs viennent chaque année découvrir son point de vue et vingt mille âmes y travaillent quotidiennement.

■ EMPIRE STATE BUILDING ★★★★
350 5th Avenue, Midtown
MANHATTAN
✆ +1 212 736 3100
www.esbnyc.com/fr
M° Penn Station (lignes 1, 2, 3, A, C, E).
Horaires variables, voir le site. Pour le 86e étage : 42 US$. Pour le 86e et 102e : 75 US$. Plus de tarifs en ligne.

L'Empire State Building.

CHRYSLER BUILDING

Bâti en 1930, soit un an avant l'Empire State Building qui le surpasse d'une soixantaine de mètres, le Chrysler fut pendant douze mois le plus grand gratte-ciel du monde (77 étages). Avec son allure gracieuse, ses gargouilles géantes et son dôme fantastique évoquant un donjon de conte de fées ou un subterfuge cinématographique, le Chrysler reste l'immeuble préféré des New-Yorkais. Hélas, il n'a plus son poste d'observation ; à défaut, on peut pénétrer dans son *lobby* gratuitement pour admirer l'entrée de marbre noir de Géorgie, les peintures murales d'Edward Trumbull et les ascenseurs en bois précieux. Au plafond, une fresque représente des avions et quelques autres avancées technologiques dans le domaine du transport du début du XXe siècle. Walter P. Chrysler, le magnat de l'automobile, souhaitait un immeuble pour immortaliser la réputation de sa firme. New York lui doit le plus imaginatif de ses chefs-d'œuvre Art déco.

■ CHRYSLER BUILDING ★★★★
405 Lexington Avenue
A l'angle de 42nd Street
MANHATTAN
M° Grand Central-42nd Street (lignes 4, 5, 6, 7 et S).
Seul le lobby peut être visité. Il est ouvert du lundi au vendredi de 8h à 18h.

TIMES SQUARE ET BROADWAY

Pas besoin d'avoir visité New York pour connaître Times Square, ses immenses panneaux publicitaires, ses théâtres à chaque coin de rue le long de Broadway, et son bruit assourdissant. Cet incontournable de New York est un lieu qui fascine, intrigue... et fatigue ! Times Square se situe en plein cœur de Manhattan, à Midtown, entre la 42e rue et la 47e rue, au croisement de Broadway et de la 7e Avenue. Chaque jour, 330 000 personnes arpentent les rues de Times Square, et ils sont près de 40 millions de visiteurs à découvrir les lieux chaque année. Considéré jusqu'au début des années 1990 comme le *red-district* de New York avec ses boîtes de *strip-tease* et comme un quartier dangereux où les *deals* de drogue se déroulaient au grand jour, Times Square est aujourd'hui beaucoup plus sûr. Les bars, restaurants, et magasins de vêtements ont remplacé les *peep show* et les marchands ambulants les *dealers*. Times Square, c'est aussi le lieu de pèlerinage des fans de comédies musicales. Sur Broadway et ses avenues perpendiculaires se succèdent les théâtres qui jouent, 365 jours par

© TOM PEPEIRA – ICONOTEC

Le dôme fantastique du Chrysler Building.

an, les plus célèbres comédies musicales, du *Roi Lion* à *Mamma Mia !*

■ **TIMES SQUARE**
Broadway et 7th Avenue,
entre 42nd et 47th St, MANHATTAN
www.timessquarenyc.org
M° Times Square-42nd Street
(lignes 1, 2, 3, 7, A, C, E, N, Q, R, W).

© MANU PADILLA – SHUTTERSTOCK.COM

Times Square.

CENTRAL PARK

337 hectares de nature qui s'étendent du sud au nord, entre 59th Street et 110th Street (sur 4 km) et d'est en ouest, de la 5th Avenue à Central Park West. Créé de toutes pièces par la main de l'homme au milieu du XIXe siècle, il a fallu vingt ans et plus de dix millions de wagons de terre et de roches pour former ce milieu naturel en plein cœur de la ville. Les travaux s'achèvent en 1876. Ses deux architectes paysagistes, Frederick Olmsted et Calvert Vaux, rêvaient d'un espace démocratique et rural où chacun contribuerait au bonheur de tous.

A Central Park, si l'on peut tout faire, deux activités principales tiennent le haut du palmarès : la détente et le sport, sous toutes ses formes. Pour la détente, promenade en barque le long du lac ou farniente sur les immenses pelouses sont au programme : dès l'arrivée des premiers rayons, on vient y bronzer ou y pique-niquer. Côté sport, les New-Yorkais y font leur jogging, du vélo et du roller. On joue au football, au frisbee, au basket, au baseball et au volley.

En été, de nombreux programmes culturels et musicaux sont présentés : le grand orchestre philharmonique de New York y donne des représentations gratuites certains soirs. Des pièces de Shakespeare sont également jouées gratuitement en juillet et août. Enfin, des concerts ont lieu toute l'année. A noter que pour la fête du 14 juillet, des groupes français se produisent généralement à Central Park.

▪ CENTRAL PARK ★★★★
Central Park
MANHATTAN
✆ +1 212 310 6600
www.centralparknyc.org
Entre 59th Street et 110th Street et entre 5th Avenue et Central Park West. Plusieurs entrées possibles.
Visites guidées gratuites et payantes plusieurs fois par semaine, voir www.centralparknyc.org/tours pour les heures.

Central Park.

Rockfeller center.

ROCKEFELLER CENTER

Ce gigantesque ensemble de dix-neuf immeubles exerce une attraction formidable sur l'ensemble de Midtown. Bâti entre 1932 et 1940 par John D. Rockefeller, le fils du magnat du pétrole, il est dominé par 30 Rockefeller Plaza, qui abrite l'observatoire du Top of the Rock.

Le Rockefeller Center abrite cafés et bureaux, banques, agences de presse (Associated Press), librairies, boutiques (le magasin Lego), studios de télévision (NBC).

Parmi les sculptures qui environnent le centre, la plus spectaculaire est celle d'Atlas supportant le monde (en face du 630 5th Avenue). En hiver, la patinoire (The Rink at Rockefeller Center) et l'immense arbre de Noël parent le site de magie. Toujours splendide et raffiné, le décor de la Promenade est renouvelé tous les deux mois.

Top of the Rock. Envolez-vous jusqu'au 70e étage du Rockefeller Center pour une mémorable expérience : depuis la véranda panoramique (à 360 degrés), la vue sur New York et Central Park dominé par les silhouettes dressées des buildings est éblouissante ! Certainement l'un des plus beaux panoramas de la ville, au moins autant que celui du 86e étage de l'Empire State Building, la foule en moins, les touristes préférant souvent grimper au sommet de son rival. Pourtant, depuis l'observatoire du Top of the Rock, vous aurez la vue meilleure vue possible… sur l'Empire State Building !

■ ROCKEFELLER CENTER ★★★★
45 Rockefeller Plaza, Midtown
MANHATTAN
✆ + 1 212 698 2000
www.rockefellercenter.com
rctourinfo@topoftherocknyc.com
M° 47th-50th Streets-Rockefeller Center (lignes B, D, F, M).
Ouvert 7j/7. Visites guidées de 13h30 à 19h30. Tarif : 27 US$.

Rockfeller Center (Midtown), le Top of the Rock au sommet du NBC Building.

■ TOP OF THE ROCK ★★★★

30 Rockefeller Plaza, Midtown
✆ +1 212 698 2000
www.topoftherocknyc.com
info@topoftherocknyc.com
M° 47th-50th Streets-Rockefeller Center (lignes B, D, F, M).

Ouvert tous les jours de 10h à 22h (le dernier ascenseur monte à 21h10). Tarif : 40 US$, 50 US$ au coucher du soleil.

MOMA

Etourdissant, vertigineux..., le MoMA recèle non seulement nombre des plus grandes pièces de l'art moderne mais il est également capable d'exposer la totalité de ses collections (150 000 œuvres) ou de proposer une exposition exhaustive des œuvres de Picasso ou de Matisse.

▶ **Le premier musée d'art moderne du monde !** Le jardin intérieur abrite des sculptures (Rodin, Matisse), et les collections sont aux étages. Auparavant chronologique, le musée, rénové en 2019, propose désormais de découvrir dans une même pièce des œuvres contemporaines et d'autres d'artistes classiques. Depuis sa réouverture, le MoMA abrite en outre un nouvel espace dans un gratte-ciel, adjacent au MoMA d'origine, imaginé par Jean Nouvel.

MoMA.

Côté peinture : postimpressionnistes, cubistes, dadaïstes, surréalistes, expressionnistes allemands, futuristes, etc. Du pop art aussi. La collection consacrée aux dessins et à la photographie est exceptionnelle, avec un choix de clichés de grands maîtres américains et européens, sans oublier les dessins originaux d'architectes (Frank Lloyd Wright et Le Corbusier).

Faire du shopping au MoMA. Au MoMa store, vous trouverez de très nombreux objets de la vie quotidienne au design étonnant ainsi qu'une remarquable collection de livres sur New York et sur l'art contemporain.

MUSEUM OF MODERN ART (MOMA) ★★★★
11 West 53rd Street
Midtown
MANHATTAN
✆ +1 212 708 9400
www.moma.org
info@moma.org
M° 5th Avenue-53rd Street (lignes E, M) ou 47th-50th Streets-Rockefeller Centre (lignes B, D, F).
Ouvert tous les jours de 10h30 à 17h30, 19h le samedi. Tarif (galeries et salles de projection) : 25 US$ par adulte.

NEW YORK PUBLIC LIBRARY

Erigée en 1911, la New York Public Library est l'un des plus beaux bâtiments de la ville. C'est aussi l'une des plus grandes bibliothèques publiques du monde. Flanqués de deux lions sculptés, ses escaliers monumentaux sont l'un des lieux de rendez-vous favoris des New-Yorkais. L'intérieur du bâtiment est grandiose, tout comme la beauté de ses salles de lecture.
Au rez-de-chaussée, la salle des journaux (environ dix mille périodiques publiés en vingt-deux langues) est décorée de treize belles fresques murales représentant les principaux immeubles de New York ; la Rose Main Reading Room, au dernier étage, est le fleuron de l'ensemble, avec son beau mobilier de bois et ses lampes de bronze.
En plus des visites guidées gratuites, de nombreuses expositions au rez-de-chaussée rythment la vie de ce très vénérable établissement tout au long de l'année.

NEW YORK PUBLIC LIBRARY ★★
476 5th Avenue
Midtown
MANHATTAN
✆ +1 212 930 0800
www.nypl.org
M° 42nd Street (lignes B, D, F, M) et 5th Avenue (ligne 7).
Ouvert le lundi et du jeudi au samedi de 10h à 18h, mardi et mercredi jusqu'à 20h, le dimanche de 13h à 17h.

L'un des deux lions majestueux gardant la New York Public Library.

RESTOS

Si l'idée de la gastronomie américaine peut parfois tendre vers le cliché *hamburgers-fast-food*, la réalité est tout autre à New York. Elle est à l'image de sa population, issue d'un fantastique *melting-pot*.

LE MONDE ENTIER S'INVITE À TABLE

Si vous restez quelque temps dans cette ville, vous remarquerez certainement la fascination qu'éprouvent ses habitants pour la « bonne bouffe variée ». Car on mange bien à New York. Quand les Français prennent le temps de s'attarder sur les vertus du rôti de veau du dimanche familial, les New-Yorkais, eux, ont une démarche un peu plus impatiente, en accord avec leur souci permanent d'efficacité. Le fan de pizzas essaiera de vous faire goûter « la meilleure pizza de la ville », ce qui n'est jamais désagréable, le fan de hamburgers de vous séduire avec « le plus juteux » et celui de « nouvelle cuisine fusion » vous livrera une liste exhaustive des derniers noms de chefs qui circulent en ville : James Kent, David Chang, Thomas Keller, Eric Ripert ou Emma Bengtsson pour citer ceux du moment. Des adresses souvent glanées dans les pages gastronomie du *New York Times*, du *New York Magazine* et du *Time Out*, références journalistiques qui font et défont les réputations des établissements de la ville.
Vous l'avez compris, il faut absolument connaître *the place to be* avant de passer à un autre lieu plus *hype*, ou plus exclusif. A l'exception de quelques classiques indétrônables, la compétition est féroce et les temps sont durs pour les restaurateurs. Mais la qualité s'en ressent.
Plus de dix mille restaurants régalent le palais des New-Yorkais. Authentique carrefour de cultures, New York est une ville où toutes les cuisines sont représentées, et à tous les prix : cuisine américaine, *soul food* afro-américaine, asiatique ou indienne, le choix donne le tournis. Les bistrots français et les *trattorias* italiennes, très populaires, ne sont pas en reste. Vous trouverez donc de quoi satisfaire les goûts les plus hétéroclites.

BRUNCHS, DELIS, STREET FOOD ET DINERS

▶ **Le *breakfast*,** petit déjeuner souvent très copieux, peut se composer de jus de fruit, de céréales, de pancakes et d'œufs accompagnés de *hash brown* (petit gâteau de pommes de terres frites et finement coupées)… Transformé en brunch, très populaire, il constitue un repas à part entière.

▶ **Un repas sur le pouce ?** Le *deli* (raccourci de Delicatessen), véritable institution d'inspiration juive new-yorkaise, est ouvert le plus souvent 24h/24 et souvent petit. Parmi les plats proposés : pastrami (viande de bœuf émincée), sandwichs en tout genre, bagel et *cream cheese*. Autres bons plans si vous ne voulez pas perdre trop de temps au repas de midi, les *salad-bars* des grandes épiceries avec un immense buffet (le prix est calculé sur le poids de votre assiette). Une formule assez économique, rapide et saine. Très peu de *delis* offrent la possibilité de manger sur place, à l'exception de certains très réputés comme Katz's (dans le Lower East Side) et Carnegie Deli (à Midtown).

▶ **L'usage du *take-out*** et de la livraison à domicile est très courant en Amérique, où cela fait bien longtemps que l'on peut commander ses repas en utilisant uniquement son téléphone. Pour commander par Internet ou sur une appli mobile, deux sites sont à consulter : seamless.com et grubhub.com. Lancé en 2014, Uber Eats est également très populaire auprès des New-Yorkais. N'oubliez pas le pourboire, surtout s'il fait froid ou si le livreur a dû braver une tempête de neige pour vous apporter votre repas (la très grande majorité des livreurs se déplacent à vélo).

▶ **Très populaires aussi, les marchands ambulants (*food trucks*).** Une foule de snacks vendent hot-dogs, bretzels, beignets, tacos, kebab, hamburgers ou pizzas. Depuis un an ou deux, certains se lancent même dans la vente de mets plus fins, mais c'est un peu plus cher. Quoi qu'il arrive, pour 1, 2, ou 5 US$ vous ne trouverez pas mieux.
Attention, certains vendeurs augmentent leur prix lorsqu'ils s'aperçoivent que vous êtes touristes. Sachez que les assiettes ne coûtent jamais plus de 6 US$ et qu'un hot-dog est à 3 US$ au prix fort, aux alentours des musées par exemple.

▶ **Vous pouvez également opter pour les si typiques *diners*,** restos américains ouverts 24h/24. Banquettes en skaï rouge, longs comptoirs en zinc et posters *vintage* : on se croirait plutôt dans le Minnesota ou dans le Michigan qu'à New York. Côté cuisine, des cartes longues comme le bras : *cheeseburgers* juteux servis avec grosses frites maison, *coleslaw*, *cheesecakes* volumineux, etc.

A SAVOIR

New York regorge de cafés. On y sert le café à emporter ou à consommer sur place. Les cafés sont souvent équipés d'une connexion wi-fi : aussi est-il très fréquent de voir les New-Yorkais attablés avec leur ordinateur portable, avec un muffin ou un cookie. Si vous demandez un café, on vous servira un café américain, grand et dilué. Précisez-le si vous souhaitez un expresso.
Outre les Starbucks qui ouvrent à chaque coin de rue, des institutions bohèmes comme le Caffe Reggio dans Greenwich Village existent depuis près d'un siècle.

A noter en ce qui concerne les restos : pensez à réserver longtemps à l'avance, même avant votre départ, si vous souhaitez manger à une des grandes tables de la ville. Ces sites vous y aideront : www.opentable.com et www.exploretock.com.
D'autre part, si les prix de certains grands restaurants peuvent être élevés le soir, pensez aux menus du midi, souvent plus avantageux.
Hormis les établissements haut de gramme, nombreux sont les restaurants qui acceptent les réservations uniquement pour le dîner. Pour déjeuner ou bruncher dans l'un des restaurants *hype* du moment, vous n'échapperez donc sans doute pas à cette tradition purement new-yorkaise qui est de faire la queue ! Pour que l'attente ne soit pas trop pénible, demandez à l'hôtesse d'ajouter votre nom à la liste d'attente et allez vous promener jusqu'a ce qu'une table se libère. Il est généralement possible de laisser un numéro de téléphone et d'être averti par sms.

SHOPPING

New York porte haut l'étendard de paradis du shopping ! La mode y est particulièrement à l'honneur et les tarifs pratiqués sur les vêtements et chaussures sont généralement avantageux par rapport à la France.

GRANDS MAGASINS ET ENSEIGNES

La plupart des grands magasins sont concentrés vers la partie haute de Midtown East. Entre Macy's, Bloomingdale's, Saks et Bergdorf Goodman, le choix est si vaste qu'il vous faudra sûrement vous décider en faveur de l'un deux, surtout dans le cadre d'un court séjour. A titre d'exemple, les prix des jeans vendus chez ces cousins germains des Galeries Lafayette sont si attractifs comparés à l'Europe, qu'il est conseillé de prévoir un budget shopping conséquent avant de partir. Le style new-yorkais, toujours classe, décontracté et teinté de cette petite touche *preppy* si typique, déteint sur les enseignes présentes tout le long de Fifth avenue et de Broadway, du bas de Central Park jusqu'à Union Square : Gap, Abercrombie, American Eagle, Diesel, Victoria's Secret, Zara, ou Banana Republic, l'essentiel y est. C'est aussi sur la cinquième avenue que vous trouverez toutes les marques de luxe, dont la plupart sont françaises : Dior, Cartier, Chanel, Prada, Saint Laurent, Valentino, Armani et bien d'autres.

FASHION

Plus bas, toujours sur Broadway, et en partant d'Union Square, vous tomberez sur un véritable chapelet de magasins de chaussures de marques populaires – Ugg, Converse, etc. – et sur l'énorme façade d'Urban Outfitters – numéro 628 –, la marque américaine favorite des jeunes new-yorkais.

Continuez vers SoHo, au sud de Houston – SoHo ne signifie pas pour

LE GOÛT DES ÉPICERIES FINES ET DU BIO

New York, ce sont les fringues mais aussi d'extraordinaires épiceries. La passion des New-Yorkais pour la gastronomie devient une évidence devant l'opulence des supermarchés de luxe : ne manquez pas de faire un tour chez Zabar's, chez Dean & DeLuca ou aux Whole Food Markets (supermarchés bio) répartis dans toute la ville, et cédez à la tradition locale estivale qui consiste à y faire ses courses avant de pique-niquer dans Central Park.

Les marchés ne sont pas en reste ! Les *green markets* fleurissent dans toute la ville, le plus célèbre étant celui de Union Square qui se tient le lundi, mercredi, vendredi et samedi de 8h à 18h. Ils offrent la possibilité aux habitants de la Grosse Pomme de s'approvisionner en produits fermiers venant de l'Etat de New York ou des Etats voisins.

▸ **Pour repérer le *green market* le plus proche** : www.ny.com/dining/green.html

rien South of Houston –, et vous découvrirez ledit « *Shopping Mall* » (« centre commercial »). Une enfilade de boutiques là aussi, toutes plus populaires les unes que les autres : Top Shop, Uniqlo, American Apparel, quelques enseignes sportswear des magasins denim, et on en passe.

Quant aux boutiques plus *trendy*, elles se situent vers les transversales, notamment du côté de Spring et Prince Streets. Et l'un des nombreux Apple Stores de la ville se niche dans le coin, au numéro 103 de Prince St. Vous remarquerez au passage les nombreux stands installés pour la journée dans la rue : les créations qui y sont vendues constituent bien souvent une vraie mine de cadeaux potentiels. N'hésitez pas à négocier, surtout en fin de journée !

DES SOUVENIRS ET DES AFFAIRES

L'enfilade file quasiment jusqu'à Chinatown. La frontière est assez nette. On intègre un autre paradis, celui des touristes en quête de souvenirs. C'est ici, notamment au niveau de Canal Street, que vous trouverez tous les T-shirts et autres accessoires estampillés *I Love NY* – même si Times Square n'est pas mal non plus dans ce domaine. Un peu plus loin, au cœur des ruelles entrelacées de Chinatown, les commerces exotiques et de bouche prennent le pas sur les souvenirs.

HAUTE COUTURE

Les grands couturiers contemporains, autrefois répartis entre la cinquième avenue, Chelsea et le Village, se sont aujourd'hui rassemblés dans le Meatpacking District, le nouveau quartier pour les riches et célèbres. On y trouve entre autres les boutiques d'Alexander McQueen, Stella McCartney et Diane Von Furstenberg.

CRÉATEURS

Côté petites boutiques maintenant, d'autres petits quartiers tiennent le haut du pavé en termes de shopping ciblé. A Manhattan, remontons plus au nord, vers NoLita – pour North of Little Italy – et Greenwich Village. Sans oublier un tout autre coin, Brooklyn, *borough* à part et riche de repaires bobos, petites merveilles et magasins de fripes. Exemples :

- **Mott Street, Elizabeth Street et Mulberry street.** De Chinatown à NoLIta. De nombreuses petites boutiques branchées et très chères de designers qui montent, ainsi que des magasins *vintage*.
- **Bleecker Street.** Greenwich Village. Toute en longueur et multifacettes, la partie la plus *fashion* de Bleecker (et aussi la plus chère) se situe dans le West Village, entre Bank Street et Christopher Street. Et à l'extrême ouest, la rue s'étire jusqu'au Meatpacking District, vivier de créateurs confirmés : Alexander McQueen, Stella McCartney, Diane Von Furstenberg, Zadig&Voltaire, etc. A noter : en termes de grands créateurs, l'Upper East Side est LE quartier chic par excellence – Ralph Lauren, Prada, Chanel, etc.
- **East Village.** Entre la 1st et la 2nd Avenue, une dizaine de boutiques se suivent sur 9th Street, rue de la fripe du quartier : on y trouve chapeaux, bijoux fantaisie et cuirs, dans un esprit très woodstock sur le retour.

▶ **Orchard Street,** entre East Houston et Canal Streets. Orchard Street fut un temps la rue commerçante du ghetto juif de New York. Depuis, le ghetto a disparu et Orchard Street est devenue tendance, au point de déteindre sur ses voisines : Delancey, Rivingstone, Broome et Grand sont désormais courues des fashionistas. Là aussi, on trouve un certain nombre de boutiques de jeunes créateurs, au cœur du Lower East Side.

▶ **Bedford Avenue-Grand Street-Metropolitan Street.** Williamsburg. Si l'on ne devait citer qu'un quartier de shopping à Brooklyn, ce serait Williamsburg, un des secteurs les plus bobos de New York depuis une dizaine d'années. Sur Bedford Avenue, Brooklyn Industries bien sûr, la petite marque fétiche née dans le *borough* du même nom, mais aussi une multitude de jolies boutiques d'accessoires et de vêtements *hype*, en plus des fripes et des magasins de meubles faussement usagés. Ne manquez pas de faire un tour sur Grand Street, la nouvelle « artère » en essor du quartier. Enfin Metropolitan Avenue, pour ses friperies et ses petites boutiques, vaut aussi le détour.

SORTIR

« New York est une ville féconde et généreuse, si vous en acceptez la violence et la décadence », disait James Dean. D'aucuns vous diront que New York a changé depuis le 11-Septembre, qu'elle s'est aseptisée depuis « l'assainissement » de la ville par Giuliani, qu'elle a perdu ce petit supplément d'âme qui faisait d'elle le creuset d'artistes parmi les plus fous des années 1980. Peut-être. Mais pour ceux qui n'ont pas connu ce New York, l'illusion est totale. Big Apple reste l'une des villes les plus trépidantes au monde en termes de vie nocturne.

THE CITY THAT NEVER SLEEPS

New York est bien la ville qui ne dort jamais. Les lieux de sortie sont innombrables bien sûr et la ville a largement gagné en sécurité. N'hésitez donc pas à sortir tard le soir et à prendre le métro en pleine nuit, vous ne vous retrouverez jamais seul dans la rame. Quand les bars rivalisent d'inventivité, les clubs animent parmi les plus folles soirées, forts de la présence des meilleurs DJ de la planète (normal, beaucoup y résident). Les New-Yorkais écoutent leurs envies, sans crainte du jugement d'autrui. Sortir au sens large est une véritable culture pour eux, qu'ils aient 20, 30, 40 ans ou plus !

Si les New-Yorkais travaillent généralement de longues heures (pas de 35 heures ici !), ils n'hésitent pas à sortir aussi bien en semaine que le week-end. D'autant qu'ils sont nombreux à être à leur propre compte et à donc établir leur propre horaire. Ne soyez donc pas étonné si le Lower East Side est noir de monde un mardi à deux heures du matin ! A New York, le divertissement se décline au quotidien, dans une frénésie contagieuse. Dans une ville qui regorge de célibataires, on sort souvent pour se rencontrer et croquer la vie à pleines dents. New York est bel et bien le paradis des couche-tard !

BARS ET CLUBS

A la sortie des bureaux vers 17h, beaucoup d'établissements ont des *happy hours* et vous pourrez gri-

gnoter quelques bricoles offertes par la maison. Les établissements sont ouverts jusqu'à 2h ou 4h mais les cuisines ferment en général à minuit. La ville fourmille de bars, dont certains avec terrasse ou d'autres avec jardin : du vieux pub irlandais au *lounge* cosy comme un appartement, en passant par les endroits plus *trash* aux ambiances tout droit sorties d'un film *underground*, il y en a pour tous les goûts.
New York a toujours eu une vie nocturne trépidante et c'est ici que furent créés les premiers *lounges*. La mode a depuis envahi la terre entière. Côté horaires, c'est comme en France en semaine (fermeture à 2h) mais le week-end, les nuits s'allongent et les bars ferment à 4h dès le vendredi. De plus en plus de bars et de lounges sont d'ailleurs ouverts jusqu'à 4h... en semaine.

▸ **Ne sortez pas sans pièce d'identité**, au risque de vous faire refouler ! Elle vous est demandée à l'entrée de la plupart des bars et clubs. L'âge légal pour entrer dans les bars est de 21 ans à New York. Quand bien même vous seriez trentenaire sur la pente de la quarantaine, vous risquez de vous heurter à un portier irascible qui ne voudra rien entendre. Votre carte d'identité suffira pour rentrer dans les bars.

LE SHOW EST PARTOUT !

Chaque soir, un opéra, un concert de jazz, de rock, de hip-hop, de musique brésilienne ou une représentation d'orchestre philharmonique a lieu dans l'une des nombreuses salles de spectacle de la ville. Et n'oublions pas les *shows* de Broadway !

COMMENT S'Y RETROUVER ?

Dès votre arrivée, nous vous conseillons de rechercher le *Village Voice*, hebdomadaire gratuit distribué dans les petites boîtes à journaux de couleur bleu, visibles dans toutes les rues de la ville. La rubrique « arts et événements » est exhaustive et fait office de référence. *New York Magazine* (payant) et *Time out* (gratuits) sont également de bonnes options, plus colorées et faciles à parcourir. N'hésitez-pas à visitez leurs sites internets : www.nymag.com et www.timeout.com/newyork.

SORTIR SANS SE RUINER

▸ **Le vrai bon plan à New York, ce sont les *happy hours*** ! Les meilleurs endroits pour en profiter ? Les *Dive Bars*, ces bons vieux pubs ou bars de quartier que l'on retrouve un peu partout dans New York, mais surtout dans l'East Village et le Lower East Side.

▸ **Un autre bon plan** toutefois pour sortir à prix plus doux à New York : le site Internet www.clubfreetime.com, sur lequel vous pourrez vous inscrire à votre arrivée et qui vous enverra quotidiennement les bons plans gratuits de la ville.

▸ **Une chanson pour une boisson.** Wicked Willy's, un bar situé à Greenwich Village, offre une boisson gratuite tous les mardis, jeudis et dimanches si vous interprétez une chanson (ou plus) au karaoké !

IDÉES DE SÉJOUR

LA VILLE POUR LA PREMIÈRE FOIS

Trois jours pour parcourir New York, c'est bien peu, mais vous aurez au moins une idée de ce qu'est croquer la Grosse Pomme ! Un programme dense et intense.

JOUR 1

▶ **Le matin :** urbanisme démesuré au programme, direction Midtown. Partez d'Union Square et remontez Broadway jusqu'au Flatiron Building. Enchaînez ensuite avec une ascension au sommet de l'Empire State Building pour une des vues les plus incroyables au monde, remontez la 5th Avenue jusqu'à la New York Public Library, reconnaissable à ses deux lions de pierre devant l'entrée. Prenez le temps de vous asseoir sur les pelouses de Bryant Park, bordé d'immeubles à l'architecture délirante, dont le bel American Radiator Building, en briques noires couronnées d'or, qui héberge le Bryant Park Hotel. Bifurquez sud-est vers Grand Central, chef-d'œuvre du style Beaux-Arts. Juste à côté, grimpez à Summit, observatoire aux panoramas inoubliables inauguré en 2021 et installé au sommet du nouveau gratte-ciel One Vanderbilt.

Continuez vers l'est, le long de 42nd Street. Admirez le Chrysler Building, joyau Art déco, et marchez jusqu'au siège des Nations unies, impres-

Intérieur de la cathédrale Saint-Patrick.

sionnante ville dans la ville et Etat dans l'Etat (et le seul endroit où vous pouvez acheter le fameux timbre de l'ONU). Promenez-vous dans Tudor City (quelques *blocks* en face de l'ONU, où vous admirerez les beaux immeubles et profiterez de l'atmosphère paisible qui y règne). De là, un détour s'impose pour une visite du MoMA.

▶ **Pause déjeuner tardive** à Burger Joint, caché dans le hall de l'hôtel Le Parker Méridien, sur 56th Street et 7th Avenue. Pour manger un vrai burger américain dans un cadre très... New York (déco éclectique et graffitis sur les murs garantis) !

▶ **Après-midi et fin de journée :** revenez sur la 5th Avenue et descendez vers la majestueuse St. Patrick's Cathedral et le Rockefeller Center. A découvrir : ses Channel Gardens, sa statue de Prométhée et sa Lower Plaza, où sont installés, en hiver, un arbre de Noël géant et une imposante patinoire. Et si vous n'êtes pas monté au sommet de l'Empire State, essayez le sommet du Rockefeller (le Top of The Rock), moins bondé et moins cher. Descendez sur Times Square à la nuit tombée. Vous voici au milieu d'une débauche grandiose et démesurée de panneaux publicitaires. Des lumières et des néons jaillissent de toutes parts. Préférez cependant le quartier suivant pour le dîner.

▶ **Soirée :** direction Greenwich Village. Détente et balades informelles dans le très attachant village. Pour dîner, des adresses intimes aussi, comme le restaurant italien Malaparte, ou brut de décoffrage, comme le Corner Bistro, institution du hamburger.

Prolongez la soirée vers le Meatpacking District, où les entrepôts de viande ont cédé la place aux magasins branchés hors de prix, restaurants et clubs à la mode. Terminez sur une touche glamour : sur le toit de l'Hôtel Gansevoort, un cocktail, une piscine et une vue spectaculaire vous attendent !

JOUR 2

Le matin : commencez votre journée par un passage à Ground Zero. Débutez par la visite du Mémorial, avec ses deux immenses bassins qui se trouvent à l'emplacement des tours jumelles et où sont gravés les noms des victimes des attaques du 11 septembre 2001 mais également des attentats de 1993. Le musée du 11-Septembre, qui fait partie du site du mémorial, est lui aussi ouvert au public, mais la réservation est fortement recommandée (www.911memorial.org) pour éviter la queue au guichet. Vous pourrez aussi monter à l'observatoire du One World trade Center situé au 102e étage. Faites ensuite un saut au City Hall et au Woolworth Building. Puis descendez le long de Broadway. En route, vous croiserez Wall Street avec le New York Stock Exchange et le Federal Hall, le Museum of the American Indian sur Bowling Green ou le Museum of Jewish Heritage de Battery Park.

▶ **Pause déjeuner,** dans la très intime Stone Street, minuscule havre de paix de Wall Street bordé de restos et entouré de charmants bâtiments du XIXe.

▶ **L'après-midi :** direction Battery Park. De là, embarquez sur le ferry pour la statue de la Liberté et Ellis Island, petite île par laquelle ont transité les aïeux d'un quart de la population américaine.

Au retour, faites une balade vers le South Street Seaport, le long et autour de Fulton Street et du Fish Market, un des plus vieux quartiers de New York et ancien haut lieu de la mafia. Vous y apercevrez de magnifiques bateaux.
Avant de repartir vers le nord, traverser le pont de Brooklyn et marchez le long du Brooklyn Bridge Park qui offre un superbe panorama sur le sud de le l'île. Une fois revenu à Manhattan, continuez vers le nord et arpentez les quartiers de Chinatown (fascinant d'activité) et de NoLIta, au nord de Little Italy (restos et boutiques élégantes).

▸ **Dîner et soirée,** dans le Lower East Side ou dans l'East Village. Après le faste des grandes zones touristiques, cette balade permet de souffler un peu, de s'éloigner de la foule et des grands buildings. Imprégnez-vous d'une ambiance de quartier : commencez par vous restaurer dans un des *delis* typiques du coin (comme Katz's Deli, touristique mais incontournable) puis partez à la découverte de ces quartiers branchés et multi-ethniques et des bars du coin.

Central Park.

▸ **Nombre de boutiques de fripes,** de jeunes créateurs, de déco et d'antiquités vous attendent, souvent ouvertes tard le soir. De quoi terminer son tour du monde en une journée d'une jolie façon.

JOUR 3

▸ **Matinée :** quoi de mieux, pour commencer sa journée, qu'une longue balade à Central Park, le poumon de New York ? Vous pourrez même y louer un vélo pour en faire le tour.
Ensuite, direction le Museum Mile (dans l'Upper East Side), où près d'une quinzaine de superbes musées se succèdent le long du parc sur 1,5 km. Le plus fameux d'entre eux, le Metropolitan Museum of Art, est incontournable. Vous pourrez arpenter des heures ses somptueuses galeries. Entre la Neue Galerie ou le Guggenheim, le choix ne sera pas facile, mais pourquoi ne pas les visiter tous deux, quitte à revenir à l'occasion d'un séjour plus long ?

▸ **Après-midi et soirée :** Harlem et l'Upper West Side. Montez vers Harlem et ses vieilles maisons de briques, promenez-vous dans ce quartier en plein renouveau autour de la 125th Street, essayez de profiter d'un gospel si on est dimanche, à l'Abyssinian Baptist Church par exemple, et régalez-vous de *soul food* chez Amy Ruth's avec le traditionnel *chicken & waffles*, littéralement du poulet et des gaufres ! Faites un tour sur le

© JUMIS – SHUTTERSTOCK.COM

Brownstone Houses dans le quartier de Brooklyn.

campus de Columbia University, l'une des universités les plus prestigieuses des Etats-Unis et terminez votre journée en poursuivant votre balade dans l'Upper West Side.

BROOKLYN ET LES AUTRES BOROUGHS

▶ **Brooklyn.** La diversité de cette banlieue de Manhattan mérite qu'on y passe une ou deux journées. L'ambiance y est différente, authentique, plus calme et reposante. A part quelques tours de hauteur moyenne (pour New York) du côté de Williamsburg et Downtown, impossible de trouver des gratte-ciel dans le *borough* le plus peuplé de New York. La partie la plus au sud donne directement sur l'Atlantique. Hasard de la géographie et nécessité de l'histoire, Brooklyn a été rattaché à New York City en 1898. S'il n'en faisait pas partie, le *borough* serait la quatrième plus grande ville des Etats-Unis. C'est un quartier immense donc et le métro s'impose pour s'y déplacer. Brooklyn a son accent, son mode de vie, son identité, marqués par une grande diversité : quoi de commun entre Bedford-Stuyvesant, l'un des ghettos noirs de New York, et les alignements de maisons particulières et cossues de Brooklyn Heights ou de Park Slope ?

Que partagent les Coréens et les Noirs, les juifs hassidiques, les Portoricains, les Italiens, les Dominicains, les Russes, sinon une appartenance commune à ce vaste *borough* ? Tous clament mordicus leur amour pour leur *borough* et leur fierté d'en faire partie ! *It's a Brooklyn state of mind* !

Traversez de bon matin l'emblématique Brooklyn Bridge. Vous allez tomber sur Dumbo (Down Under the Manhattan Bridge Overpass), quartier bohème peuplé d'artistes.

Visitez Brooklyn Heights, le plus vieux quartier de Brooklyn pour ses rues pavées, ses vieilles bâtisses en briques, la vue sur le sud de Manhattan et pour l'atmosphère familiale et détendue qui y règne, idéal pour flâner.
Pause *brunch* ou *lunch* à Williamsburg (métro Bedford Ave.), quartier bohème branché, plein de *hipsters*, la moyenne d'âge ne dépassant pas la trentaine. Sunday in Brooklyn, qui propose de décadents pancakes recouverts d'un praliné noisette, y est l'un des derniers restos à la mode. L'ambiance est très relax, surtout en semaine. Le week-end, c'est autre chose. Au programme : shopping, terrasses et farniente, sur la ligne L du métro. Visite du Brooklyn Museum of Art et de ses superbes collections d'Art africain et de l'Egypte ancienne, l'une des plus belles au monde. Continuez votre journée par la visite de l'adjacent et ravissant Brooklyn Botanic Garden, avant d'effectuer une petite balade dans Prospect Park. Un peu au sud du parc, découvrez Ditmas Park, le quartier le plus détonnant de Brooklyn. Impossible de savoir que l'on se trouve à New York avec ces longues rues calmes et propres, ces pelouses parfaites, bordées de maisons de style victorien. Une dernière balade s'impose dans le vieux quartier de Brooklyn Heights (à proximité du Brooklyn Bridge), où les bâtiments figurent parmi les plus beaux de la ville. Marchez le long de la promenade qui fait face aux buildings de Downtown et admirez un spectaculaire coucher de soleil. Et si vous avez des envies de sortie, n'hésitez pas à retourner le soir à Williamsburg pour découvrir les bars aux alentours des arrêts Bedford Ave et Lorimer Ave. De nombreux habitants de Manhattan n'hésitent plus à se rendre à Williamsburg le soir pour retrouver l'ambiance frénétique qui fait parfois défaut à Manhattan.

▶ **Si vous disposez de plusieurs jours**, profitez-en pour vous rendre à Coney Island et passer une journée à la plage, avec fête foraine du fond des âges et nouveaux Russes, ou prenez le ferry (gratuit) direction Staten Island.

Queensboro Bridge, immortalisé sur l'affiche du film Manhattan de Woody Allen.

Vous pourrez également vous rendre dans le Queens pour y visiter, entre autres musées, le PS1, annexe du MoMA et centre d'art contemporain, qui met en valeur le visage actuel de l'art contemporain américain.

LE NEW YORK DE WOODY ALLEN

Malgré l'affaire de mœurs qui empoisonne le cinéaste depuis des années et qui a refait surface avec grand bruit dans un monde médiatique traumatisé par l'affaire Weinstein (son avant-dernier film *A Rainy Day in New York* a été boycotté aux Etats-Unis et n'a pas été diffusé dans les cinémas du pays, tandis que la sortie de *Rifkin's Festival*, son dernier long-métrage, a presque été passée sous silence), les films de ce New-Yorkais pur jus ont toujours la cote auprès des Français. Source d'inspiration inépuisable, sa ville de prédilection plante le décor de la majorité de ses films. En témoigne le premier plan-séquence de *Manhattan* (1979), véritable hommage à la beauté spectaculaire de cette ville.

Voici une liste non exhaustive d'endroits glanés au fil des scènes d'*Annie Hall*, de *Manhattan* ou de *Broadway Danny Rose* qui permet, sur les pas du réalisateur, de découvrir parmi les lieux les plus emblématiques de Big Apple.

C'est a Midwood, au fin fond de Brooklyn, dans ce quartier juif, perdu et résidentiel, que tout commence. *« Des erreurs, j'en ai faites. D'abord, je suis né. Première erreur ! »* Allen Königsberg (le vrai nom de Woody Allen) y grandit. Il fait déjà rire ses camarades de classe de la Midwood High School, qui lui inspirent cette boutade : *« J'ai été expulsé du lycée pour avoir triché pendant un examen de métaphysique ; je lisais dans les pensées de mon voisin »*. A part ça, l'intérêt touristique de ce quartier est quasiment nul, à l'exception de la fameuse pizzeria Di Fara à Brooklyn. *M° Avenue J (ligne Q).*

Restons à Brooklyn. C'est à Coney Island, quartier russe connu pour sa plage et ses fêtes foraines, qu'ont été tournées des scènes de l'oscarisé Annie Hall, ainsi que de Wonder Wheel, sorti en 2018. M° Coney Island (ligne W).

Et à Manhattan, plusieurs restos ont été immortalisés par la caméra de Woody :

- **Carnegie Deli** (854 7th Avenue, et 55th Street), le *deli* de *Broadway Danny Rose*.
- **Dean&Deluca** (560 Broadway, et Prince Street). Des scènes du film *Maris et Femmes* se passent dans ce café de SoHo.
- **John's Pizzeria** (278 Bleecker Street, entre 6th et 7th Avenues). Le cinéaste n'est pas le seul à apprécier cette vieille pizzeria familiale et populaire du Village. Al Pacino, Frank Sinatra, Harry Connick Jr. et Rudolph Giuliani ont compté ou comptent parmi ses clients. John's apparaît dans *Manhattan*, dans la scène où la jeune Mariel Hemingway annonce à Woody Allen qu'elle part étudier à Londres.
- **Isabella's** (359th Columbus Avenue, au croisement avec 77th Street). Un excellent restaurant - notamment pour son brunch - dans lequel Woody Allen a tourné plusieurs de ses films.
- **Shun Lee Cafe** (43 West 65th Street, entre Central Park West et Columbus). Une des scènes de *Maris et Femmes* se déroule dans ce restaurant chinois design.

▶ **Dans *Crimes et Délits*** (1989), Alda offre un job à Woody à l'élégante Tavern on the Green (Central Park West et 67th Street), le restaurant le plus célèbre de Central Park, fermé depuis 2010. Et la cérémonie de mariage qui clôt le film est tournée au non moins célèbre hôtel Waldorf Astoria (301 Park Avenue, et East 49th Street).

▶ **L'un des bancs de Riverview Terrace sur Sutton Square** est devenu le banc le plus célèbre du monde lorsqu'il a immortalisé l'affiche culte du film de Woody Allen, *Manhattan*. Le banc se trouve entre la 58e et la 59e rue, et fait face au Queensboro Bridge.

« J'aimerais terminer sur un message d'espoir. Je n'en ai pas. En échange, est-ce que deux messages de désespoir vous iraient ? » Woody Allen

FLEA-MARKETS DU WEEK-END

Traditionnellement, les antiquaires de Manhattan sont concentrés sur Madison, entre les 60th et 70th Streets et Madison. Quelques-uns ont gardé pignon sur rue, quand d'autres, effrayés par le prix des loyers, se sont repliés sur les rues avoisinantes ou regroupés dans des structures collectives, comme le Manhattan Art & Antiques Center (www.the-maac.com). D'autres, enfin, sont descendus à Downtown, vers SoHo et l'East Village, pour les antiquités américaines. Le marché est en pleine expansion et les marchands font des allées et venues entre l'Europe et le continent nord-américain. New York est le centre de grandes foires et

CITY PASS

Le CityPASS est un carnet de billets contenant des billets prépayés pour 6 des principales attractions de la ville de New York. Il est valable 9 jours à compter de la première visite et il représente une économie de 40 % ou plus pour les adultes.

■ **CITY PASS**
www.citypass.com
info@citypass.com
Citypass : 136 US$ adultes, 112 US$ enfant de 6 à 17 ans. Pass C3 : 87 US$ adultes, 67 US$ enfant de 6 à 17 ans.
Carnet de billets prépayés pour 6 attractions de New York : l'Empire State Building, l'American Museum of Natural History, le Metropolitan Museum of Art, le Top of the Rock ou le musée Guggenheim, l'accès en ferry à la Statue de la Liberté et Ellis Island ou le Circle Line Sightseeing Cruises et le 9/11 Memorial & Museum ou l'Intrepid Sea, Air & Space Museum. Le CityPASS est valable 9 jours à compter de la première visite, il représente une économie de 40 %. Le Pass C3 permet quant à lui de choisir 3 attractions parmi celles proposées et l'observatoire Edge.

d'importants salons, le plus prestigieux étant la Winter Antiques Show, qui se tient traditionnellement en janvier, au Seventh Regiment Armory – Park Avenue et East 86th Street. Repaire d'antiquaires, de magasins de déco et vintage, New York est aussi un lieu de prédilection pour les férus de marchés aux puces. Vous en trouverez à Manhattan bien sûr, mais aussi à Brooklyn :

▶ **Le point de départ de cette balade à faire le week-end uniquement** est un des marchés aux puces les plus connus de la ville, le GreenFlea. Ouvert en 1985 sur Columbus Ave entre les 76e et 77e rues, le marché occupe toujours la même adresse aujourd'hui. Son avantage, avoir un espace en extérieur et un en intérieur. Quel que soit le temps, le GreenFlea est donc ouvert. Chaque semaine, une majorité des vendeurs se renouvellent. On retrouve néanmoins le même genre d'objets, des bibelots vintage, des meubles, des vêtements démodés, des bougies, de la nourriture produite localement et des vieilles affiches.

▶ **Terminez la balade** au Chelsea Flea Market, marché en plein air sur la 25e rue qui vaut le déplacement. Selon la pêche du jour, l'on y trouve des objets africains, des perles anciennes, de vieux bocaux, des magazines *vintage* ou des vinyles improbables...

▶ **Brooklyn Flea Markets**. A noter, les deux marchés aux puces principaux de Brooklyn méritent également le détour. Aussi populaires que conviviaux, on y trouve essentiellement des vêtements vintage, des bijoux, de l'artisanat local, et quelques meubles. Tous deux se tiennent au bord de l'East River (M° Bedford Ave, L) : celui d'Artist & Fleas se trouve dans un grand hangar au 70 North 7th street Il est ouvert le week-end de 11h à 18h. Celui de Brooklyn Flea se tient le long de 6th Street et a lieu le week-end de 10h et 18h entre avril et octobre.

VISITES GUIDÉES

Plusieurs formules pour découvrir la ville. De diverses façons, plus ou moins insolites : bateau, bus, hélicoptère, etc. N'hésitez pas non plus à tester le vélo et le roller dans Central Park, paradis des sportifs.

■ BIKE THE BIG APPLE

✆ +1 347 878 9809
www.bikethebigapple.com
explore@bikethebigapple.com
Le lieu de rendez-vous varie selon les tours.
Tours à partir de 95 US$.
Circuler à vélo dans les rues de New York, c'est le programme réjouissant des circuits de Bike The Big The Apple. Les huit différentes balades vous feront découvrir la ville autrement. Le tout dans une atmosphère très bon enfant et avec des touristes venus du monde entier mais aussi quelques autochtones. Quant aux guides, ils sont très sympathiques et généralement multilingues. Il est d'ailleurs possible de demander un guide français qui pourra traduire ses explications. Vous pourrez ainsi vous délecterer d'anecdotes amusantes sur chaque petit recoin de la ville.

■ BROOKLYN UNPLUGGED

✆ +1 347 789 7578
www.brooklynunpluggedtours.com
contact@brooklynunpluggedtours.com
Calendrier en fonction des visites. Tarif : à partir de 32 US$ la visite de 2 heures.

Cet organisme propose des visites guidées plutôt originales dans différents quartiers de Brooklyn : visite du Williamsburg branché, découverte du Brooklyn de la communauté juive, zoom sur le *street-art* à Bushwick ou sur les *brownstones* de Dumbo. Même Coney Island peut se découvrir avec un guide. Certaines visites se font à pied et d'autres en bus.

■ CHINATOWN WALKING TOUR

Museum of Chinese in America
215 Centre Street
✆ +1 212 619 4785
www.mocanyc.org
info@mocanyc.org
Le samedi. Tarif : 25 US$. Durée : 1h30. Le point de départ est au 215 Centre St, dans le hall du MOCA.

Très appréciable d'avoir un musée à Chinatown, quartier de taille restreinte mais mystérieux, qui laissera sur leur faim nombre de non-initiés partis l'arpenter au hasard. Un guide du MoCA vous emmènera à la rencontre d'un des plus vieux quartiers de New York. Moult anecdotes et petites histoires savoureuses tomberont dans vos oreilles lors de cette paisible balade de week-end. N'hésitez pas à bruncher dans le quartier avant la visite pour prendre des forces et vous imprégner des lieux.

■ FOODS OF NY TOURS

9 Barrow Street
Greenwich Village
✆ +1 212 209 3370
www.foodsofny.com
M° Christopher Street (ligne 1).
Entre 68 et 149 US$, avec balade et repas. Durée de 3h à 4h30. Tous les jours, horaires variables. Sur réservation.

Todd propose de très instructives et délicieuses balades dans Greenwich Village, au Chelsea Food Market, à Chinatown, Little Italy et Brooklyn. En plus d'avoir une information culturelle et historique très complète sur les quartiers visités, vous ferez moult pauses pour déguster les mets de quelques-unes des meilleures adresses culinaires du coin.

Chinatown Walking Tour.

Food Tour dans l'East Village.

■ HELINY HELICOPTER FLIGHT SERVICES

Downtown Manhattan Heliport
Pier 6, East River
Battery Park
✆ +1 212 355 0801
www.heliny.com
info@heliny.com
M° Whitehall Street (lignes W, R) ou South Ferry (ligne 1).
3 formules de 15 à 30 min de vol, de 199 US$ à 339 US$ plus taxes d'héliport (35 US$). Réductions sur Internet.
Plusieurs circuits possibles en fonction du budget. The New Yorker (12 à 15 minutes de vol) survole la statue de la Liberté, World Financial Center, Empire State Building, Chrysler Building, Met-Life Building, Intrepid Sea Air Space Museum et Central Park. The Ultimate Tour (17 à 20 minutes) ajoute à la boucle précédente Saint John the Divine, Columbia University, Washington Bridge, Yankee Stadium et Harlem. The Deluxe Tour (25 à 30 minutes) ajoute le Verrazano Bridge et Brooklyn.

■ NEW YORK EN FRANÇAIS

✆ 05 56 52 96 36
www.voyage-en-francais.fr
contact@new-york-en-francais.fr
Le point de rencontre varie en fonction des visites.
De 49 à 99 € la visite guidée par adulte, 35 € par enfant. Durée des tours : 3h, 3h30 ou 6h.
Cette agence très sérieuse propose des visites en français, hors des sentiers battus, menées par des expatriés francophones. C'est l'occasion parfaite pour découvrir Harlem, SoHo, Greenwich Village ou encore Chinatown à travers les yeux de ceux qui ont fait de New York leur ville d'adoption. L'agence propose également des visites sur mesure, ou encore un *food tour* dans l'East Village et une balade à vélo ou pied dans Central Park. Pour ceux qui souhaitent découvrir Brooklyn, là encore, les options sont pléthoriques : Dumbo, Bushwick, Williamsburg, etc.

▶ **Autre adresse :** 35 rue Ausone, 33000 Bordeaux.

On Location Tours.

■ ON LOCATION TOURS
555 Eight Avenue
Suite 2003
✆ +1 212 913 9780
www.onlocationtours.com
office@onlocationtours.com
M° Times Square (N, Q, R, S, 1, 2, 3).
Tours en bus à partir de 58 US$. Visite de Central Park à pied avec un guide français à 31 US$.
Visitez les lieux de tournages de vos séries, films et acteurs préférés avec On Location Tours, le plus grand tour opérateur du monde ayant trait aux tournages télévisuels. Ces visites uniques vous permettront de voir New York de la même manière que dans vos programmes télé préférés. Les visites guidées en bus vous feront visiter les lieux de tournage de films et séries les plus célèbres comme *Sex and the City*, *Sopranos*, *Gossip Girl*, et autres films et séries tournés à Manhattan. La visite guidée à pieds vous emmènera, elle, sur les lieux de tournage de Central Park.

FESTIVITÉS

Si l'hiver signe peut-être la saison la plus magique avec ses superbes décorations de Noël, le traditionnel arbre de Noël géant du Rockefeller Center (depuis 1933) et l'ouverture des patinoires en plein air au même Rockefeller Center et à Central Park, l'été est le théâtre d'une foule d'événements culturels, très souvent gratuits.
Entre les concerts du Lincoln Center, ceux souvent gratuit de Central Park, les deux représentations très attendues du Philarmonic, celles des pièces de Shakespeare, ou les festivals de films en plein air organisés dans toute la ville – à Central Park, Bryant Park et sous le Pont de Brooklyn –, le choix est réellement infini.

MARS

■ SAINT PATRICK'S DAY

MANHATTAN
nycstpatricksparade.org
Le 17 mars.
La Saint-Patrick est l'occasion d'une parade dans toute la ville, et ce depuis 1762 ! Si les immigrés irlandais ne sont plus très nombreux aujourd'hui, New York reste attachée à cette célébration festive. Une grande parade se tient sur la Cinquième avenue. Au programme : des kilts, des cornemuses, des vétérans à qui l'on rend hommage et des majorettes. Le soir, la ville connaît une de ces nuits sans fin où les New-Yorkais chantent et dansent jusqu'au petit matin, bien aidés par la Guinness qui, il faut bien le dire, coule à flots.

Parade de la Saint Patrick dans les rues de New York.

MAI

■ MET GALA

MANHATTAN

Le premier lundi de mai.

Chaque année au printemps, une ribambelle de stars, vêtues de leurs plus beaux habits de lumière selon un thème choisi, se réunissent au Metropolitan Museum. Sans doute l'événement le plus glamour de l'année ! C'est la papesse de la mode et rédactrice-en-chef de *Vogue* Anna Wintour qui organise le Met Gala, fondé en 1946. Rihanna, les sœurs Hadid, Diana Ross, Naomi Campbell, Cher et Kanye West font partie des habitués. La soirée la plus exclusive de l'année permet de récolter des fonds pour financer le Costume Institute du Met, qui comprend près de 30 000 costumes.

■ TRIBECA FILM FESTIVAL

MANHATTAN

www.tribecafilm.com

info@tribecafilm.com

Quinze jours en mai ou juin.

Une idée de Robert De Niro et Jane Rosenthal, pour aider à la renaissance de ce quartier du Lower Manhattan touché par les événements du 11 septembre 2001. Le défi est relevé, puisque les retombées économiques de l'évènement sont estimées à 50 millions de dollars. Ce festival du film indépendant est organisé chaque année depuis 2002 et propose notamment de nombreux films indépendants français. Sa renommée est encore loin d'atteindre celles de Sundance, Cannes ou Berlin, mais le festival fait tout de même beaucoup parler de lui.

JUIN

L'été commence et les festivals en plein air fleurissent. La saison des festivals de films en plein air débute aussi : Bryant park (www.bryantpark.org), Central Park, Brooklyn, etc.

■ BRYANT PARK MOVIE NIGHTS

Bryant Park

MANHATTAN

Le lundi soir, de début juin à fin août.

Les lundis d'été, la pelouse de Bryant Park se remplit de spectateurs venus regarder des classiques du cinéma sur écran géant. La programmation est très bien choisie, entre les films cultes qui se déroulent à New York (*Ghostbusters, Les Affranchis, Quand Harry Rencontre Sally*), ceux que l'on connaît par cœur (*Dirty Dancing, Jurassic Park)*, et les comédies et films plus récents.

Lorsque la pelouse ouvre à 17h, une marée humaine équipée de couvertures envahit les lieux. Il faut ensuite patienter jusqu'à 20h minimum, pensez à apporter de quoi vous occuper. Unique !

■ PRIDE MARCH

154 Christopher Street

MANHATTAN

✆ +1 212 807 7433

www.nycpride.org

M° Christopher Street (ligne 1).

Le dernier dimanche de juin.

Les *sound-systems* déversent toutes les musiques sur une foule aux peaux multicolores. Que de déguisements, de paillettes, de frous-frous, de cuirs, de bijoux et de maquillages ! La parade est un carnaval, un vrai, et l'occasion d'un défoulement géant. Ici, la provocation est reine, et les hétéros se mêlent allègrement au cortège. Un million de personnes se joignent à la parade qui part de Midtown pour descendre jusqu'à Washington Square puis Christopher Street dans le Village, symbole des premiers combats de la communauté LGBT aux Etats-Unis.

SUMMER RECITALS

MANHATTAN
www.metopera.org
Mi-juin.
Si vous avez toujours rêvé d'assister à un opéra mais que vous n'avez pas le budget pour, voici un festival qui vous ravira ! A partir de mi-juin et pendant une dizaine de jours, vous pourrez assister à des concerts gratuits un peu partout dans la ville, organisés par le Metropolitan Opera. Les plus grands chanteurs d'opéra, généralement accompagnés d'un pianiste, se produisent dans les parcs de New York, à Central Park, au Brooklyn Bridge Park mais aussi dans le Queens, au Socrates Sculpture Park et à Staten Island, au Clove Lakes Park.

JUILLET

Tout l'été, le MoMA PS1, l'annexe du musée dans le Queens, organise des soirées « Warm Up » : chaque samedi, des DJ viennent y mettre le feu (www.ps1.org).

INDEPENDENCE DAY

Le 4 juillet.
Des festivités ont lieu à travers tous les Etats-Unis à l'occasion de la fête nationale américaine. Le 4 juillet 1776, la version finale de la Déclaration d'Indépendance fut validée et son adoption fut votée, marquant l'indépendance du pays vis-à-vis de la Grande-Bretagne.
A New York, tout le monde porte des vêtements rouges, blancs et bleus (comme le drapeau américain !) et se prépare pour assister aux feux d'artifice lancés depuis plusieurs points dans Manhattan, en général depuis la East River. On se positionne depuis des *rooftops* ou le long de la rivière.

NATHAN'S FAMOUS HOT DOG EATING CONTEST

1310 Surf Avenue
BROOKLYN
www.nathansfamous.com
Le 4 juillet.
Le jour de la fête nationale, et ce depuis 1916, Nathan's Famous, le roi du hot-dog de Coney Island, organise un concours géant de mangeurs… de hot-dogs. Le record est détenu par un certain Joey « jaws » Chestnut qui a réussi en 2020 la prouesse d'avaler pas moins de 76 hot-dogs en 10 minutes ! C'est d'ailleurs le record du monde. Chez les femmes, c'est la New-Yorkaise Miki Sudo qui l'a emporté en 2019 après avoir avalé 31 hot-dogs. Unique et kitsch !

RESTAURANT WEEK

www.nycgo.com/restaurantweek
Fin janvier, début février.
Une formule qui a également lieu chaque été, en juillet-août, et qui permet de tester parmi les meilleures tables de la ville pour seulement 21 US$ le midi et 39 US$ le soir. Une session hivernale se tient également vers fin janvier et début février.

Un événement à ne pas manquer si votre budget ne vous permet pas en temps normal de découvrir les plats raffinés des plus prestigieux restaurants de la ville. Plusieurs centaines de restaurants y participent chaque année ! Réservation fortement conseillée, surtout pour le dîner.

AOÛT

■ LINCOLN CENTER OUT OF DOORS

Damrosch park
10 Lincoln Center Plaza
MANHATTAN
www.lincolncenter.org
Fin juillet, début août.
Des performances artistiques et concerts, totalement gratuits, sont organisés en plein air pendant une quinzaine de jours. Ils se produisent au Damrosch Park, juste à côté de la Metropolitan Opera House et du David H. Koch Theatre. L'abri d'orchestre, comme une coquille incurvée sur la scène, est utilisée pour l'acoustique. Chaque année, sont accueillis des musiciens (Patty Griffin, Jeff Tweedy), des comédiens de stand up (Roy Wood Jr. en 2019), mais aussi des diffusions de films.

SEPTEMBRE

■ NEW YORK FILM FESTIVAL

70 Lincoln Center Plaza
MANHATTAN
www.filmlinc.com/nyff
De fin septembre à la mi-octobre.
Le NYFF est le grand événement cinématographique de New York. Là ou le TriBeCa Film Festival met en avant beaucoup de jeunes films indépendants, le NYFF accueille tous les plus grands réalisateurs américains et le meilleur du cinéma étranger. Fréquemment, les films présents aux Oscars font leur avant-première au festival. Si beaucoup de séances sont réservées à la presse, il est possible de voir la plupart des films en réservant les places à l'avance. On peut alors assister à la diffusion des films en avant-première aux côtés des acteurs et du réalisateur.

Village halloween parade.

© DARIUSZ GRYCZKA – SHUTTERSTOCK.COM

Marathon de New York.

OCTOBRE

■ VILLAGE HALLOWEEN PARADE

6th Avenue, de Spring Street
à 16th Street
MANHATTAN
www.halloween-nyc.com
halloweenparadeinfo@gmail.com

Le 31 octobre. Pour assister ou participer au défilé, rendez-vous dès 18h30 entre la 6e Ave et Canal Street.

Attention à ne pas traîner trop tard dans les rues le 31 octobre. Zombies, monstres et sorcières se mélangent aux New-Yorkais une fois la nuit tombée. Complètement déjanté, le défilé géant d'Halloween à Greenwich Village est une preuve de plus de l'inventivité des Américains. Du *trader* de Wall Street aux *hipsters* de Williamsburg, tout New York se déguise, et parfois dès le matin pour aller au bureau. Pour faire la fête, baladez-vous dans les quartiers résidentiels de Manhattan et de Brooklyn où d'innombrables *dance parties* chez l'habitant sont organisées.

NOVEMBRE

■ MARATHON DE NEW YORK

New York Road Runners
9 East 89th Street
MANHATTAN
✆ +1 212 423 2249
www.tcsnycmarathon.org

Le premier dimanche de novembre.

Chaque premier dimanche du mois de novembre, près de cinquante mille coureurs du monde entier se regroupent pour le départ du plus célèbre marathon du monde sur le pont Verrazano-Narrows.

Tout le long des 42,195 km, les coureurs sont soutenus par une foule enthousiaste qui encourage les participants. Un véritable show à l'américaine : des stands gigantesques, des rues décorées et des *speakers* qui commentent en direct dans la rue. Douze mille bénévoles, deux millions de spectateurs le long du parcours et des dizaines de millions de téléspectateurs dans le monde.

■ THANKSGIVING

Quatrième jeudi de novembre.

Cette fête familiale typiquement américaine, la plus importante de l'année, commémore le repas donné par les premiers immigrants – les pères Pèlerins – en remerciement à Dieu et aux Indiens pour leur avoir permis de survivre au premier hiver dans le Nouveau Monde. Au menu : dinde, purée, sauce à la canneberge, pain de maïs, tarte aux pommes et à la noix de pécan. Une immense parade, suivie par des millions d'Américains à la télévision, a lieu chaque année de la 77e rue sur Central Park West jusqu'à Macy's, devant un parterre de stars.

DÉCEMBRE

■ CHRISTMAS DAY

Le 25 décembre.

Dès la fin novembre, la ville se pare de ses plus beaux habits. Marchés de Noël à Bryant Park, Union Square et Williamsburg, odeur de chocolat chaud à la cannelle, vitrines de la 5e avenue décorées, sapin géant à Rockefeller Center, New York ne fait pas les choses à moitié lorsqu'arrive Noël. Parmi les activités recommandées le soir de Noël : le spectacle *The Rockettes* au Radio City Music Hall, le ballet *Casse-Noisette* au Lincoln Center, la visite des maisons magnifiquement illuminées de Dyker Heights à Brooklyn et la messe à la cathédrale Saint-John the Divine.

■ TIMES SQUARE BALL DROP

Times Square
MANHATTAN
31 décembre.

A l'occasion du passage à la nouvelle année, environ 1 million de personnes se réunissent à Times Square pour assister au *Ball Drop* : à 23h59, la boule suspendue au mât perché sur le toit du gratte-ciel One Times Square descend de 43 mètres en 60 secondes. Lorsqu'elle termine sa chute, il est minuit pile et c'est le début de la nouvelle année, marqué par un superbe feu d'artifice. A éviter si vous détester la foule, le froid et le fait de ne pas pouvoir faire pipi pendant dix heures !

FINANCIAL DISTRICT, SOHO ET CHINATOWN

Interieur du City Hall et sa rotonde.

IMMANQUABLE DANS CE QUARTIER

- Prendre la mer en direction de la Statue de la Liberté.
- Visiter le 9/11 Memorial, puis faire une halte à Ground Zero.
- Flâner dans Chinatown en s'imaginant être à Shanghai.
- Faire du shopping dans les boutiques chic de Soho.
- Déguster un *cannoli* sur Mulberry Street, dans Little Italy.

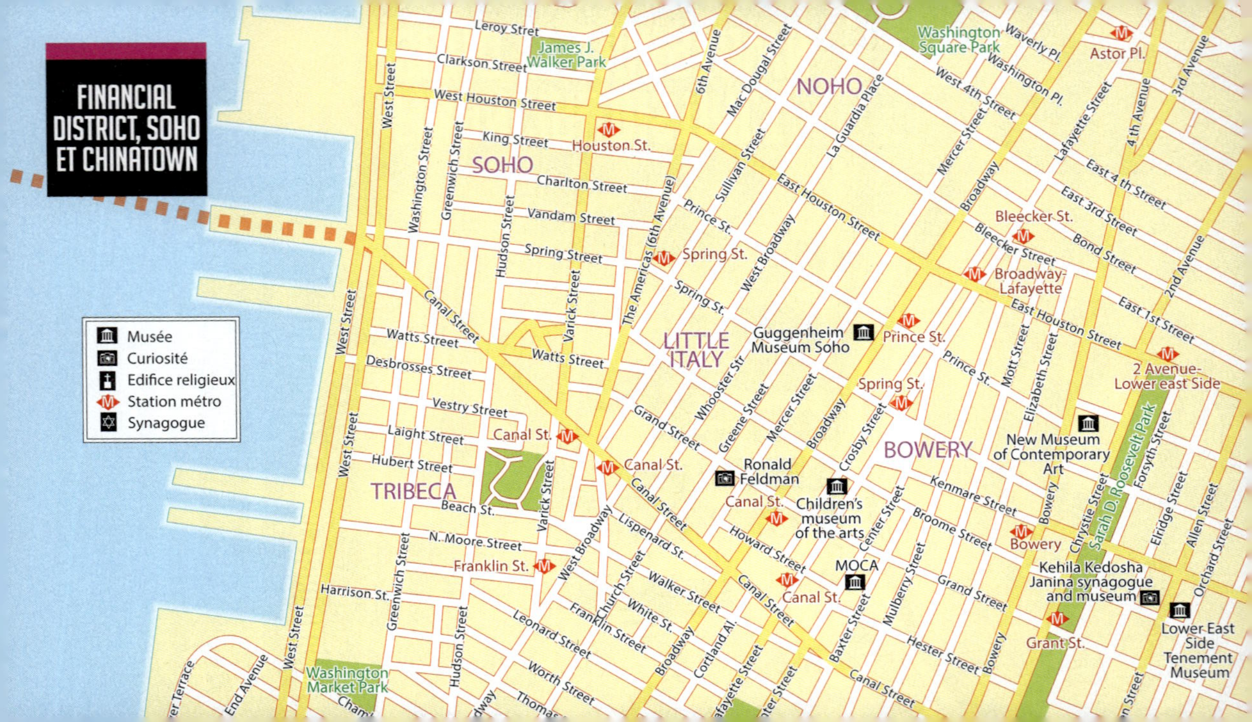
FINANCIAL DISTRICT, SOHO ET CHINATOWN
Musée
Curiosité
Edifice religieux
Station métro
Synagogue
SOHO
NOHO
LITTLE ITALY
BOWERY
TRIBECA
Washington Square Park
James J. Walker Park
Washington Market Park
Sarah D. Roosevelt Park
Guggenheim Museum Soho
Ronald Feldman
Children's museum of the arts
New Museum of Contemporary Art
MOCA
Kehila Kedosha Janina synagogue and museum
Lower East Side Tenement Museum
Astor Pl.
Houston St.
Spring St.
Bleecker St.
Broadway-Lafayette
Prince St.
2 Avenue-Lower east Side
Canal St.
Bowery
Grant St.
Franklin St.
Leroy Stret
Clarkson Street
West Houston Street
King Street
Charlton Street
Vandam Street
Spring Street
Watts Street
Desbrosses Street
Vestry Street
Laight Street
Hubert Street
Beach St.
N. Moore Street
Harrison St.
West Street
Washington Street
Greenwich Street
Hudson Street
Varick Street
Canal Street
The Americas (6th Avenue)
6th Avenue
Mac Dougal Street
Sullivan Street
La Guardia Place
Prince St.
Spring St.
West Broadway
Whooster Str
Greene Street
Mercer Street
Broadway
Grand Street
Crosby Street
Lispenard St.
Walker Street
White St.
Church Street
Franklin Street
Leonard Street
Worth Street
Cortland Al.
West 4th Street
Washington Pl.
Waverly Pl.
Mercer Street
Lafayette Street
4 th Avenue
3rd Avenue
East 4 th Street
East 3rd Street
Bond Street
Bleecker Street
East Houston Street
East 1st Street
2nd Avenue
Mott Street
Elizabeth Street
Kenmare Street
Broome Street
Center Street
Howard Street
Mulberry Street
Baxter Street
Hester Street
Bowery
Chrystie Street
Forsyth Street
Elridge Street
Allen Street
Orchard Street
End Avenue

World financial center
Path Tube
West Street
Barclay Street
Vesey Street
West
Church Street
Woolworth Building
Park Pl.
City Hall
Brooklyn Br-City Hall
Chambers St.
Park Row
St. James Place
Division Street
East Broadway
Henry Streeet
Madison Street
Monroe Street
Cherry Street
Pike Street
Rutgers Street
East-Broadway
Rutgers Park
Catherine Street
Market Street
Water Street
South Street
(Elevated Highway)
TWO BRIDGES
Manhattan Bridge
St Paul's Chapel
GROUND 0
Broadway
Fulton St.
World Trade Center
Liberty Street
Spuce Street
Beekman Street
Francfort Street
Ann Street
Gold Street
Cortlandt St.
Cortland Street
John St.
Cedar Street
Trinity Church
Greenwich St.
Rector St.
Wall St.
Nassau Street
Federal Reserve Bank
Platt St.
Pearl Street
Peck Slip
Federal Hall
Cedar St.
Broad St.
Wall Street
Exchange Alley
South Street Seaport
Front St.
Pier 17
Brooklyn Bridge
South End Avenue
Museum of Jewish Heritage
1st Pl.
Morris St.
Trinity Place
New Street
Beaver Street
Pine Street
R. F. Wagner Jr. Park
Battery Pl.
Bowling Green
FINANCIAL DISTRICT
Old Slip
Franklin D. Roosevelt Drive
The museum of the american indians
Bridge Street
Pearl Street
Water Street
Police academy museum
Castle Clinton Nat. Monument
Battery Park
State Street
Whitehall St-South Ferry
South Ferry
BROOKLYN
0
350 m

FINANCIAL DISTRICT, SOHO ET CHINATOWN

Wall Street, la statue de la Liberté, Ellis Island, etc. Berceau du New York historique, il s'agit de la zone la plus emblématique de la ville. En effet, c'est ici, tout au sud de Manhattan, qu'est né New York, qui ne fut pas habité au-delà de ses limites avant le XIXe siècle. C'est encore ici que débarquèrent les vagues successives d'immigrants arrivés d'Ellis Island jusqu'à la moitié du XXe siècle. Si les Twin Towers ne dressent plus leur immensité démesurée au-dessus du *skyline*, les alentours du nouveau World Trade Center s'ouvrent petit à petit au public et donnent au quartier un nouveau souffle. Depuis les attentats, le centre financier de New York de l'époque est devenu un lieu de pèlerinage et de mémoire pour les New-Yorkais et les touristes. Les alentours de Ground Zero sont toujours en cours d'aménagement car certaines tours n'ont pas fini d'être construites, mais le quartier a retrouvé de son dynamisme.

FINANCIAL DISTRICT

Le Lower Manhattan est aujourd'hui un curieux mélange de quartier d'affaires et de bâtiments historiques. Depuis le 11-Septembre, la physionomie de Wall Street a bien évidemment changé, mais les promoteurs immobiliers et la ville de New York œuvre depuis lors à une redynamisation de ce quartier qu'ils souhaitent transformer en lieu de vie à part entière, même après la fermeture des bureaux. On en est encore loin car tous ses bâtiments neufs sont assez impersonnels et les logements, très chers, ne se remplissent pas tous. D'où une atmosphère assez spéciale le soir, très calme, avec des bars, restaurants et cinémas vides. Pour l'instant, toute la zone autour de Ground Zero renvoie l'image d'une ville futuriste, propre, froide, ou rien ne dépasse. A l'inverse, à l'est, les rues sont bien plus vivantes, notamment autour de Wall Street. Et le quartier ne se limite pas à ses monuments aux érections mégalomanes qui abritent banques et fonds d'investissement. La zone passante le long de l'Hudson, au sud du Financial District, a été complètement réaménagée et offre un cadre agréable pour une balade au calme et au vent de l'Atlantique.

Un séjour à New York peut commencer ici, car cette partie de Manhattan recèle parmi les symboles les plus connus de la ville, comme la statue de la Liberté et Ellis Island, Wall Street et la réserve fédérale, le pont de Brooklyn, ou encore le South Street Seaport, vieux port de New York réaménagé en site touristique. Une terrasse sur les toits permet de se lover dans un transat et d'admirer la vue sur le pont de Brooklyn…

SOHO ET TRIBECA

Le Financial District est situé à vingt bonnes minutes à pied de SoHo et de TriBeCa, autres quartiers – non moins emblématiques – de Downtown, riches en boutiques, bars et restaurants *trendy*. Dans ces deux secteurs, les buildings verticaux cèdent la place à des immeubles plus petits, zébrés d'échelles de secours sur les façades. Ce sont les fameux bâtiments industriels en fonte (*cast iron*), investis par les artistes dans les années 1980... Depuis, les choses ont bien changé et SoHo – pour *South of Houston* –, paradis du shopping, a bien gagné ses galons de Shopping Mall. Le week-end, les rues du quartier sont bondées et il est parfois très difficile de se déplacer. Agoraphobes s'abstenir ! TriBeCa – Triangle Below Canal Street – étend, quant à lui, son triangle orienté vers le nord entre Canal et Chambers d'une part, West Street (le long de l'Hudson River) et Broadway de l'autre. TriBeCa partage avec SoHo le privilège d'avoir fait l'objet d'une rénovation majeure qui l'a catapulté sur le devant de la scène artistique, gastronomique et immobilière. Inconnu il y a vingt-cinq ans de la plupart des habitants de la ville, alors réservé aux artistes sans le sou qui squattaient des lofts sans électricité, ce quartier est aujourd'hui hors de prix et furieusement prisé pour ses restaurants ciblés. Un repaire de New-Yorkais pur jus, plutôt *upper class*. Certaines rues pavées ont un certain charme, mais dans l'ensemble TriBeCa est un quartier résidentiel délaissé par les touristes.

CHINATOWN ET LITTLE ITALY

Juste au nord du quartier d'affaires et à l'est de TriBeCa et SoHo, commencent Chinatown puis Little Italy. Ces deux quartiers, qui coexistent sur le même petit îlot de rues, ont connu ces vingt dernières années des évolutions contraires mais extrêmement liées. Avec Mott Street, Canal Street est l'artère principale de Chinatown : son nom vient du canal qui permit de vider un étang immense qui se tenait là. Presque inexistant jusqu'au milieu du XXe siècle, Chinatown connaît actuellement une extension en forme de pales de ventilateur : le quartier remonte sur East Broadway et sur les rues parallèles à travers le Lower East Side, où sont passés tant d'immigrants juifs, et, au nord, Chinatown traverse Canal Street et s'implante dans Little Italy, aujourd'hui réduit à la portion congrue recroquevillée sur la seule Mulberry Street (drapeaux italiens et attrape-touristes à gogo), haut lieu de la mafia new-yorkaise italienne en son temps. Chinatown envoûte par le labyrinthe de ses rues étroites et animées. Voici en tout cas deux des quartiers « ethniques » les plus chargés d'histoire à New York, dont il fait bon respirer les ambiances contrastées, particulièrement les jours de fêtes chinoises. Et si Little Italy a perdu de son charme, celui-ci s'est répercuté sur un quartier attenant : NoLIta. Petit coin niché juste à côté de Little Italy, entre Houston et Broome Streets, NoLIta (North of Little Italy) s'étale sur un mini-périmètre centré autour d'Elizabeth Street. Boutiques *fashion* et cafés branchés s'y disputent la place.

VISITER

▮ 56 LEONARD STREET

56 Leonard Street
Tribeca
M° Franklin Street (ligne 1).
Ne se visite pas.

Emblème du quartier de TriBeCa, ce gratte-ciel inauguré en 2017 est souvent surnommé la « Jenga Tower » à cause de sa forme en tout point semblable aux tours que l'on construit en empilant de petites pièces de bois dans le jeu d'adresse Jenga ! Celle-ci est en verre et ne risque pas de s'écrouler, mais l'effet n'en est pas moins saisissant. La tour, conçue par le cabinet d'architecte suisse Herzog & de Meuron, abrite des appartements de luxe parmi les plus chers de la ville (le moins cher ayant été vendu à 3,5 millions de dollars).

■ BATTERY PARK ★★

✆ +1 212 267 9700
www.thebattery.org
info@thebattery.org
Situé à l'extrémité sud de Manhattan, ce parc est un des plus calmes de la ville. Il offre une jolie vue sur la statue de la Liberté et Ellis Island. Au coucher du soleil, lorsque les *traders* sont rentrés chez eux, le parc est rafraîchi par la brise marine. Et l'on aperçoit, juste là,

Homme statue (de la Liberté) à Battery Park.

Manhattan déjà illuminé et pas encore couché. En remontant le chemin qui longe l'Hudson River, on atteint la Marina où appareillent yachts et voiliers. De là, on peut prendre les bateaux du réseau NYC Ferry et le ferry qui emmène gratuitement les voyageurs à Staten Island.

■ BROOKLYN BRIDGE ★★★★

Voir page 13.

■ CITY HALL ★★

City Hall Park, Financial District
✆ +1 212 788 6865
tours@cityhall.nyc.gov
M° Brooklyn Bridge – City Hall (lignes 4, 5 et 6).
Le City Hall est l'hôtel de ville de New York. Il abrite le conseil municipal et les bureaux du maire. L'édifice, achevé en 1812, est un bâtiment prestigieux de style colonial. Ses marches sont célèbres et populaires en raison des diverses manifestations et conférences de presse qui s'y sont tenues. Visitez la Governor's room, salle élégante où sont exposés divers portraits d'hommes qui ont marqué l'histoire des Etats-Unis (Washington, Jefferson, Hamilton, etc.). Cette pièce fut le bureau de George Washington. Le City Hall Park autour du bâtiment est un espace vert très agréable. Autrefois, il était un lieu d'exécutions publiques. Ne soyez pas étonné des influences très françaises de l'architecture : c'est le Français Joseph François Mangin (1794-1818) qui a dessiné les plans du bâtiment. Les fenêtres voûtées et les ornements sont directement inspirés de l'architecture hexagonale de l'époque.

■ SOUTH STREET SEAPORT ★★

19 Fulton Street
✆ +1 212 748 8786
www.southstreetseaportmuseum.org

© AUTHOR'S IMAGE

Vue depuis le City Hall Park.

M° Fulton Street (lignes 2, 3, 4, 5, J, Z, A, C).

Le Seaport Museum est temporairement fermé. Les bateaux Wavertree et Ambrose peuvent se visiter gratuitement.

L'ancien port de New York est une attraction assez méconnue des touristes ! A quelques minutes à pied de Wall Street, ce quartier niché sous le pont de Brooklyn est magnifique et ne ressemble à aucun autre à New York. L'architecture des vieux immeubles, les rues en pavés, et la promenade portuaire valent vraiment le détour. De plus, de grands voiliers sont à quai à hauteur de Fulton Street. Notamment le quatre-mâts *Le Peking*, datant de 1911, le deuxième plus grand voilier jamais construit (entrée au South Street Seaport Museum), ou encore le bateau-phare *Ambrose*, construit en 1907 et chargé de guider les paquebots dans la baie de New York. Le port est aussi un lieu plein d'histoire. Tombé dans l'oubli à la fin du XIXe siècle, le port de New York a été réhabilité par des promoteurs gourmands, la proximité de Wall Street aidant. Ces quais sont aujourd'hui transformés en musée vivant du passé. Le quartier a été en partie rénové après le passage de l'ouragan Sandy qui avait complètement détruit les commerces de bord de mer suite à la montée des eaux.

© AUTHOR'S IMAGE

Mouette se reposant sur des jumelles d'observation à South Street Seaport.

■ STATUE DE LA LIBERTÉ ★★★★
Castle Clinton National Monument
Battery Park – Liberty Island
✆ +1 877 523 9849
Voir page 9.

■ ELLIS ISLAND IMMIGRATION MUSEUM ★★★
Ellis Island
Départs des ferrys à Battery Park
✆ +1 212 561 4588
Voir page 10.

■ ST PAUL'S CHAPEL ★
209 Broadway
Financial District
✆ +1 212 602 0747
www.trinitywallstreet.org
M° Fulton Street (lignes 2, 3, 4, 5, A, C, J, Z).

L'église la plus ancienne de New York et la seule à avoir survécu à la Révolution américaine, puis à la chute des deux tours du World Trade Center. La Saint Paul's Chapel abrite notamment des photos de victimes, des uniformes de pompiers et des messages laissés par des proches des victimes. L'intérieur de cette chapelle à l'architecture coloniale (1766) est très sobre. A l'époque où New York était capitale des Etats-Unis, George Washington venait y prier. On y voit encore son banc personnel, conservé avec ferveur. Le petit cimetière attenant est devenu un lieu de détente où l'on vient pique-niquer parmi les tombes d'éminents citoyens de New York, à l'ombre des arbres.

■ THE MUSEUM OF THE AMERICAN INDIAN ★
1 Bowling Green, Financial District
✆ +1 212 668 6624
www.nmai.si.edu
nmai-info@si.edu
M° Bowling Green (lignes 4, 5).
Ouvert du lundi au vendredi de 11h à 16h. Accès libre.

Bâti au début du siècle, cet ancien bureau des douanes recèle l'un des plus beaux atriums de New York : une rotonde décorée de seize fresques à la gloire de la nation américaine. Le bâtiment abrite le musée consacré aux Indiens d'Amérique du Nord (de

The Skyscraper museum.

Cimetière de Trinity Church.

la côte est à l'Alaska, des Sioux aux Cheyennes, etc.), le plus important du continent. On y voit de vrais scalps, la pipe personnelle de Sitting Bull, l'habit de guerre de Geronimo, des masques, des haches, etc. Une boutique vend des objets et des bijoux artisanaux fabriqués par ceux que l'on appelle Native Americans, et qui forment encore à ce jour la communauté la plus démunie des Etats-Unis.

■ THE SKYSCRAPER MUSEUM

39 Battery Place, Battery Park
✆ +1 212 968 1961
education@skyscraper.org
M° Bowling Green (lignes 4 et 5).
Ouvert du jeudi au samedi de 12h à 18h. Entrée libre.
Le torticolis est souvent de rigueur à New York à force de lever la tête pour admirer les gratte-ciel. Il y a d'autres moyens, non douloureux, de faire connaissance avec cette ville essentiellement verticale. Au Skyscraper Museum, regardez de haut les toits de New York et d'autres villes du monde. Dans ce musée, découvrez les modes de construction des gratte-ciel, découvrez des maquettes des buildings de Manhattan et comprenez tous les secrets du World Trade Center, de sa sortie de terre à sa destruction.

■ TRINITY CHURCH

75 Broadway
✆ +1 212 602 0800
www.trinitywallstreet.org
M° Wall Street (lignes 2, 3, 4, 5).
Fondée par le roi William III en 1697, cette superbe église anglicane était constituée de plusieurs chapelles, dont la St Paul's Chapel. L'actuelle Trinity Church est la troisième version de l'édifice ravagé à deux reprises par des incendies – en 1846. Son clocher néogothique et sa flèche haute de 93 m faisaient d'elle l'édifice le plus haut de New York avant l'émergence des gratte-ciel. Dans la nef, de magnifiques vitraux qui comptent parmi les plus anciens des Etats-Unis, et de beaux plafonds voûtés. Un petit musée au fond retrace son histoire.

© R SCAPINELLO – SHUTTERSTOCK.COM

Wall Street Charging Bull.

■ WALL STREET ★

Wall Street, ce groupe nominal mille fois entendu, désignant par abus de langage le quartier environnant la Bourse de New York (New York Stock Exchange) et par ricochet le milieu superpuissant de la finance américaine dans ce qu'il a de plus trépidant et sauvage (on ne compte plus le nombre de publications et films traitant du sujet), est tout simplement le nom d'une rue située dans le sud de Manhattan, partant de l'est de Broadway et filant à l'est, jusqu'à l'East River. Ligne-frontière septentrionale de la colonie néerlandaise de La Nouvelle-Amsterdam au XVIIe siècle, son nom lui vient du premier propriétaire de la zone, un Wallon arrivé avant les Néerlandais et auxquels il vendit ses terres, d'où l'appellation actuellement toujours usitée « Rue des Wallons » : Wall Street. Le quartier s'étirant autour de cette rue est marqué par les stigmates de l'histoire de New York, et les édifices qui la bordent – classés Monuments historiques de la ville, les plus anciens étant le National City Bank Building et le Federal Hall – valent absolument la peine qu'on s'y attarde. Les commentaires avisés d'un guide s'avèrent ici hautement instructifs.

Si Wall Street est aujourd'hui le terme employé pour désigner la place boursière de New York, c'est parce que le 17 mai 1792, vingt-quatre traders se sont réunis à l'emplacement de l'actuel 68 Wall Street pour signer l'accord de Buttonwood, qui marqua la création de la bourse de New York. L'accord fut signé sous un platane (« *buttonwood* » en anglais), d'où son nom.

■ NEW YORK STOCK EXCHANGE ★

11 Wall Street ✆ +1 212 656 5168
www.nyse.com
nysedotservices@nyx.com
M° Wall Street (lignes 4 et 5)
et Broad Street (lignes J, Z).
L'édifice ne se visite plus.

Le New York Stock Exchange est l'épicentre du capitalisme. Dans ce temple grec orné de colonnes de style corinthien, des centaines de *traders* échangent chaque jour des millions de dollars. Hélas aujourd'hui, la visite n'est plus autorisée pour des raisons de sécurité. L'imposant bâtiment, orné d'un immense drapeau américain, est néanmoins beau à voir de l'extérieur. L'atmosphère est assez spéciale autour du bâtiment, avec un nombre impressionnant de forces de l'ordre, de points de sécurité et de voitures banalisées quelle que soit l'heure

■ FEDERAL HALL NATIONAL MEMORIAL ★

A l'angle de Nassau Street
26 Wall Street, Financial District
✆ +1 212 825 6888
www.nps.gov/feha/
karl_beard@nps.gov
M° Wall Street (lignes 2, 3, 4, 5).
L'accès au bâtiment et les visites guidées sont suspendues temporairement pour rénovations.

George Washington y fut proclamé premier président des Etats-Unis en 1789, et le premier Congrès américain s'y installa quand New York fut pour quelque temps capitale des Etats-Unis. Le bâtiment, construit à l'origine par les Anglais, fut remplacé par l'actuel édifice en 1842. Le Federal Hall, dont l'architecture est similaire à celle d'un temple grec, devient musée en 1955. On peut notamment y découvrir la Bible illustrée, utilisée par George Washington lors de son investiture.

Wall Street, le temple grec du « New York Stock Exchange ».

Statue de George Washington devant le Federal Hall.

■ CHARGING BULL ★

Bowling Green Park
Financial District
M° Bowling Green (lignes 4, 5).
Installé non loin du parc de Bowling Green, en plein cœur du Financial District, ce taureau de bronze – 3,2 tonnes pour 3,4 mètres de haut et 4,9 mètres de long -, dont la position laisse à penser que l'animal s'apprête à charger, est l'œuvre du l'artiste Arturo Di Modica. C'est lui-même qui est venu déposer la sculpture face à la Bourse de New York mi-décembre 1989, comme un symbole d'espoir et de combativité pour le peuple américain, deux ans après le krach boursier de 1987. Le taureau est immédiatement saisi par les autorités avant d'être finalement installé à son emplacement actuel. Le *Charging Bull* n'a depuis cessé de séduire New-yorkais et visiteurs. Depuis quelques années, le Charging Bull est devenu un lieu de prédilection pour les coups marketing : après *Fearless Girl,* statue en bronze installée sans permission en 2017 pour mettre en avant les différences de traitement entre les hommes et les femmes (statue qui a depuis trouvé sa place face au New York Stock Exchange), c'est *Harambe*, une statue en bronze de 2 mètres représentant un gorille, qui a été placée illégalement face au taureau de Wall Street par l'agence Sapien. Network fin 2021, afin de dénoncer les inégalités de richesses. Pour marquer le coup, l'agence a déposé 10 000 bananes au pied de la statue, avant d'en faire don à une banque alimentaire.

Woolworth Building.

■ WOOLWORTH BUILDING ★

233 Broadway
M° Park Place (lignes 2 et 3).
Entre Park Place et Barclay Street.
Haut de 241 m et de cinquante-sept étages, ce gratte-ciel eut son heure de gloire en devenant le plus haut du monde à son inauguration en 1913, et ce jusqu'en 1930. L'histoire raconte que le milliardaire Franck W. Woolworth investit la modique somme de 15 millions de dollars pour sa construction, qu'il aurait versés en petites pièces de monnaie, en *nickels* et en *dimes*, mis de côté pour l'occasion. Cet édifice est connu pour sa façade décorée, qui évoque une chute d'eau gothique. Quant au hall d'entrée, de style néogothique, il est éblouissant.

■ WORLD TRADE CENTER SITE – GROUND ZERO ★★★★

Voir page 12.

■ 9/11 MEMORIAL ★★★★

180 Greenwich Street
✆ +1 212 266 5211
Voir page 12.

■ **ONE WORLD TRADE CENTER – ONE WORLD OBSERVATORY** ★★★★
One World Trade Center
285 Fulton Street
✆ +1 212 602 4000
Voir page 12.

■ **9/11 MUSEUM** ★★
180 Greenwich Street
Financial District
✆ +1 212 266 5211
Voir page 12.

■ **LIBERTY PARK** ★
155 Cedar St
Cet espace vert surélevé de 4 000 mètres carrés surplombe le mémorial et le musée du 11 septembre. Ouvert depuis juin 2016, il abrite *La Sphère,* sculpture qui se trouvait, au moment des attaques du 11 septembre, entre les deux tours jumelles. Comme un symbole, l'édifice est resté debout mais a été presque coupé en deux par plusieurs débris d'avion. Dans le parc se trouve également l'église grecque orthodoxe St-Nicholas, actuellement en construction, destinée à remplacer l'église du même nom qui s'est effondrée pendant les attentats.

SE RESTAURER

PAUSE GOURMANDE

■ **CAFFE ROMA**
A l'angle de Broome Street
176 Mulberry Street, Little Italy
✆ +1 212 226 8413
M° Spring Street (ligne 6).
Ouvert du jeudi au lundi à partir de 12h, jusqu'à 20h ou 22h selon les soirs. Pâtisseries à 8 US$.
Ouvert depuis 1891 ! Du fait de son cachet, le café-pâtissier italien – on est dans Little Italy – a souvent été immortalisé (même furtivement) à l'écran, dans *French Connection* par exemple (quand Sal Boca rentre de boîte pour ouvrir son snack). Des douceurs et un bon petit café torréfié à déguster autour des petites tables en marbre, à l'intérieur ou en terrasse. Une petite pause salutaire dans l'un des quartiers touristiques. A l'entrée du café, vous pourrez immortaliser l'une des fresques murales les plus célèbres de la ville, représentant Audrey Hepburn.

■ **FERRARA BAKERY & CAFE**
195 Grand St
Little Italy
✆ +1 212 226 6150
www.ferraranyc.com
information@ferraracafe.com
M° Bowery (lignes J, Z) ou Canal St (lignes N, Q, R, W).
Ouvert du lundi au jeudi de 10h à 21h, vendredi et samedi de 9h à 23h et dimanche de 9h à 23h. Pâtisseries à 7 US$.
Cette pâtisserie italienne a été fondée en 1892, et n'a jamais déménagé ni fermé ses portes depuis, même pendant la Grande Dépression des années 1930. Aujourd'hui, Ferrara demeure une histoire de famille avec, derrière les fourneaux, des pâtissiers de la cinquième génération. Cette institution prétend être le premier *espresso bar* à avoir ouvert ses portes aux Etats-Unis, on ne sait pas si c'est vrai mais en tout cas on aime le cadre authentique et sans chichis ainsi que les gâteaux et les glaces riches au possible. A essayer au moins une fois.

▪ TAIYAKI
119 Baxter Street, Chinatown
✆ +1 212 966 2882
www.taiyakinyc.com
info@taiyakinyc.com
M° Canal St (lignes N, Q, R, W, 6, J, Z).
Ouvert du lundi au jeudi de 12h à 21h, jeudi de 12h à 22h et du vendredi au dimanche de 11h à 22h. Glaces à 8 US$.
Cette glace multicolore dont le cône est en forme de poisson fait se déplacer les foules et inonde les réseaux sociaux depuis quelques années, et à juste titre : c'est une délicieuse merveille qui nous vient tout droit du Japon. Hormis la vanille et le chocolat, la glace se décline dans des saveurs inattendues, comme le matcha et le sésame noir. La pointe du cône est fourrée d'*anko*, une pâte de haricot rouge typiquement japonaise. C'est surprenant, franchement bon et, pour ne rien gâcher, beau à voir. Le week-end, en été, il y a foule !

BIEN ET PAS CHER

▪ CAFÉ GITANE
242 Mott Street, Nolita
✆ +1 212 334 9552
www.cafegitanenyc.com
office@cafegitanenyc.com
M° Prince Street (lignes W, R).
Ouvert en semaine de 12h à 20h, le samedi de 10h à 22h et le dimanche de 10h à 20h. Plats à 15 US$.
Un café bohème au style éclectico-français, ultrabranché, à la déco années 1950, qui sert des plats franco-marocains. Il est recommandé d'y boire un verre ou de prendre un café, en terrasse si vous êtes chanceux. L'ambiance est chaleureuse et *fashion*, et la cuisine plutôt bonne. Ici, on peut manger un couscous dans la plus grande tradition marocaine, à des prix qui défient toute concurrence. Le grand intérêt de ce café réside essentiellement dans son emplacement stratégique, qui permet d'observer le va-et-vient des *beautiful people* de NoLiTa.

▪ FANELLI'S
94 Prince Street et Mercer Street
SoHo
✆ +1 212 226 9412
www.fanellicafe.nyc
M° Prince Street (lignes W, R).
Ouvert tous les jours de 11h à minuit. Plats de 9 à 32 US$.
La salle, avec ses nappes à carreaux rouges et blancs, semble avoir connu toutes les aventures. Tout le passé de SoHo est inscrit dans ce bar, depuis son ouverture en 1872 par Fanelli, boxeur et ami des boxeurs (leurs photos sont épinglées sur les murs). Le soir, à la belle saison, la foule des clients de Fanelli's est si dense qu'on prend un verre dans la rue. Le lieu est idéal pour déjeuner sur le pouce et goûter l'un des meilleurs *burgers* de la ville ou le soir pour voir la faune, jolis visages et vraies gueules, dans une ambiance particulière.

▪ SEAMORE'S
390 Broome St, Nolita
✆ +1 212 730 6005
www.seamores.com
nolita@seamores.com
M° Spring St (ligne 6) ou Canal St (lignes N, Q, R, W).
Ouvert le mardi à partir de 16h, dès 12h du mercredi au dimanche. Plats de 14 à 32 US$.
Seamore's est un excellent restaurant de poissons et fruits de mer qui propose des produits d'une fraîcheur absolue. La terrasse, avec ses parasols rayés immédiatement identifiables, est

très appréciable bien qu'elle soit très vite bondée les week-ends. Le *happy hour* est particulièrement intéressant et est également valable sur les huîtres, qui sont à 2 US$ l'unité ! Le lieu est si populaire que 5 autres adresses ont ouvert à travers Manhattan. Seamore's est aussi un endroit très apprécié pour ses cocktails et son *frozen rosé*.

■ WO HOP

17 Mott Street, Chinatown
✆ +1 212 267 2536
wohopnyc.com
M° Canal Street (lignes 6, J, M, N, R et Z).
Ouvert tous les jours de 10h30 à 21h du matin. Plats à 10 US$.
Ce restaurant en sous-sol a soutenu les mouvements pacifistes des années 1960. On y servait des plats de nouilles et d'énormes soupes pour 40 cents. A l'époque, le menu était écrit en chinois exclusivement. L'après-midi, le personnel s'installait dans la salle et, avec une dextérité stupéfiante, transformait le porc finement émincé et les carrés de pâte en de succulents *won ton*. Les prix ont changé mais l'authenticité du vieux Chinatown est restée intacte. Le Wo Hop est une excellente introduction à Chinatown et, de ce fait, reçoit de nombreux Occidentaux.

BONNES TABLES

■ BALTHAZAR

80 Spring Street, SoHo
✆ +1 212 965 1414
www.balthazarny.com
events@balthazarny.com
M° Spring Street (ligne 6).
Ouvert de 8h à minuit en semaine, à partir de 10h le week-end. Plats autour de 30 US$.
Difficile de croire que Balthazar n'existe que depuis 1997 tant l'ambiance « vieille brasserie parisienne » est réussie. Serveurs habillés à l'ancienne, carrelage au sol, lumières tamisées, miroirs aux murs, etc. L'endroit est spécialisé dans les fruits de mer, vous y trouverez d'ailleurs un excellent bar à huîtres, mais les *brunchs* font également sa réputation. Pour le diner, ce sera steak tartare, salade de chèvre chaud ou moule frites... en bref, que des classiques. Balthazar abrite aussi un petit coin salon de thé où l'on peut goûter les pâtisseries du jour.

STONE STREET, L'UNE DES PLUS VIEILLES RUES DE NEW YORK

Au milieu des gratte-ciel, Stone Street fait de la résistance et n'a rien perdu de son charme du XVIIe siècle. En plein cœur du Financial District, cette petite rue protégée depuis 1996 nous ramène plusieurs siècles en arrière avec ses pavés, ses boutiques aux charmantes façades et ses restaurants qui débordent de terrasses. C'est ici que la première brasserie commerciale des Etats-Unis a vu le jour en 1632, il est donc impératif de vous y arrêter pour boire une bière bien fraîche ou manger un morceau avant de poursuivre votre visite du Lower Manhattan. Pour ne rien gâcher, Stone Street est entièrement piétonne, si bien qu'on se sent à mille lieux de la cohue new-yorkaise.

■ **BLUE RIBBON BRASSERIE**
97 Sullivan Street
SoHo
✆ +1 212 274 0404
www.blueribbonrestaurants.com
blueribbon@bullfrogandbaum.com
M° Spring Street (lignes A, C, E).
Ouvert tous les jours de 17h à minuit. Plats à 30 US$.
Au Blue Ribbon, un grand classique de SoHo, la cuisine française est à l'honneur. Les chefs et propriétaires des lieux, les frères Bromberg, proposent l'un des meilleurs carrés d'agneau de la ville, du délicieux poulet rôti, du bar cru, ou des salades croquantes au tofu et aux algues. Les Bromberg adorent la France et la cuisine hexagonale, ils ont fait leurs études culinaires à Paris, et cela se sent ! L'endroit est en outre connu pour ses horaires tardifs, qui font le bonheur des couche-tard qui cherchent à manger un morceau après une soirée festive.

▸ **Autre adresse :** Une autre adresse très populaire : le Blue Ribbon Sushi est considéré comme l'un des meilleurs restos japonais de New York, situé juste à côté, au numéro 119.

■ **CAFE SELECT**
212 Lafayette Street
SoHo
✆ +1 212 925 9322
www.cafeselectnyc.com
info@cafeselectnyc.com
M° Spring Street (ligne 6).
Ouvert en semaine de 8h à 1h (jusqu'à 2h jeudi et vendredi), samedi de 9h à 2h et dimanche de 9h à 1h. Plats à 15 US$.
Ouvert toute la journée, Café Select a des allures de restaurant de montagne où l'on viendrait se réchauffer après une journée sur les pistes. Le menu propose des spécialités suisses dans la plus grande tradition. Au fond du restaurant se trouve le Chalet, petite salle chaleureuse qui est l'endroit parfait pour déguster une fondue ou une raclette pendant l'hiver. L'endroit idéal pour oublier le froid new-yorkais !

■ **COCO BISTRO**
233-235 Front Street
Seaport District
✆ +1 212 346 9090
www.nyccoco.com
info@nyccoco.com
M° Fulton Street (lignes 2, 3, 4, 5, J, Z).
Ouvert du mercredi au vendredi de 16h à 22h, le samedi de 12h à 23h et le dimanche de 12h à 22h. Plats de 14 à 27 US$.
Coco Bistro est un restaurant qui fleure bon la France, avec sa déco vintage qui rappelle les bistrots parisiens, sa jolie terrasse et les saveurs hexagonales de ses plats, finement exécutés (moules marinières, frisée à la truite, escargots aux morilles...). Mais Coco est aussi l'endroit où l'on se réunit pour déguster de délicieux cocktails ou pour le brunch, délicieux avec ses classiques américains (œufs Bénédicte, toast à l'avocat, etc.) et son option à volonté sur le mimosa, le punch et le Bloody Mary ! Un lieu *trendy*, avec un petit supplément d'âme.

■ **ED'S LOBSTER BAR**
155 Grand Street
SoHo
✆ +1 212 343 3236
www.lobsterbarnyc.com
M° Canal Street (ligne 6).
Ouvert en semaine de 11h à 22h (23h30 vendredi), samedi de 10h30 à

23h30 et dimanche de 10h30 à 21h30. Plats à 20 US$.
Une adresse délicieuse, qui ravira les amateurs de produits de la mer dont le propriétaire, Ed McFarland, fait résolument partie ! Huîtres, palourdes, tartare de thon, soupe de fruits de mer, bisque, crevettes... Mais c'est surtout pour le homard que l'on fait le déplacement. Servi en *roll*, en tarte, en ravioli ou entier, il est toujours délicieux et d'excellente qualité.

■ EPISTROPHY

200 Mott Street
NoLIta
✆ +1 212 966 0904
www.epistrophynyc.com
info@epistrophynyc.com
M° Spring Street (ligne 6).
Ouvert du lundi au vendredi de 12h à 23h, le week-end dès 11h. Plats de 13 à 28 US$.
L'un des seuls restaurants italiens de la ville à être ouvert du petit déjeuner au dîner a été fondé par trois amis originaires de Sardaigne. Le matin, les toasts à l'avocat ou à la courgette, les omelettes aux asperges, les pancakes à la ricotta et autres frittatas feront votre bonheur. Midi et soir, les pâtes sont évidemment à l'honneur, à côté de recettes traditionnelles italiennes comme l'escalope milanaise. Les quelques tables en terrasse permettent de profiter de l'ambiance de NoLIta.

■ FELIX

340 West Broadway et Grand Street
SoHo
✆ +1 212 431 0021
www.felixnyc.com
felix@felixnyc.com
M° Spring Street (ligne 6).
Ouvert le mardi de 17h à minuit, du mercredi au vendredi de 12h à minuit et le week-end de 11h à minuit. Plats à 25 US$.
Drapeaux français et brésiliens, ce bistrot est un repaire de célibataires. On se regarde, on boit du champagne, et on discute avec ses voisins. Le *brunch* est excellent, mais ce qui rend le Felix si *trendy*, ce n'est pas tant sa cuisine, des plats à la française plutôt classiques, que sa clientèle. Allez-y le samedi après-midi, et installez-vous en terrasse quand le temps le permet. Comptez au moins 30 minutes d'attente pour avoir une table, comme souvent à New York... Et le dimanche après-midi, on pousse les tables et on danse jusqu'à épuisement !

■ FIAT CAFÉ

203 Mott Street
Nolita
✆ +1 2129691809
www.fiatcafenyc.com
M° Bowery (lignes J, Z) et Spring Street (ligne 6).
Ouvert tous les jours de 8h à 23h. Plats de 12 à 18 US$.
On aime ce petit restaurant franco-italien, ouvert il y a 9 ans par deux Français dynamiques. Paradis des badauds à la recherche d'une halte gourmande, conviviale et à un prix raisonnable (voir la carte qui allie les classiques du brunch américain et une cuisine italienne à la fois originale et traditionnelle, inspirée par les recettes qui ont nourri l'enfance du chef). Les portions généreuses permettent d'affronter vaillamment le marathon touristique new-yorkais... Nous avons apprécié le brunch qui démarre dès 8h. Le secret le mieux gardé du Lower Manhattan !

■ LOMBARDI'S

32 Spring Street
Nolita
✆ +1 212 941 7994
www.firstpizza.com
M° Spring Street (lignes C, E).
Ouvert du dimanche au jeudi de 12h à 22h, vendredi et samedi de 12h à minuit. Pizzas à 20 US$.
Largement centenaire, il s'agit, ni plus ni moins, de la plus ancienne pizzeria de New York, comme en témoigne le nom de son site Internet ! La pizza est cuite au feu de bois, les nappes sont à carreaux rouges et blancs, et Lombardi's est une institution bien traditionnelle constamment investie par les habitants de la Grosse Pomme et les touristes qui visitent le quartier de Little Italy, si bien qu'il est souvent nécessaire de patienter une bonne demi-heure avant d'obtenir une table. Ce n'est pas la meilleure pizza de la ville, mais l'une des plus emblématiques.

■ LA MERCERIE

53 Howard Street
SoHo
✆ + 1 212 989 9097
www.lamerceriecafe.com
lamercerie.info@starr-restaurant.com
M° Canal St (lignes N, Q, R, W).
Ouvert en semaine de 11h à 15h et de 17h à 22h, le week-end dès 10h. Plats autour de 20 US$ le midi et 20 US$ le soir.
Très tendance, ce café à la française propose une cuisine finement exécutée, des viennoiseries (énorme coup de cœur pour la brioche à la crème anglaise) aux plats du petit déjeuner en passant par des classiques bien de chez nous, comme le filet de bœuf au bleu et aux pommes dauphine. Concept plutôt original, le café est logé dans une boutique de luxe, Roman and Williams Guild, où est vendue la vaisselle dans laquelle sont servis les plats, ainsi que des meubles et des bouquets de fleurs. Vu les prix pratiqués, on se contentera d'y faire un tour rapide après avoir mangé.

■ PASQUALE JONES

187 Mulberry Street
Little Italy
www.pasqualejones.com
info@pasqualejones.com
M° Spring Street (ligne 6).
Ouvert du mercredi au vendredi de 17h à 22h, le samedi et le dimanche de 12h à 15h et de 17h 22h. Pizzas : 21-28 US$.
On ne pourrait pas faire plus éloigné des pizzerias touristiques de Little Italy que Pasquale Jones. Les *foodies* ne s'y tromperont pas : ici, la pâte à pizza est légère et croustillante grâce à la cuisson au four à bois, et les pâtes, servies *al dente* évidemment, sont savoureuses. Le menu est plutôt réduit, avec une dizaine de plats au choix dont la *Margherita*ou l'audacieuse *Littleneck clam*, pizza aux palourdes qui a fait la renommée de la maison. Ce n'est pas donné mais les prix pratiqués sont sensiblement les mêmes que dans les pièges à touristes du quartier.

LUXE

■ LE COUCOU

138 Lafayette Street
SoHo
✆ +1 212 271 4252
www.lecoucou.com
lecoucou.press@starr-restaurant.com
M° Canal Street (lignes N, Q, R, W, 6, J, Z).

Ouvert du lundi au samedi de 17h à 23h, jusqu'à 22h le dimanche. Plats de 48 à 78 US$.
Le Coucou est l'un de ces restaurants au nom français qui a pourtant été créé par un Américain. Mais qu'on ne s'inquiète pas : le chef Daniel Rose a fait ses armes à l'Institut Paul Bocuse à Lyon et a été le propriétaire d'un restaurant gastronomique à Paris. Son restaurant new-yorkais propose de délicieuses spécialités françaises dont on est bien obligé de constater qu'elles sont authentiques. A la carte, on trouve certains plats traditionnels, comme les quenelles de brochet et le lapin qui, bien loin d'effrayer les Américains, remportent un vif succès.

■ FRAUNCES TAVERN RESTAURANT

A l'angle de Broad Street
54 Pearl Street
Financial District
© +1 212 968 1776
www.frauncestavern.com
info@theporterhousenyc.com
M° Whitehall Street (lignes W, R).
Ouvert tous les jours de 12h à minuit. Plats de 20 à 40 US$. Réservation conseillée.
Cette maison coloniale est plus vieille encore que New York, puisqu'elle fut bâtie en 1625, à l'époque de la Nouvelle-Amsterdam. Entre passé et futur, tourisme et finances, la Fraunces Tavern constitue un lieu à part dans le quartier. La tradition d'hospitalité remonterait au fondateur de l'établissement, Samuel Fraunces, ami et maître d'hôtel de George Washington. Fruits de mer, soupes, salades, filet de saumon norvégien, de sole, écrevisses grillées au curry, crevettes et viandes...

© MELANIE DUNEA
Frenchette.

■ FRENCHETTE

241 West Broadway
TriBeCa
© +1 212 334 3883
www.frenchettenyc.com
reservations@frenchettenyc.com
M° Franklin Street (ligne 1).
Ouvert du mardi au samedi de 12h à 21h et le dimanche de 12h à 20h. Plats de 32 à 46 US$.
Le petit dernier de la scène culinaire de TriBeCa fait déjà un malheur, d'ailleurs il vaut mieux réserver si l'on veut dîner à une heure décente. On pourrait qualifier la cuisine de bistronomique, avec des plats d'inspiration française agrémentés d'une touche de modernité à l'américaine. Le steak frites est particulièrement délicieux mais c'est sa version revisitée, le canard frites, qui remporte tous les suffrages. Certains classiques de la nourriture française répondent également à l'appel, comme le gigot d'agneau et le boudin blanc.

SHOPPING

■ ALBANESE MEATS & POULTRY

238 Elizabeth Street
✆ +1 212 966 1788
M° Broadway-Lafayette Street (lignes B, D, F, M).
Ouvert du lundi au samedi de 12h à 18h.
Ouvert depuis 1923, ce minuscule commerce de Nolita est l'un des derniers vestiges du vrai Little Italy. Poussez la porte de cette boucherie à la façade rouge et à l'enseigne à moitié effacée, et vous ferez un saut dans le temps. Photos de famille et ambiance rétro garanties. Passez commande auprès de Jennifer Prezioso, l'arrière-petite-fille des premiers propriétaires et la petite-fille de Moe Albanese, surnommé Moe the Butcher, célébrité locale qui s'est éteinte en 2020 à l'âge de 90 ans. Les viandes et la charcuterie italienne sont excellentes.

■ AMERICAN EAGLE OUTFITTERS

599 Broadway
SoHo
✆ +1 212 219 4600
www.ae.com
M° Broadway-Lafayette (B, D, F, M).
Ouvert du lundi au samedi de 11h à 20h, le dimanche de 11h à 19h.
Le royaume de la chemise ! Si en France, la chemise à carreaux rouges est souvent associée au bûcheron, elle est en revanche très *trendy* à New York. En hiver, c'est à American Eagle Outfitters que l'on trouve les meilleures flanelles. Pas besoin d'être en Alaska pour les porter au vu de la température à New York en janvier et février ! Ces dernières années, la marque a agrandi quelque peu sa collection pour proposer des vêtements plus tendances, surtout pour les filles, dans un style légèrement bohème mais toujours aussi confortable.

■ NOAH

195 Mulberry St.
NoLita
noahny.com
M° Spring Street (ligne 6), Bowery Station (lignes J, Z).
Ouvert du lundi au samedi de 11h à 19h et le dimanche de 12h à 18h.
Une boutique pour les papas cools et branchés qui allaient au lycée en skate et portaient des jeans troués, et qui désirent garder cet esprit un peu rebelle, les trous dans le pantalon en moins.

■ SHOWFIELDS

11 Bond Street, Noho
✆ +1 646 289 5041
www.showfields.com
M° Bleecker Street (ligne 6).
Ouvert tous les jours de 12h à 19h.
Un *concept store* 2.0 sur trois étages, qui met en avant des jeunes marques innovantes. Plus qu'un magasin, l'endroit est au carrefour entre la galerie d'art et le centre commercial, où sont vendus uniquement des objets tendance et à la pointe de la technologie. C'est très coloré, très design, en un mot très « instagrammable ». On n'y fera sans doute pas son shopping mais la visite vaut le coup.

SORTIR

CAFÉS - BARS

■ APOTHEKE

9 Doyers Street
Chinatown
✆ +1 212 406 0400
www.apothekenyc.com

M° Canal Street (lignes J, M, Q, Z) et East Broadway (ligne F).
Ouvert du mardi au samedi de 18h30 à 2h. Cocktails à 18 US$.
Un des *speakeasy* (nom donné aux bars cachés pendant la période de Prohibition et aujourd'hui juste pour le côté secret) les moins bien gardés de New York. Cherchez la porte en bois située sous l'enseigne Gold Flower Restaurant et vous trouverez l'Apotheke, un lieu capitonné qui évoque les vieilles pharmacies européennes, jusque dans le verre. Tous les barmen portent des blouses blanches, tels des scientifiques prêts à tenter des expériences chimiques. Les cocktails sont inventifs et la population jeune et branchée. Y aller c'est y retourner.

■ EAR INN

Entre Greenwich et Washington Street.
326 Spring Street
SoHo
✆ +1 212 226 9060
www.earinn.com
M° Spring Street (lignes C, E).
Ouvert tous les jours de 12h à 4h. Cocktails à 15 US$.
L'une des plus vieilles tavernes de la ville ! Installé à la frontière du quartier de SoHo depuis 1870, près de l'Hudson River, ce petit pub n'a pas suivi la tendance du coin. On y vient pour se détendre et fuir le côté fashion *over the top* de SoHo. On y sert de la Guinness, le barman fait de très bonnes margaritas et on y manger de bons hamburgers. La terrasse est authentique en été. Le samedi après-midi, lecture de poèmes. Rendez-vous les lundi, mercredi et dimanche pour des concerts de blues et de country dans une ambiance incroyable.

■ HOUSING WORKS USED BOOK CAFE

126 Crosby Street, SoHo
✆ +1 212 334 3324
www.housingworks.org/usedbookcafe
M° Prince Street (lignes N, R).
Ouvert du lundi au samedi de 12h à 18h et le dimanche de 12h à 17h.
Dans cette grande librairie ancienne de livres d'occasion (il y en a 45 000) se trouve un café où il fait bon lire, pour fuir l'agitation de Soho. L'endroit est particulièrement chaleureux, avec son grand escalier en bois et ses étagères jusqu'au plafond qui débordent d'ouvrages. La librairie café organise aussi des événements, lectures et dédicaces de livres. Elle verse les bénéfices à une association, Housing Works, qui vient en aide aux sans-logis atteints du sida.

■ THE DEAD RABBIT

30 Water Street, Financial District
✆ +1 646 422 7906
www.deadrabbitnyc.com
ask@deadrabbitnyc.com
M° Whitehall Street (lignes R, W).
Ouvert lundi et mardi 16h-2h, mercredi, jeudi et dimanche 12h-2h, vendredi et samedi de 12h-3h. Cocktails à 18 US$.
Un pub irlandais qui a l'air d'un pub irlandais, à la différence près que le premier étage abrite l'un des meilleurs bars à cocktail au monde... oui, au monde. Moult fois récompensé, le lieu est impressionnant, au moins autant que le sont les *bartenders* en smoking rouge qui jonglent avec une cinquantaine de bouteilles sans le moindre signe distinctif. Vous pouvez choisir l'un des inventifs cocktails du menu ou opter pour l'inconnu en vous laissant guider par le maître-mixologiste qui s'occupe de vous. Un conseil, demandez à être placé dans la salle du premier étage.

■ **TRAILER PARK LOUNGE**
271 W 23rd Street
Chelsea
✆ +1 212 463 8000
www.trailerparklounge.com
M° 23rd Street (C, E, 1).
Ouvert tous les jours de 16h à minuit. Cocktails à 9 US$.
Unique en son genre, ce bar est aménagé comme un *mobil-home* ultra kitsch que l'on pourrait apercevoir en Floride ou à Las Vegas. Avec ses vieilles enseignes au néon rouge, ses posters d'Elvis, ses pancartes vintage, sa musique des années 1960 et ses objets de déco complètement déjantés, le Trailer Park Lounge nous propulse dans un autre lieu et dans une autre époque.
La margarita y coule à flots, les hamburgers ne sont pas divins mais ils font l'affaire. Pour une fin d'après-midi ensoleillée.

CLUBS ET DISCOTHÈQUES

■ **S.O.B.'S**
A l'angle de Houston Street
204 Varick Street
West Village
✆ +1 212 243 4940
www.sobs.com
reception@sobs.com
M° Houston Street (ligne 1).
Evénements du dimanche au mercredi. Entrée : à partir de 10 20 US$.
S.O.B. pour Sound Of Brazil. Dans ce club-restaurant, le plus important du genre à New York, on écoute le meilleur de la *world music* ou du hip-hop alternatif. Depuis plus d'une dizaine d'années, il s'impose comme l'un des clubs à la programmation la plus dynamique, qui maintient des standards de qualité très élevés. Allez-y n'importe quel soir, vous passerez une superbe soirée.

SPECTACLES

■ **ANGELIKA CINEMA**
A l'angle de Mercer Street
18 West Houston Street
SoHo
✆ +1 212 995 2000
M° Broadway-Lafayette Street (lignes B, D, F, M).
Ce petit cinéma de quartier est joliment désuet avec sa cafétéria. A l'intérieur, on peut apercevoir de nombreuses affiches *vintage* de films français. La programmation est opposée à celle des multiplexes avec beaucoup de films étrangers et indépendants. Petit plus qui a son charme, la salle vibre aussi quand le métro passe ! Après la fermeture récente de nombreux petits cinémas new-yorkais, comme le Paris Theatre, le Sunshine Theatre ou encore le Lincoln Plaza Cinemas, l'Angelika est l'un des derniers cinémas indépendants encore ouverts à New York.

EAST VILLAGE, ALPHABET CITY ET LOWER EAST SIDE

East Village.

© RYAN DEGERARDINIS - SHUTTERSTOCK.COM

IMMANQUABLE DANS CE QUARTIER

- S'imprégner du passé juif du Lower East Side sur Orchard Street.
- Faire un saut dans le passé en visitant le Tenement Museum.
- Longer à pied l'East River en admirant la vue sur Brooklyn.
- Faire la tournée des bars dans East Village.

EAST VILLAGE, APLHABET CITY ET LOWER EAST SIDE
Musée
Edifice religieux
Station métro
EAST RIVER
East River Park
Franklin D. Roosevelt Drive
East 16 th Street
East 14 th Street
1st Av.
East 13 th Street
East 12 th street
East 11 th Street
East 10 th Street
Szold Pl.
East 9 th Street
East 8 th Street
East 7 th Street
East 6th Street
East 5th Street
East 4th Street
East 3 rd Street
East 2 nd Street
East 1 st Street
East Houston Street
Hamilton Fish Park
Avenue A
Avenue B
Avenue C
Avenue D
1 st Avenue
2 nd Avenue
St Mark's-in-the-bowery
Stuyvesant
Tompkins Square Park
EAST VILLAGE
ALPHABET CITY
2 Avenue-Lower East Side

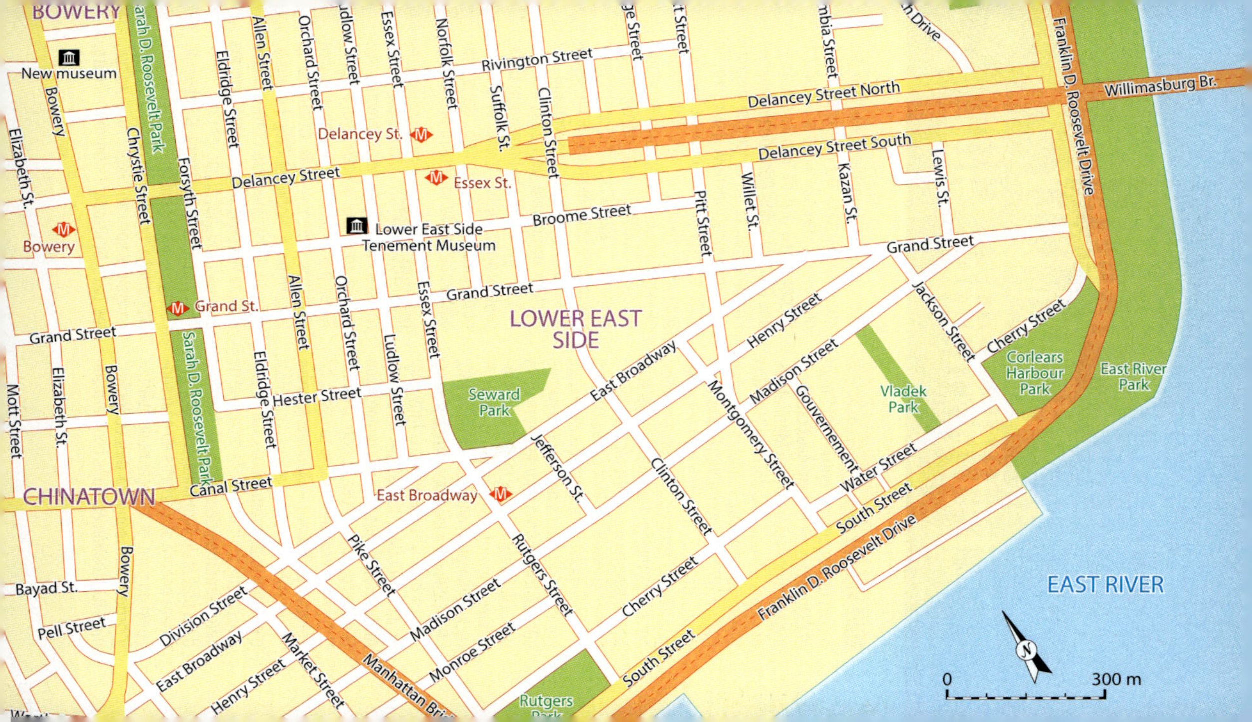

BOWERY
New museum
Bowery
Elizabeth St.
Chrystie Street
Sarah D. Roosevelt Park
Forsyth Street
Eldridge Street
Allen Street
Orchard Street
Essex Street
Norfolk Street
Rivington Street
Suffolk St.
Clinton Street
Delancey Street North
Williamsburg Br.
Franklin D. Roosevelt Drive
Delancey St.
Delancey Street
Essex St.
Delancey Street South
Lewis St.
Kazan St.
Willet St.
Pitt Street
Bowery
Lower East Side Tenement Museum
Broome Street
Grand Street
Grand St.
Grand Street
Ludlow Street
Hester Street
LOWER EAST SIDE
Henry Street
Jackson Street
Cherry Street
Corlears Harbour Park
East River Park
Seward Park
East Broadway
Madison Street
Vladek Park
Montgomery Street
Gouvernement Street
Mott Street
Jefferson St.
Water Street
CHINATOWN
Canal Street
East Broadway
Clinton Street
South Street
Pike Street
Rutgers Street
Bayad St.
Cherry Street
Franklin D. Roosevelt Drive
EAST RIVER
Division Street
Madison Street
Pell Street
East Broadway
Market Street
Monroe Street
Henry Street
South Street
Rutgers Park
0
300 m

EAST VILLAGE, ALPHABET CITY ET LOWER EAST SIDE

EAST VILLAGE

A l'est de Broadway, entre 14th Street et Chinatown, se nichent deux quartiers bien distincts du reste de Manhattan. Si l'East Village, au nord de Houston Street (prononcez « how-ston », au risque d'être estampillé touriste en moins de deux minutes !) et le Lower East Side, au sud, ont en commun cet esprit rock et traditionnel, ils sont néanmoins assez différents. Et s'ils ont conservé leur âme, leur physionomie a quelque peu changé ces dix dernières années, en ce sens qu'ils sont devenus sûrs et fréquentés à toute heure de la nuit. De hauts lieux de la nuit new-yorkaise… Avant de devenir un quartier rock et marginal dans les années 1980, l'East Village a logé des artistes aussi divers que Charlie Parker, Iggy Pop et Jimi Hendrix, le peintre Basquiat, Andy Warhol, des poètes comme Allen Ginsberg, mais aussi Léon Trotski. Difficile d'imaginer que le joli parc de Tompkins Square – Avenue A entre 7th et 10th Streets –, aujourd'hui plein d'enfants et de promeneurs, fut un jour une plaque tournante de la drogue et un lieu d'émeutes de sans-abri. Non loin de la statue de Tompkins, les sans-abri jouent encore aux échecs au coin sud-ouest du parc, et les églises du quartier y organisent souvent des collectes, mais la situation est sans comparaison avec le passé.Quartier d'élection des immigrants juifs d'Europe de l'Est, des Grecs, des Ukrainiens – sur 7th Street entre 3rd et 2nd Avenues –, des Polonais, des Portoricains ou des Philippins au fil de la longue histoire de l'immigration new-yorkaise, la zone sud-est est toujours ce quartier populaire, vivant, un peu anarchique et extrêmement attachant. St Marks Place (la huitième rue) en venant de la station Astor Place (ligne 6), avec ses magasins de disques, de tatouages et ses petites boutiques vintage, est l'artère principale de l'East Village. Autour, gravitent de nombreux bars, restaurants, petits clubs et petites boutiques de décoration, dans une ambiance qui tend vers le branché…

ALPHABET CITY

A l'est d'East Village, vous remarquerez que la zone qui s'étend vers l'East River porte des lettres et non des numéros, Avenue A, B, C, D… D'où le surnom d'Alphabet City. Là aussi, difficile d'imaginer que cette enclave était ce véritable coupe-gorge dans les années 1990, décrit par les rares New-Yorkais qui s'y hasardaient. Symbole de l'image violente qui collait au quartier, *Alphabet City* est le titre d'un film de gangsters sorti en 1984 ! Aujourd'hui, les bars fleurissent comme ailleurs, essentiellement jusqu'à l'avenue C. Et l'ambiance reste furieusement authentique, le danger en moins… Bref, un quartier résidentiel peu touristique qui prend de la valeur au fil des années. A noter que le nom du quartier ne date que des années 1980. Auparavant, les avenues A, B, C et D faisaient tout simplement partie du Lower East Side.

LOWER EAST SIDE

Au-dessous de Houston Street donc, le Lower East Side, quartier historique d'immigration mais aussi ancien quartier juif de New York. Aujourd'hui délivré de la criminalité omniprésente qui a longtemps sclérosé son développement, le Lower East Side est aujourd'hui le quartier de Manhattan le plus animé la nuit. Des restos là aussi, des terrasses, et des bars ciblés ou authentiques, c'est selon. Le New York fou des années 1980, c'est dans le Lower East Side qu'on le retrouve encore. Outre les bars branchés, on retrouve encore quelques salles de concert *underground*, des galeries d'art qui n'ont pas le chic de celles de Chelsea. Ici, on est loin des tours et des *buildings*, les immeubles en briques rouges sont essentiellement horizontaux – même si quelques tours sont venues semer la panique ces dernières années –, les maisons sont belles, un peu décrépies, bref, on entre dans des quartiers géniaux mais moins touristiques. Le Lower East Side est un des quartiers de Manhattan qui a le moins changé dans son architecture, malgré une *gentrification* évidente de sa population. Bordé au nord par l'East Village, contenu, à l'ouest, par la 2nd Avenue et le Bowery, à l'est par l'East River et le Williamsburg Bridge, le Lower East Side comprend deux territoires : l'un, au sud, avec encore une forte influence juive, l'autre, au nord-est, avec sa population latine, noire. Les vestiges du passé de la plus grande communauté juive demeurent sur Orchard Street et forment ce qu'on appelle le Historic Orchard Street Shopping District. On peut encore y faire quelques affaires en tissu et vêtements.

Street art dans le quartier du Lower East Side, Delancey Street.

BOWERY

Dans la partie ouest du Lower East Side, Bowery est un minuscule quartier tout en longueur. Il est délimité par Allen Street à l'est et Bowery à l'ouest, tandis que 5th Street et Hester Street constituent ses frontières nord et sud. Auparavant malfamé comme le reste du Lower East Side, il connaît une revitalisation depuis les années 1990. Signes évidents de son embourgeoisement, les tours y poussent, de plus en plus hautes, abritant des *condos* de luxe. Malgré cela, Bowery est toujours teinté d'authenticité et rares sont les touristes qui viennent s'y perdre. Les bars et restaurants y sont légion et le *street art* s'étale toujours sur ses murs, notamment le Bowery Mural dont les fresques changent fréquemment.

VISITER

■ MUSEUM OF RECLAIMED URBAN SPACE

155 Avenue C, East Village
✆ +1 646 340 8341
www.morusnyc.org
info@morusnyc.org
M° 1st Avenue (ligne L).
Ouvert tous les jours sauf lundi et mercredi de 11h à 19h. Donation suggérée de 5 US$.
Geré par une association de quartier, le Museum of Reclaimed Urban Space (MoRUS) raconte l'histoire de l'activisme urbain en relatant à travers une expo photo et vidéo les actions populaires de la communauté d'East Village et de New York dans son ensemble : comment, par exemple, les espaces abandonnés et terrains vacants ont été investis et convertis en jardins communautaires. Pour une vision différente de l'histoire du quartier, où de nombreux concepts liés au développement durable ont vu le jour.

■ NEW MUSEUM ★

235 Bowery, Bowery
✆ +1 212 219 1222
www.newmuseum.org
info@newmuseum.org
M° Bowery (lignes J, Z).
Ouvert du mardi dimanche de 11h à 18h, jusqu'à 21h le jeudi. Tarif : 18 US$, gratuit le jeudi de 19h à 21h.
Voici un bel immeuble qui ressemble à un emboîtement de cubes blancs, drapé d'une maille métallique, telle une peau aux tonalités changeantes. Ouvert en décembre 2007, le premier musée vertical du sud de Manhattan avait créé l'événement. Il reste aujourd'hui assez méconnu, des New-Yorkais comme des touristes. Les collections de ce centre d'art sont à conseiller aux connaisseurs et aux amoureux d'art contemporain. Ce bâtiment ultra-moderne vaut le détour tant il détonne dans un des quartiers les plus vieux de New York dans son architecture.

■ ST MARK'S CHURCH-IN-THE-BOWERY

131 E 10th Street, Bowery
✆ +1 212 674 6377
stmarksbowery.org
office@stmarksbowery.org
M° Astor Place (ligne 6).
Messe le dimanche à 11h (horaires variables selon les saisons, consulter le site internet).
Passez devant cette jolie église épiscopale blanche au toit pointu, nichée dans l'un des plus beaux coins de rue du quartier. A la fondation de New York, quand l'East Village n'était encore que verts pâturages, le Hollandais Peter Stuyvesant, gouverneur de

© LEONARD ZHUKOVSKY – SHUTTERSTOCK.COM

Alphabet City.

la Nouvelle-Amsterdam, y bâti une chapelle érigée en 1660. Sa tombe s'y trouve désormais. L'église abrite aussi un centre culturel avec, entre autres, récitals de poésie et pièces de théâtre.

■ **TENEMENT MUSEUM** ★

108 Orchard Street, Lower East Side
✆ +1 212 431 0233
www.tenement.org
lestm@tenement.org
M° Delancey Street (ligne F, M, J, Z), Grand Street (lignes B, D).
Visites guidées tous les jours de 10h45 à 16h45. Tarif : 30 US$.
Ce musée original permet de visiter des *tenements*, appartements minuscules restés en l'état depuis un siècle, quand le Lower East Side faisait partie des quartiers les plus défavorisés de Manhattan. Ces logements furent occupés par les immigrés européens qui débarquaient sur le sol américain sans un sou en poche. Des familles entières s'entassaient dans de minuscules taudis, dans l'un des quartiers les plus peuplés au monde. Plus de 20 nationalités différentes et environ 10 000 personnes ont ainsi vécu entre ces murs entre 1863 et 1935. Les visites guidées, passionnantes, sont ponctuées d'anecdotes captivantes. Le musée (point de départ des tours) présente également des petites expositions retraçant les conditions de vie de ces immigrants.

SE RESTAURER

SUR LE POUCE

■ **MUDSPOT**

Près de la 2nd Avenue
307 East 9th Street, East Village
✆ +1 212 228 9074
www.onmud.com
hello@mudnyc.com
M° Astor Place (6), 8th Street-NYU (W, R).
Ouvert en semaine de 7h30 à 22h, à partir de 8h le week-end. Plats de 10 à 15 US$.

Certains sont accros au café MUD (la marque a d'ailleurs son propre van ambulant, le *mud truck*, qui fait le tour du quartier). Mudspot est un café new-yorkais typique, pour faire un *break* entre deux visites, bruncher le week-end (réservation conseillée !) ou traîner et bouquiner au soleil dans le jardinet (au fond). Pour le brunch : des muffins, de la soupe, des sandwiches, des œufs et autres plats sains et végétariens. On aime l'ambiance chaleureuse de la salle, avec son parquet et ses murs de brique recouverts de lampes LED.

PAUSE GOURMANDE

■ SUPERMOON BAKEHOUSE

120 Rivington St
Lower East Side
www.supermoonbakehouse.com
weirdoughs@supermoonbakehouse.com
M° Delancey St (F, J, M, Z).
Ouvert du vendredi au dimanche de 10h à 18h. Pâtisseries à 7 US$.

Le rival du *cronut* (célèbre pâtisserie à mi-chemin entre le croissant et le donut, créée par le chef français Dominique Ansel), c'est le *cruffin*, croisement entre le croissant et le muffin qui est né dans cette boutique. C'est bon et riche à souhait, alors si vous êtes au régime et que vous cherchez quelque chose un peu plus léger, sachez que Supermoon fait également des croissants. A condition d'éviter ceux - délicieux - qui sont doublement fourrés, bien sûr... La boutique rose bonbon, avec ses boîtes BITE ME, NYC empilées contre le mur, est très mignonne.

BIEN ET PAS CHER

■ CAFETERIA

119 7th Ave
Chelsea
✆ +1 212 414 1717
www.cafeteriagroup.com/home
M° 18th Street (ligne 1).
Ouvert du dimanche au jeudi de 9h à minuit, vendredi et samedi de 9h à 1h. Plats de 15 à 30 US$.

Un restaurant connu pour ses plats de *mac and cheese* servis avec tous types de fromage, du bacon et des fines herbes, et pour les nombreuses scènes de *Sex and the City* qui y ont été tournées.

On retrouve au menu tous les plats traditionnels du *diner* américain : un burger, un *grilled cheese* ou encore un excellent *meatloaf*, ce pain de viande recouvert d'une fine couche de ketchup fait maison. Si le menu ne réserve pas de surprise, la décoration – épurée, moderne, et avec une prédominance de blanc – dénote avec le côté kitsch de la plupart des *diners* de la ville.

■ DAVID'S CAFÉ

110 St Marks Place
East Village
✆ +1 646 678 3206
www.davidscafenyc.com
davidscafenyc@gmail.com
M° 8th Street-NYU (lignes R, W), Astor Place (lignes 4, 6).
Ouvert du mercredi au samedi de 11h à 22h30, le dimanche de 11h à 16h45. Plats de 15 à 30 US$.

« Frenchy does American ! » Grâce à leur bonne humeur et à la fréquentation assidue des habitants du quartier, on est ici un peu comme à la maison. Au milieu d'une déco tendance et chaleureuse façon bistrot à l'ancienne, avec plein de bibelots français chinés au fil du temps, vous passerez un bon moment, du petit-déjeuner au dîner, en dégustant des plats variés et délicieux. Le chef français David et son équipe ont également gagné le NYCWFF Burger Bash 2016, rien de moins que le meilleur burger de New York ! En hiver, certains soirs, c'est raclette.

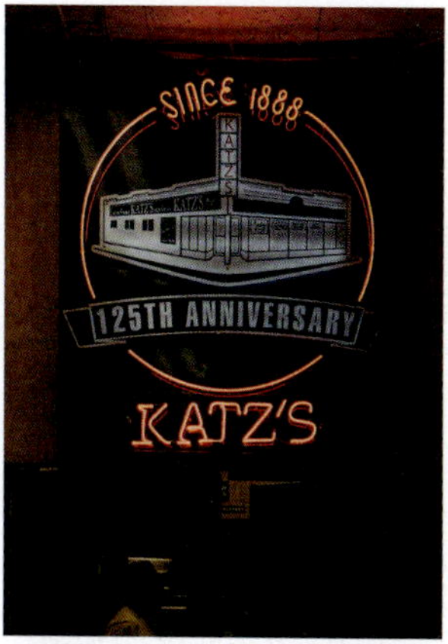

© ALENA.KRAVCHENKO – SHUTTERSTOCK.COM

Katz's Deli.

■ KATZ'S DELI

205 East Houston Street
Lower East Side
✆ +1 212 254 2246
www.katzsdelicatessen.com
press@katzsdelicatessen.com
M° 2nd Avenue (ligne F).
Ouvert du lundi au vendredi de 8h à 22h45, le samedi et le dimanche de 8h à 23h. Plats de 12 à 25 US$.

Vous vous souvenez certainement de la scène du film *Quand Harry rencontre Sally* où Meg Ryan feint un orgasme au milieu d'un restaurant… Vous y êtes ! Cet immense *delicatessen* fondé en 1888 est une institution de la communauté juive new-yorkaise. On y sert les sandwichs au *pastrami* les plus réputés de la ville. Attention : ils sont énormes. Vous prenez un ticket à l'entrée, puis vous vous dirigez vers un comptoir, où une abondance de charcuterie vous attend. Au mur et au plafond, des photos des célébrités qui ont défilé dans ce lieu. Touristique, mais indispensable.

■ MOMOFUKU NOODLE BAR

163 First Avenue
(entre 10th et 11th Street)
East Village
www.momofuku.com
M° Astor Place (ligne 6) ou
14th Street-3rd Avenue (ligne L).
Ouvert du lundi au jeudi de 17h à 22h, vendredi et samedi de 12h à 23h, dimanche de 12h à 22h. Soupes de 16 à 18 US$.

Ce *noodle-bar* japonais minimaliste est l'une des créations du *celebrity chef* David Chang. Comme il est minuscule (composé d'un long bar et de quelques tables hautes), il y a souvent la queue dehors. Le lieu est aussi populaire auprès des touristes que des New-Yorkais. Les spécialités, ce sont des soupes à base de nouilles : si vous aimez les *ramens*, vous ne serez pas déçu. Les *buns* (ou *bao*), sorte de petits pains cuits à la vapeur et fourrés au porc, aux crevettes ou aux champignons traditionnellement servis en entrée, sont divins.

■ RUSS & DAUGHTERS CAFE

127 Orchard St, Lower East Side
✆ +1 212 475 4881
www.russanddaughters.com
info@russanddaughters.com
M° Essex (lignes J, M, Z),
Delancey (ligne F).
Ouvert du jeudi au lundi de 8h30 à 15h. Plats à 20 US$.

Avant d'être un restaurant, Russ & Daughters était un marchand de fruits de mer à New York, et ce depuis 1914 ! Pour les 100 ans du magasin, les descendants de Joel Russ, immigré juif polonais débarqué en 1905, ont ouvert un restaurant éponyme dans le Lower East Side. Parmi les originalités, des plateaux (*boards*) de poissons servis avec des bagels et des petits accompagnements. Russ & Daughters Cafe fera aussi le bonheur des amateurs de caviar et de soupes de poisson. La déco, façon supérette juive du début du XXe siècle, mérite d'être vue.

■ TAQUERIA ST. MARKS PLACE

79 St Mark's Place
East Village
✆ +1 646 964 5614
M° 1st Avenue (ligne L),
Astor Place (ligne 6).
Ouvert tous les jours de 11h à 22h. Plats à 8 US$.

Un très bon plan pour manger pas cher dans l'East Village, la plupart des plats étant à moins de 10 US$, de même que les margaritas. La cuisine, des tacos en majorité, est bonne et les ingrédients sont frais. Attention, les plats ont tendance à être épicés ! A noter, le décor très kitsch – maracas, peintures aztèques, drapeaux mexicains – mais plutôt amusant et en accord avec la musique traditionnelle qui est diffusée à longueur de journée. On aime le fait que des restaurants de ce genre, bons, abordables et sans chichis, parviennent encore à exister dans le branché East Village.

■ THE WILD SON

130 1st Avenue
✆ +1 212 727 7900
www.thewildsonnyc.com
M° 2nd Avenue (ligne F)
ou 1st Avenue (ligne L).
Ouvert du mardi au dimanche de 9h à 16h. Plats de 12 à 14 US$.

Petite escale dans ce restaurant spécialisé dans le brunch et le petit déjeuner, à l'agréable décor éclectique et légèrement « bric-à-brac ». Le menu est assez restreint, mais on trouve tout de même assez de variété pour assouvir différentes envies : plats à base d'œufs accompagnés de bacon, avocat ou brocoli ; pancakes et gaufres enrobés de miel, sirop d'érable ou crème fraîche ; copieux sandwiches pour les grosses faims, etc. Et, pour finir, muffins et donuts, histoire de ne pas manquer de sucre... Parfait pour bien commencer la journée !

■ VESELKA RESTAURANT

A l'angle de 9th Street
144 2nd Avenue, East Village
✆ +1 212 228 9682
www.veselka.com
tom@veselka.com
M° Astor Place (ligne 6)
Ouvert tous les jours de 8h à 23h. Plats de 10 US$ à 20 US$.

Le rendez-vous bohème de la Pologne et de l'Ukraine. Dans ce grand *diner*, on mange très tôt ou très tard, des plats traditionnels comme des crêpes, beignets de pommes de terre (les fameux *pierogi*, qui sont faits maison), soupes et autres pâtisseries. Ces plats côtoient quelques classiques du petit déjeuner américain comme les pancakes, œufs Bénédicte, sandwichs et omelettes au bacon. Un classique du quartier au charme fou, qui est apparu de nombreuses fois à la télévision et au cinéma, récemment dans *Ocean's 8* (2018). Grande terrasse pour les beaux jours.

BONNES TABLES

■ FREEMANS

Freeman Alley
191 Chrystie St
Bowery
✆ +1 212 420 0012
www.freemansrestaurant.com
info@freemansrestaurant.com
M° 2nd Avenue (lignes F, V)
ou Bowery (J, Z).
Ouvert tous les jours de 11h à 16h et de 18h à 22h (23h vendredi et samedi). Plats à 30 US$.

Ce qui séduit avant tout chez Freemans, c'est le cadre. Ce restaurant coup de cœur est situé tout au fond d'une petite allée qui ne paie pas de mine, et dont les murs sont recouverts de *street art*. Le lieu intrigue dès l'entrée avec son décor rustique et ses bois de cerfs accrochés aux murs. On attend au comptoir du bar pour obtenir une table.

La cuisine est américaine, savoureuse et le prix reste relativement élevé, car l'endroit est tendance. Freemans est aussi prisé pour ses *brunchs*, mais attention, comme toujours à New York, il y a foule !

■ LUCIEN

14 1st Avenue
✆ +1 212 260 6481
www.luciennyc.com
M° 2nd Avenue (ligne F).
Ouvert tous les jours de 12h à minuit, jusqu'à 1h vendredi et samedi. Plats de 26 à 52 US$.

Lucien est LE bistrot français traditionnel de l'East Village ! Ici, tout fleure bon la France, à commencer par le décor : banquettes en skaï rouge, tables collées serrées recouvertes de nappes blanches, affiches et miroirs publicitaires vintage, etc. Le menu est dans la lignée de l'atmosphère, avec ses escargots de Bourgogne, sa soupe à l'oignon et son foie gras en entrée, et ses plats de résistance tout en tradition : cassoulet, carré d'agneau, pigeon et bouillabaisse. Seul regret, la carte des vins un peu limitée lors de notre passage.

PAPILLES

127 E 7th St, East Village
✆ +1 646 850 5345
www.papillesrestaurant.com
info@papillesrestaurant.com
M° Astor Pl (ligne 6).

Ouvert du mardi au samedi de 17h30 à minuit, dimanche de 17h à 23h. Menu dégustation à 130 US$. Réservation obligatoire.

Papilles est un restaurant qui sert une cuisine moderne, mêlant classiques à la française et saveurs internationales. Le menu évolue en fonction des saisons, les plats sont inventifs, savoureux et les sauces qui les accompagnent sont parfaitement maîtrisées. Aux commandes, le chef Andréa Calstier, qui a fait ses armes dans des maisons étoilées avant d'ouvrir son propre restaurant. On peut le voir à l'œuvre grâce à la cuisine ouverte sur la salle. L'endroit n'est pas très grand et c'est justement ce qui fait son charme, l'atmosphère étant à la fois intimiste et raffinée.

Papilles.

RUBY'S

198 East 11th Street
✆ +1 646 998 4265
www.rubyscafe.com
M° Astor Place (ligne 6) ou
14th Street-3rd Avenue (ligne L).

Ouvert tous les jours de 9h à 21h. Plats autour de 15 US$.

Un café, oui, mais australien s'il vous plaît ! Les restaurants de brunchs estampillés *Down Under* ont le vent en poupe à New York. Il faut dire que les Australiens sont des pros du *breakfast*, eux aussi. Ruby's se distingue par son décor très surf, qui donne l'impression d'être au bord de la plage. Hormis les plats classiques du petit déjeuner, simples et bien exécutés, laissez-vous tenter par le toast à la Vegemite (n'en étalez pas trop, pour commencer...). Les burgers, en particulier le Bronte (proposé avec des tranches de pain toastées), sont excellents.

THE LIBRARY AT THE PUBLIC

425 Lafayette Street, East Village
✆ +1 212 539 8777
www.publictheater.org/Visit/Library
M° Astor Place (ligne 6),
8th Street-NYU (lignes W, R).

Ouvert du mardi au dimanche de 17h à minuit. Plats de 20 à 40 US$.

Voici l'un des secrets les mieux gardés de New York ! Le contraste entre l'assiette moderne et la décoration, celle d'une bibliothèque des années 1950 avec canapés en cuir, globes terrestres, vieux tableaux et livres anciens, est saisissant. Côté menu, divisé en actes comme au théâtre, il s'agit d'une cuisine américaine moderne. Les portions sont assez petites et il est conseillé de commander au moins deux assiettes par personne, d'où une note salée à l'arrivée. Mais ce sont des goûts inconnus et des associations originales que découvrira votre palais.

ANDRÉA CALSTIER, CHEF DE SON RESTAURANT DANS L'EAST VILLAGE

En 2018, le chef Andréa Calstier a ouvert Papilles, son restaurant qui propose une cuisine contemporaine, à la fois française et vagabonde, au coeur du vibrant East Village. Il nous livre ses impressions sur la *food scene* de New York.

Selon toi, qu'est-ce qui caractérise la scène culinaire new-yorkaise ?

De la *street-food* aux restaurants gastronomiques, la diversité de l'offre et le mélange des cultures sont, je pense, ce qui qualifie le mieux la scène culinaire new-yorkaise. New York est une ville qui attire énormément de chefs et de restaurateurs, entraînant de nouvelles ouvertures chaque année.

Tu as ouvert ton restaurant dans l'East Village. Pourquoi avoir choisi ce quartier ?

L'East Village est un quartier historique de Manhattan, jeune et en constante évolution, dans lequel la restauration gastronomique française était finalement peu représentée. Ce que nous proposons aujourd'hui à Papilles reste très exclusif mais ne tranche pas avec le dynamisme et le côté populaire du quartier.

Quand tu n'es pas derrière les fourneaux, quels sont tes passe-temps favoris à New York ?

La nourriture et le vin font partie intégrante de ma vie et de mon univers, il est donc vrai que lors de mon temps libre j'aime découvrir de nouveaux restaurants, de nouvelles cuisines, ainsi que déguster de bons vins. J'aime également et tout simplement me balader dans cette ville magique où chaque saison offre un nouveau décor.

Andréa Calstier.

SHOPPING

■ A-1 RECORDS

Entre 1st Avenue et Avenue A
439 East 6th Street
East Village
✆ +1 212 473 2870
M° 1st Avenue (ligne L).
Ouvert tous les jours de 13h à 21h.
Ce disquaire, qui est systématiquement cité dans toutes les listes des meilleurs *records shops* de New York, fait référence pour les vinyles soul et funk : beaucoup de choix et beaucoup de raretés au programme. On y trouve également une très bonne sélection de maxis et d'albums hip-hop, rock et électro. Les amateurs risquent de perdre la tête car l'endroit est recouvert de vinyles des murs jusqu'au plafond ! Au fond du magasin, des platines sont mises à la disposition des clients, qui peuvent tester la qualité des disques, tous d'occasion.

■ NOVEMBER 19

37 Orchard Street
✆ +1 646 838 8386
www.november19market.com
M° East Broadway (ligne F).
Ouvert du mardi au vendredi de 12h à 19h et le week-end de 11h à 17h.
Pour renouveler un peu la déco de votre maison, faites un arrêt dans cette belle boutique qui met en vente des objets de grande qualité, dont la plupart ont été confectionnés au Japon de manière artisanale : bols, verres, sets de table, récipients, figurines en céramique, etc. A la fois esthétiques et fonctionnels, ils sont avant tout uniques et peuvent, pour les moins fragiles, parfaitement se glisser dans votre valise. La boutique propose également quelques vêtements et accessoires fashion et colorés : bonnets, chaussettes, chemises à motifs, etc.

■ RANDOM ACCESSORIES

77 East 4th Street
East Village
✆ +1 212 358 0650
www.randomaccessoriesnyc.com
M° Broadway-Lafayette
(lignes B, D, F, M).
Ouvert tous les jours de 12h à 19h.
Des idées de cadeaux à gogo si vous ne voulez pas rapporter un T-Shirt et un *mug I Love New York* à vos proches ! A Random Accessories, vous trouverez tout ce dont vous n'avez pas vraiment besoin mais que vous voulez quand même acheter. Sont réunis sous un même toit des centaines d'objets aussi inutiles qu'originaux, la recette parfaite pour dénicher des cadeaux parfois kitsch, et souvent drôles. Vos amis vous remercieront... On peut faire quelques jolies trouvailles du côté des bijoux et des accessoires, le tout à des prix très avantageux.

SORTIR

CAFÉS – BARS

■ ATTABOY

134 Eldridge Street
East Village
✆ +1 855 877 9900
M° Bowery (lignes J, Z).
Ouvert tous les jours de 18h à 4h du matin. Cocktails à 19 US$.
Ce tout petit *speakeasy* est géré par Sam Ross et Michael McIlroy, tous deux mixologistes au long cours. On toque à la porte (il n'y a pas de réservation, il faut tenter sa chance), une hôtesse

nous oriente vers une table libre, puis ce sont les *bartenders* qui entrent en piste : faites-leur part de votre humeur, ils sauront quoi vous concocter. Tout est bon, difficile d'être déçu donc. On aime l'ambiance feutrée et l'atmosphère années 1930 très réussie.

■ BAR GOTO

245 Eldridge S
Lower East Side
✆ +1 212 475 4411
www.bargoto.com
info@bargoto.com
M° 2nd Avenue (F).
Ouvert du dimanche au jeudi de 17h à minuit, jusqu'à 2h vendredi et samedi. Fermé le lundi. Cocktails à 16 US$.
Bar Goto est un tout petit bar japonais dont on remarque à peine la devanture sur Eldridge Street. Rares sont ceux qui s'y aventurent par hasard ; ainsi, on y rencontre souvent des habitués installés au bar, occupés à discuter avec l'excellent barman. Outre les nombreux et délicieux cocktails, la sélection de saké, les deux bières japonaises et les quelques vins, le lieu est réputé pour sa *bar food* japonaise, notamment les Okonomi-yaki (sorte de pancakes aux œufs et au chou) et divers légumes fermentés. Un vrai secret de New-yorkais.

■ BLIND BARBER

339 E 10th Street, East Village
✆ +1 212 228 2123
blindbarber.com
info@blindbarber.com
M° 1st Av (ligne L).
Backroom ouverte mardi et mercredi de 18h à 2h et du jeudi au samedi de 18h à 4h.
Ce pittoresque salon de barbier bordant le Tompkins Square cache bien son jeu : derrière le quidam en train de se faire ajuster la moustache par un méticuleux barbier se trouve une salle tamisée aux banquettes de cuir où l'on peut aussi bien se repaître d'un léger snack que commander un très bon cocktail. Après la fermeture du barbier, c'est dans la *backroom* (salle du fond) que ça se passe. Si le public est plutôt jeune, la salle est comble chaque soir de la fin de semaine. Comme quoi, se faire raser en sirotant un mojito, c'est possible.

SORTIR SEUL(E) ?

Pas un problème ! 50 % des New-Yorkais sont célibataires. Assis(e) seul(e) à un bar, il ne faudra que peu de temps pour que l'on vous aborde ! Les *dates* si chers au personnage de Joey dans *Friends* ou de Barney dans *How I Met Your Mother* ne sont pas une légende urbaine. Mais attention, les règles sont déjà pré-établies. Alors ne soyez pas trop entreprenant avant le troisième *date*.

Si vous avez entre vingt-et-un et quarante ans et que vous souhaitez faire des rencontres, deux quartiers sont à privilégier : le Lower East Side à Manhattan et Williamsburg à Brooklyn. Un conseil, choisissez les *wine bars*, connus pour leur forte population de célibataires. A vous les grandes connaissances en vin et l'accent *so French*.

■ GOODNIGHT SONNY
134 1st Avenue
East Village
✆ +1 646 692 3254
www.goodnightsonnynyc.com
info@goodnightsonnynyc.com
M° 1st Ave (ligne L) ou Astor Pl (ligne 6).
Ouvert du mardi au vendredi de 16h à minuit, le week-end de 14h à minuit. Cocktails à 16 US$.
Un bar *cosy* qui est très apprécié pour plusieurs raisons : son *happy hour* qui vaut le coup (cocktails, verres de vin, bières et huîtres à prix réduits du mardi au vendredi de 16h à 18h), et le fait qu'il soit possible d'y manger jusqu'à la fermeture. Il est populaire auprès des New-yorkais qui s'y retrouvent pour décompresser entre amis après le travail.

■ MAYAMEZCAL
304 E 6th Street
East Village
✆ + 1 212 253 5888
mayahuelny.com
justin@mayahuelny.com
M° Astor Place (ligne 6), 2nd Avenue (ligne F).
Ouvert du mardi au samedi de 17h à minuit. Cocktails à 17 US$.
De l'extérieur, difficile de savoir que derrière cette grande porte en bois se trouve un bar-restaurant mexicain. A Mayahuel, la spécialité, c'est la tequila. On en sert jusqu'à plus soif (mais avec modération) dans des cocktails, avec du thé, du rosé... Bref, les mixologistes s'en donnent à cœur joie. Le décor est exceptionnel et est directement inspiré d'un monastère que l'on trouverait au Mexique. Bancs d'église, vitraux, tables dans des confessionnals, rien n'a été laissé au hasard. Nul doute que vous y ferez de magnifiques photos.

■ NUYORICAN POETS CAFE
236 East 3rd Street
East Village
✆ +1 212 505 8183
www.nuyorican.org
M° 2nd Avenue (ligne F).
Horaires en fonction des événements. Réservation recommandée.
Dans les années 1970, ce café était un havre de paix dans un quartier largement investi par les trafiquants de drogue. Après bien des déboires et fermetures, ce cercle des poètes a ressurgi de ses cendres pour devenir l'un des lieux les plus inventifs et alternatifs de Downtown. Chacun peut

venir y déclamer sa poésie devant des auditeurs venus entendre les voix intérieures de la marginalité (*slam*). Ensuite, on écoute de la musique et l'on danse (hip-hop concerts, latin jazz). Consulter le calendrier en ligne pour connaître la programmation.

CLUBS ET DISCOTHÈQUES

■ THE BOWERY ELECTRIC

327 Bowery
East Village
✆ +1 212 228 0228
theboweryelectric.com
rockout@theboweryelectric.com
M° Bleecker Street (ligne 6), 2nd Avenue (ligne F).
Ouverture dimanche et mercredi de 17h à 2h et du jeudi au samedi de 17h à 4h. Tickets à partir de 10 US$.
Un immense bar de 200 m2 qui accueille quelques-uns des meilleurs DJ's de la ville. Que vous vous y rendiez en semaine ou le week-end, vous danserez à coup sûr. Tous les lundis, les DJ's (parfois les plus en vue de New York) se voient imposer une règle : mixer sur des vieux 45-tours ! Le résultat est souvent détonnant. Et, contrairement à une boîte de nuit, les boissons sont à des prix bien plus raisonnables, et vous n'avez aucune chance de vous faire refuser l'entrée. L'ambiance y est aussi beaucoup plus décontractée. On vous retrouve au comptoir ?

■ THE BOX

189 Chrystie Street
Lower East Side
✆ +1 212 982 9301
www.theboxnyc.com
M° 2nd Avenue (ligne F) ou Bowery (lignes Z, J).
Ouvert du mardi au samedi de 23h à 4h du matin.
L'un des clubs les plus *hype* de New York. Il faut montrer patte blanche pour entrer dans cette boîte très branchée ; abritée dans une ancienne usine retapée dans le style théâtre. Les chandeliers et la mezzanine donnent à ce club une certaine allure. De toute façon, que l'on soit séduit ou non par la décoration, c'est ici qu'il faut danser ! Des performances ont lieu tous les soirs, certaines sont assez osées, on ne vous le cache pas : spectacles burlesques, danseurs et danseuses qui se dénudent... C'est simple, l'endroit conseille aux coincés de rester chez eux !

SPECTACLES

■ DUANE PARK

308 Bowery
East Village
✆ +1 212 732 5555
duaneparknyc.com
duanepark@earthlink.net
M° 2nd Avenue (ligne F), Bleecker Street (ligne 6).
Spectacles du jeudi au dimanche.
A Duane Park, on ne vient pas que pour un dîner ! Le soir et le dimanche après-midi, des shows *burlesques* (comprenez cabaret) se succèdent sur scène pendant deux heures avec des intermèdes de jazz. Très kitsch, parfois sexy, le show est un avant tout un spectacle amusant qui ne se prend pas trop au sérieux. L'établissement s'inspire des cabarets de la Nouvelle-Orléans à la fois dans le décor et dans la nourriture et sert de la *soul food* plutôt raffinée. Pensez à réserver à l'avance et à demander une table proche de la scène, pour admirer le spectacle.

The Mercury Lounge.

■ THE MERCURY LOUNGE

217 East Houston Avenue
Lower East Side
✆ +1 212 260 4700
www.mercuryloungenyc.com
submissions@mercuryloungenyc.com
M° 2nd Avenue (ligne F).
Concerts tous les soirs. Tickets à partir de 10 US$.
A la lisière du Lower East Side, The Mercury, tout petit mais confortable, accueille toutes sortes de groupes ethniques locaux et nationaux, avec une prédilection particulière pour le *roots rock* et l'*alternative rock*. On peut y entendre un peu de tout, de la musique country comme un auteur-compositeur. Parmi les artistes programmés, la plupart méconnus du grand public, on retrouve des noms tels que les GO-Betweens ou Jon Lanford. Une chose est sûre, qu'ils soient connus ou non, les musiciens qui se produisent ici sont toujours talentueux.

■ ROCKWOOD MUSIC HALL

196 Allen Street
Lower East Side
✆ +1 212 477 4155
www.rockwoodmusichall.com
info@rockwoodmusichall.com
M° 2nd Avenue (ligne F).
Chaque soir, des groupes de folk-rock se succèdent sur la scène du Rockwood Music Hall. Et on en sort rarement déçu, d'autant qu'il y a trois salles. L'une est payante, les deux autres gratuites avec, par contre, l'obligation d'une consommation.
Les salles ne sont ni trop grandes ni trop petites, parfaites pour un concert intimiste. Les prix sont tout à fait raisonnables. Une très bonne adresse pour découvrir des groupes de talent ou pour voir des artistes reconnus, au choix. Se sont notamment produits sur sa scène Lady Gaga et Mumford & Sons.

GREENWICH VILLAGE, WEST VILLAGE ET MEATPACKING DISTRICT

Washington Square.

IMMANQUABLE DANS CE QUARTIER

- Se perdre dans le Village et humer son parfum de bohême arty.
- Faire une partie d'échecs dans Washington Square.
- Claquer des doigts dans un club de jazz de Greenwich.
- Se laisser glisser au soleil le long de la High Line.
- Savourer un cocktail dans un bar huppé du Meatpacking.

GREENWICH VILLAGE, WEST VILLAGE ET MEATPACKING DISTRICT
Curiosité
Edifice religieux
Station métro
West 18 th Street
18 St.
West 17 th Street
West 16 th Street
West 15 th Street
9 th Avenue
8 th Avenue
7 th Avenue
8 Av.
West 14 th Street
14 St.
West Street
West 13 th Street
Little West 12th Street
Gransevoort Street
Horatio Street
Jane Street
Greenwich Avenue
Washington Street
MEATPACKING DISTRICT
West 4 th Street
Waverly Pl.
7 th Avenue South
West 12 th Street
West 11th Street
Hudson Street
Bethune Street
Bank Street
Greenwich Street
Bleecker Street
Christopher St-Sheridan Sq.
Charles Street
Perry Street
Christopher Street
Grove Street
Barrow St.
Bedford Street
West 10th Street
HUDSON RIVER
WEST VILLAGE
Barrow Street
St Luke's Place
Morton Street
James J. Walker Park
Leroy Street
Clarkson Street
West Houston Street
0
300 m

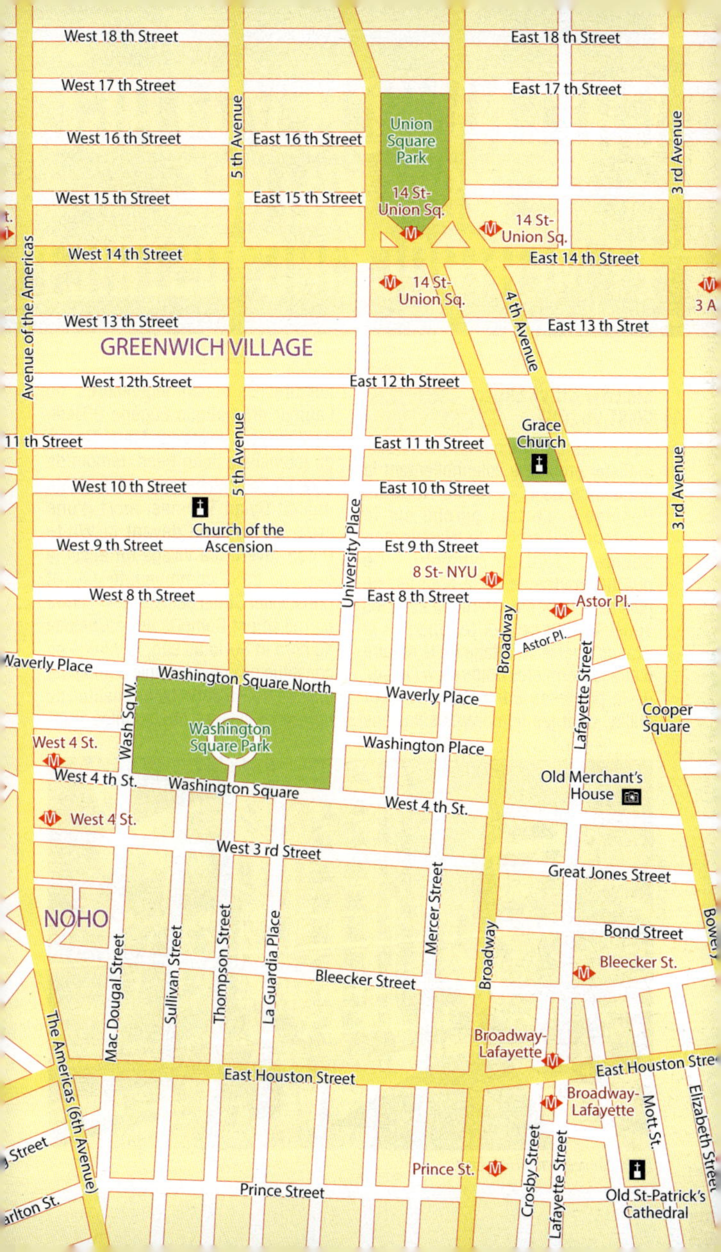
West 18 th Street
East 18 th Street
West 17 th Street
East 17 th Street
Union Square Park
West 16 th Street
East 16 th Street
5 th Avenue
3 rd Avenue
West 15 th Street
East 15 th Street
14 St-Union Sq.
14 St-Union Sq.
West 14 th Street
East 14 th Street
14 St-Union Sq.
3 A
Avenue of the Americas
4 th Avenue
West 13 th Street
East 13 th Stret
GREENWICH VILLAGE
West 12th Street
East 12 th Street
Grace Church
11 th Street
East 11 th Street
West 10 th Street
East 10 th Street
Church of the Ascension
West 9 th Street
Est 9 th Street
8 St- NYU
University Place
West 8 th Street
East 8 th Street
Astor Pl.
Broadway
Astor Pl.
Lafayette Street
Waverly Place
Washington Square North
Wash Sq W.
Waverly Place
Cooper Square
Washington Square Park
West 4 St.
Washington Place
West 4 th St.
Washington Square
Old Merchant's House
West 4 th St.
West 4 St.
West 3 rd Street
Great Jones Street
NOHO
Mercer Street
Broadway
Bond Street
Bowery
Bleecker St.
Bleecker Street
Mac Dougal Street
Sullivan Street
Thompson Street
La Guardia Place
The Americas (6th Avenue)
Broadway-Lafayette
East Houston Street
East Houston Stre
Broadway-Lafayette
Mott St.
Elizabeth Street
Street
Prince St.
Crosby Street
Lafayette Street
Prince Street
Old St-Patrick's Cathedral
arlton St.

GREENWICH VILLAGE, WEST VILLAGE ET MEATPACKING DISTRICT

GREENWICH VILLAGE, WEST VILLAGE

1916 : Marcel Duchamp, poète surréaliste, proclame solennellement la naissance de l' « Etat de Nouvelle Bohème ». Le tout perché sur le sommet de l'arche de Washington Square... Tout un symbole... Ce quartier mythique de la bourgeoisie puis de la bohème artistique dans les années 1960 se mérite. Jusqu'à la Grande Guerre, le Village fut le repaire d'anticonformistes notoires, à l'image de la poétesse Edna Saint-Vincent Millay, dont les nombreuses liaisons amoureuses étaient légendaires, de l'auteur dramatique Eugène O'Neill, de l'écrivain voyageur Mark Twain, du journaliste John Reed, témoin de la révolution bolchevique, ou du poète maudit Dylan Thomas, mort d'une crise d'éthylisme devant la White Horse Tavern. Le Village fut aussi le berceau de la communauté gay, et Christopher Street demeure leur centre de ralliement.Compris entre Chelsea au nord et SoHo au sud, le Village ne constitue pas un ensemble homogène mais se trouve bel et bien constitué de différents villages aux subtiles fron-

Le jardin suspendu High Line.

tières : hauts immeubles distingués de la 5th Avenue, entre la 8th et la 13th Street ; bars gay de Christopher Street jusqu'à l'Hudson River ; West Village entre Hudson Street et l'Hudson River ; Meatpacking District au bout de Bleecker Street, avec ses entrepôts de viande convertis en restaurants, bars et boutiques branchés… Entre la 14th Street au nord et Houston (prononcez « how-ston ») Street au sud, la géométrie de Manhattan se brouille : les ruelles entretiennent des rapports confus et ne portent plus ces numéros si rassurants de Midtown. Les numéros cèdent la place aux noms : Hudson Street, Greenwich Street, Bleecker Street, Mercer Street, Charles Street, etc. Enfoncez-vous dans ses rues tortueuses après la 7th Avenue. Découvrez la 12th Street, Perry Street, Charles Street, Bethune Street et le petit périmètre des 9th et 10th Streets compris entre Greenwich Avenue et Hudson Street. A mesure que vous vous éloignez, l'atmosphère touristique disparaît, vous redécouvrez un quartier authentique, des maisons sublimes, ombragées (et hors de prix), d'adorables petits jardins et la tranquillité d'un village. Le Village conserve plus que jamais son aura de villégiature urbaine et son cachet d'oasis pour *happy few*, et force est de constater que le quartier s'est fortement embourgeoisé au cours des dix à quinze dernières années.Le temps de la bohème est révolu, mais le Village dégage toujours cette atmosphère décontractée qui le caractérise. Ce périmètre concentre un nombre inouï de restaurants, bars, pubs, cafés, clubs de jazz, boîtes de nuit, boutiques, cinémas, théâtres et librairies. Tout ceci dans un quartier résidentiel, repu de très jolies maisons. Si l'ambiance n'est pas des plus calmes en semaine, elle l'est encore moins le week-end. L'atmosphère devient électrique, quand ses jolies rues bordées d'arbres et de maisons particulières se retrouvent envahies de touristes et d'étudiants.Les nombreux bancs de Washington Square, qui signe le cœur du quartier, attirent chaque jour des promeneurs, des poussettes ou des joueurs d'échecs. Construit en 1895 dans le style Beaux-Arts, l'arc de triomphe, symbole du passage vers Greenwich Village, est le lieu de rencontre par excellence des *blind dates*, depuis l'époque où Fred Astaire dansait à son sommet dans le film *The Belle of New York*.Derrière l'arche, the Row. Ce bel alignement d'hôtels particuliers (*townhouses*) de style *greek revival*, et construit vers 1830, témoigne du temps où les plus riches familles new-yorkaises habitaient en bordure du parc. Le décor de chacune des façades suit un plan d'ensemble, contrôlant la largeur du perron et la hauteur des fenêtres. Au n°3, vécurent le peintre Edward Hopper – 1882-1967 – et l'écrivain John Dos Passos, qui y rédigea Manhattan Transfer – 1925. Tout autour du parc, de jolies maisons, dont celle d'Henry James et d'Eleanor Roosevelt. Et bien sûr, la prestigieuse New York University (NYU) – 1831 –, plus grande université privée des Etats-Unis, qui participe largement à l'ambiance du quartier. Il fait bon vivre à Greenwich Village. Mais pour acheter, ou louer, il faut avoir un compte en banque bien fourni ; on s'en apercevra aisément en arpentant, entre la 5th et la 6th Avenue, les 10th, 11th et 12th Streets, mais aussi Grove Street, Bank Street ou 4th Street.

MEATPACKING DISTRICT

Le New York industriel devenu branché ! Et dire que l'ancien maire de New York Michael Bloomberg n'aimait pas le projet de la High Line, une voie verte suspendue comparable à la Coulée verte de Paris. Incontestablement, la High Line, ouverte en 2009, a transformé le quartier, le rendant plus attrayant pour les commerces et les touristes et plus beau. En 2021, c'est l'ouverture de Little Island, un parc public installé sur une île artificielle le long de la Hudson River, dont la construction a coûté près de 260 millions de dollars, qui a achevé de faire du Meatpacking District le quartier le plus « design » de Manhattan.

Le Meatpacking occupe la zone située entre Chelsea et West Village, entre Greenwich Avenue, Gansevoort Street et la 14th Street. L'ancien quartier des abattoirs abrite encore quelques entrepôts frigorifiques de viande (les bouchers la découpent en morceaux avant de l'expédier vers les distributeurs) mais aujourd'hui, les grossistes ont largement cédé la place aux *fashionistas*. En l'espace de quelques années, le coin est devenu branché (voire *bling-bling*), et les boutiques chics des grands designers contemporains et inabordables pour le commun des mortels ont investi les anciens entrepôts.

Preuve de la transformation rapide du Meatpacking District, le Whitney Museum s'y est installé au printemps 2015 et a changé encore un peu plus l'ADN du quartier en attirant de nombreux touristes et en précipitant le départ des derniers entrepôts industriels encore présents.

Dans ce quartier de petites rues pavées, tout semble s'éveiller au coucher du soleil. Il séduira les amoureux de la vie nocturne : bars, restaurants et clubs de qualité occupent désormais les anciens entrepôts de viande rouge. Les noctambules se rendent au *diner* huppé Bubby's, sur la terrasse de l'hôtel Gansevoort au coucher du soleil, ou au club Le Bain sur le toit du Standard Hotel après avoir arpenté la High Line… Contrairement au Lower East Side, l'autre quartiers de la nuit à New York, ici les entrées en boîtes de nuit et dans les bars sont très sélectives, et les restaurants ne proposent pas des parts de pizza à 3 US$. Mais avec un peu de chance, vous danserez avec Pharrell Williams ou Kate Moss.

VISITER

■ HIGH LINE ★★★

529 West 20th Street
Meatpacking
✆ +1 212 206 9922
thehighline.org
info@thehighline.org
M° 8th Avenue – 14th Street (lignes L, A, C, E).
Le parc est ouvert de 7h à 22h tous les jours.

New York a aussi ses jardins suspendus ! A l'instar de la Coulée verte à Paris, la High Line est une ancienne voie de chemin de fer désaffectée depuis les années 1980 et réhabilitée en parc. Cette ancienne voie desservait les marchandises dans les entrepôts et manufactures du Meatpacking District. En rénovation depuis des années, elle relie désormais Gansevoort Street à la 34e rue, segment sur lequel la promenade a été aménagée (entre les 10e et 11e avenues), pour se transformer en véritable parc urbain

© MICHAEL URMANN – SHUTTERSTOCK.COM

High Line.

suspendu. Le résultat est bluffant. Sur une trentaine de *blocks*, et à 10 mètres du sol, la promenade est magnifique et offre une vue inédite sur l'Hudson et les buildings de Midtown. N'hésitez pas à venir au coucher du soleil avec un petit pique-nique pour vous relaxer après une longue journée de visite et de marche. L'endroit est idéal pour une balade romantique ou même une demande en mariage... Le long de la promenade, vous croiserez aussi des œuvres d'art, des groupes de musique et quelques vendeurs de sucreries. L'ensemble du quartier a connu, de ce fait, une grande métamorphose architecturale ces dernières années, en particulier avec l'ouverture récente des tours d'Hudson Yards, au niveau de la 34e rue. Quelques transats placés face à l'Hudson River, des coins fleuris, et un amphithéâtre original font de cette balade un incontournable de la ville. Et vous pourrez, peut-être, apercevoir quelques New-Yorkais chez eux, la High Line passant très près des troisième et quatrième étages de certains immeubles.

■ LITTLE ISLAND

Au niveau de 13th Street
Pier55 in Hudson River Park
Meatpacking District
www.littleisland.org
info@littleisland.org

Ouvert tous les jours de 6h à 1h, fermeture à 20h en hiver. Accès libre.

Little Island est une preuve de plus que le Meatpacking District est devenu le quartier du design par excellence. Conçu par Heatherwick Studio, également à l'origine du Vessel, ce jardin public est installé sur une île artificielle sur le fleuve Hudson. Le parc n'est pas très grand mais il est verdoyant, avec ses pelouses parfaitement entretenues et ses plantations arrangées autour de sentiers. Il repose sur des structures suspendues dont la hauteur variable lui apporte du relief. Little Island comprend une scène où sont organisés des événements gratuits.

■ WASHINGTON SQUARE PARK ★★★

Greenwich Village
M° West 4th Street (lignes A, B, C, D, E, F, M), 8th Street-NYU (lignes W, R).

Au début de la 5th Avenue et à l'embranchement de West 4th Street. On reconnaît Washington Square Park à son arc de triomphe érigé en 1892 en l'honneur du premier président des Etats-Unis. Marcel Duchamp y monta un jour de 1916 pour y célébrer la « *République libre et indépendante de Washington Square* ».

Toujours animé, surtout le week-end et en fin de journée, ce charmant parc urbain est le centre du Village et le point de chute des étudiants de NYU (New York University, 1831), dont les bâtiments imposants bordent le parc. En été, des professeurs donnent d'ailleurs des cours dans le parc. La fontaine se transforme régulièrement en scène de théâtre pour amateurs, tandis qu'à l'ombre des arbres, les joueurs d'échecs tentent le mat final. Sous l'arc, le week-end, se réunissent régulièrement des groupes de chanteurs *a capella* qui entonnent dans une bonne humeur communicative les plus grands classiques de la *soul*, de Diana Ross à Otis Redding. Tout le New York qu'on aime...

Désormais fermé à la tombée du soir, comme tous les autres parcs, Washington Square a gagné en sécurité et n'a pas perdu grand-chose. De plus, et depuis 1958, il accueille chaque année un festival d'été où se produisent gracieusement de grands ensembles classiques et des formations jazz.

■ WHITNEY MUSEUM OF AMERICAN ART ★★

99 Gansevoort Street
Meatpacking District
✆ +1 212 570 3600
www.whitney.org
info@whitney.org
M° 8th Avenue – 14th Street (lignes L, A, C, E).

Ouvert le lundi et du mercredi au vendredi de 10h30 à 18h, (22h

Washington Square.

© OSUGI – SHUTTERSTOCK.COM

Whitney museum of American Art.

vendredi), le week-end de 11h à 18h. Entrée : 25 US$.

Le Whitney est le concurrent du MoMA. Ce bâtiment au style brut présente une façade grise, percée de fenêtres en meurtrières. Cependant les espaces d'exposition sont vastes et les salles harmonieusement disposées. Gertrude Vanderbilt Whitney, elle-même sculpteur, et immensément riche, commence sa collection dans les années 1930, laquelle est particulièrement riche en œuvres d'artistes américains de l'entre-deux-guerres, comme Hopper, Marsh et les précisionnistes. L'institution abrite aujourd'hui quelque dix mille œuvres : tableaux, sculptures et photographies d'artistes du XXe siècle, avec des noms comme Calder, O'Keeffe, De Kooning, Rauschenberg, Kienholz, De Witt, Warhol, Rivers ou Pollock. Le musée accueille également une biennale, de plus en plus controversée. A noter : le restaurant, idéal pour une pause déjeuner.

SE RESTAURER

PAUSE GOURMANDE

▪ MARIE BLACHÈRE BAKERY & CAFÉ

301-303 6th Avenue
✆ +1 917 261 4344
www.marieblachereus.com
West 4 St (lignes A, B, C, D, E, F et M).
Ouvert tous les jours de 7h à 20h. Viennoiseries de 2,50 à 5 US$.

Fondée en 2009 par Bernard Bachère, en Provence, cette vraie boulangerie française compte désormais deux adresses dans l'Etat de New York, dont celle-ci idéalement située dans le West Village. Voilà le topo : des baguettes dont vous choisissez la cuisson, des sandwiches dont l'incontournable jambon-beurre et de bonnes viennoiseries, à des prix qui restent plutôt raisonnables. Achetez trois pains ou viennoiseries, et le quatrième est gratuit. On est fans des mini-beignets fourrés à la pâte à tartiner !

■ STARBUCKS RESERVE

61 9th Avenue
Meatpacking District
✆ +1 212 691 0531
www.starbucksreserve.com
M° 14th Street
(lignes A, C, E, L).
Ouvert du dimanche au jeudi de 10h à 21h, le vendredi et le samedi de 10h à 22h.

Les Starbucks Reserve Roasteries, dont il n'existe que quelques spécimens à travers le monde, ne sont pas des Starbucks tout à fait comme les autres. On pourrait passer la journée dans cet espace très design, situé juste à côté du Chelsea Market, à observer le café en train d'être torréfié tout en sirotant un latte d'exception préparé par un *coffee master*. Le café peut être préparé de cinq façons différentes, il est d'ailleurs possible de faire une dégustation. Même les viennoiseries et les plats sont meilleurs que dans un Starbucks classique !

BIEN ET PAS CHER

■ BANTER NYC

169 Sullivan Street
www.banternyc.com
M° Houston Street (ligne 1)
ou Spring Street (lignes C, E).
Ouvert du lundi au jeudi de 8h à 15h et du vendredi au dimanche de 8h à 16h. Plats de 9 à 16 US$.

On aime beaucoup ce café australien, lumineux et agréablement décoré, qui propose des spécialités pour le brunch. Pas de surprise au menu, qui donne la part belle aux œufs, servis en omelette, avec du bacon, ou comme vous les aimez. Les Australiens les mangent brouillés puis « pliés » : commandez les *folded eggs* pour vous croire à Sydney. Les sandwiches, salades et wraps sont tout aussi bons et favorisent le côté *healthy* (quinoa, avocat et salade *kale* à gogo). En accompagnement, les frites sont faites à partir de patates douces, naturellement.

UN BAGEL BIEN NEW-YORKAIS

Le *bagel*, la baguette du New-Yorkais ! Importé par les immigrants d'Europe de l'Est au XIXᵉ siècle, ce petit pain rond en forme d'anneau se décline sous toutes les formes : *plain* (nature), *sesame* (saupoudré de graines de sésame), *onion* (oignons frits) ou avec tout (*everything*). Il se déguste plutôt toasté, et garni de *cream cheese*.

A ne pas confondre avec le *bialy*, qui ressemble à un *bagel* sans trou (il y a des subtilités !).

Certaines adresses comme H&H vendent le petit pain nature, quand d'autres, comme Murray's, proposent une foule de garnitures. Un casse-tête de faire son choix. *Next* !

Attention, les *bagels* paraissent petits en apparence, mais ils sont en réalité assez lourds à digérer ; alors n'en commandez pas trois d'un coup, même si vous êtes un gros mangeur !

PAULINE LÉVÊQUE, ILLUSTRATRICE INSTALLÉE DANS LE WEST VILLAGE

La ville est-elle pour toi une source d'inspiration ?

C'est une énorme et constante source d'inspiration ! J'ai grandi à la campagne et pourtant je suis obsédée par la ville. Ses perspectives, ses lignes, ses hauteurs, ses graffitis, ses châteaux d'eau, ses gratte-ciel... J'adore me promener dans les rues, le regard vers le haut, chaque angle de rue m'inspire. J'aime l'horizon saccadé, structuré, irrégulier de la ville. On a l'impression qu'il est infini.

Tu vis dans le West Village depuis de nombreuses années. Comment as-tu vu ce quartier évoluer ?

Ça fait 12 ans que je vis dans le Village, et comme son nom l'indique c'est un village ! La vie dans ce quartier est très différente du reste de Manhattan et de l'idée qu'on pourrait se faire de la vie à New York. La plupart des gens que je connais dans le quartier sont là depuis aussi longtemps que moi, voire même plus. La vie est toujours aussi calme et douce que quand je suis arrivée. Avec la Covid, les restaurants ont dû s'adapter, et développer les terrasses extérieures. Ça donne un côté « bistrot » européen qui manquait.

Où vas-tu lorsque tu souhaites voir de l'art à New York ?

L'art contemporain me dépasse parfois, et j'aime surtout errer au 5e étage du MoMA pour admirer les Van Gogh, Pissarro, Cézanne et Monet. J'aime aussi beaucoup me perdre au Met. Côté galerie, c'est toujours un plaisir de rendre visite à la galerie Philippe Labaune dans Chelsea, ou à Richard Taittinger sur Ludlow Street.

▸ **Plus d'infos :** www.paulineleveque.com

Pauline Lévêque.

■ LA BONBONNIERE

28 8th Avenue
Greenwich Village
✆ +1 212 741 9266
M° 14th Street (lignes 1, 2, 3).
Ouvert tous les jours de 7h à 17h. Plats à 10 US$.

L'un des *diners* les plus authentiques de New York, qui sert le petit déjeuner, le déjeuner et le dîner depuis les années 1930. La nourriture est grasse à souhait et les cartes de crédit ne sont pas acceptées. Quant à la déco, elle n'est pas *vintage*, mais d'époque ! Rien n'est cher, on peut donc se permettre de faire une orgie de pancakes, de bacon, de french toasts et de milk-shake, le tout accompagné d'un café américain à volonté. Les New-yorkais, célèbres ou non, adorent.

■ CORNER BISTRO

331 West 4th Street et 8th Avenue
West Village
✆ +1 212 242 9502
www.cornerbistrony.com
M° 14th Street (lignes A, C, E).
Ouvert tous les jours de 10h à 2h (4h du jeudi au samedi). Plats à 10 US$.

La réputation du Corner Bistro n'est plus à faire. Ce restaurant-bar est une institution ! Si le bar est laissé aux vieux habitués, on sert donc dans la petite salle parmi les hamburgers les plus authentiques de la ville, sans chichis.

Le hamburger grillé, le vrai, avec oignons, bacon, laitue, tomate (BLT) et frites pour 6 US$ et un dollar de plus pour le « Bistro ». Une épaisse viande fondante, des produits frais et un service sans façon. Attention, il y a souvent la queue car pas de réservations, mais elle avance vite.

■ HELLO SAIGON

180 Bleecker Street
✆ +1 212 254 2088
www.orderhellosaigon.com
M° Houston Street (ligne 1) ou West 4 St (lignes A, B, C, D, E, F, M).
Ouvert tous les jours de 10h30 à 21h30. Plats autour de 15 US$.

Une pause s'impose après la découverte de ce quartier rempli de bars et de clubs de *stand-up* ! Pourquoi ne pas contrebalancer les excès du jour avec de bons petits plats vietnamiens ? Les soupes vous feront le plus grand bien, qu'elles soient préparées avec des crevettes, du poulet ou du porc.

L'incontournable *pho*, avec ses nouilles et son bœuf qui cuit dans un bouillon aromatisé, est évidemment présent au menu. Pour un repas plus copieux, vous aurez le choix entre une grande variété de plats à base de nouilles, riz et légumes sautés.

■ PEACEFOOD CAFE

41 East 11th St
Greenwich Village
✆ +1 212 979 2288
www.peacefoodcafe.com
info@peacefoodcafe.com
M° 14 Street – Union Square (lignes N, Q, R, W, L, 4, 5, 6).
Ouvert tous les jours de 11h30 à 21h. Plats à 15 US$.

Un café-restaurant végétarien qui offre sandwichs, salades et pizzas préparés avec des produits frais. Peacefood Cafe Downtown est surtout connu des New-Yorkais pour sa large sélection de pâtisseries préparées sans œufs et sans lait. C'est aussi une bonne adresse en été pour les jus de fruits et les *smoothies*.

BONNES TABLES

■ BUBBY'S HIGHLINE

73 Gansevoort Street
Meatpacking District
✆ +1 212 206 6200
www.bubbys.com
contact@bubbys.com
M° 14 Street (L, A, C, E).
Ouvert du dimanche au jeudi de 8h à 22h, jusqu'à 23h les vendredis et samedis. Plats de 19 à 38 US$.
Ce *diner* chic dont Robert de Niro est un habitué sert de la *comfort food* – comprenez calorique ! – dans un très beau décor de brasserie française. Burgers juteux, salade caesar, côtes de porc couvertes de sauce barbecue, poulet et gauffres, ces plats traditionnels américains ne sont pas baclés ou surgelés comme dans de nombreux *diners*, ce qui se ressent aussi dans les prix. Et si vous avez un petit creux après une balade sur la High Line, goûtez aux nombreuses tartes faites maison !

■ MALAPARTE

753 Washington Street
West Village
✆ +1 212 255 2122
www.malapartenyc.com
M° Christopher Street (ligne 1).
Ouvert tous les jours de 17h30 à 23h, le week-end dès 12h (brunch). Plats de 15 à 25 US$.
Malaparte est une adresse de quartier connue de tous dans le Village ! Les tables en bois, les murs en briques, la minuscule terrasse et l'ambiance intimiste font de ce restaurant italien un lieu éminemment chaleureux. On vient y manger de délicieux plats de pâtes (mention spéciale aux pâtes Carbonara, les meilleures de New York

Peacefood Cafe.

selon nous), des pizzas et des plats authentiquement italiens. Les verres de vin, servis avec une générosité qu'on apprécie, viennent compléter ce repas que l'on achève avec un tiramisu dont on se souviendra longtemps...

■ PEARL OYSTER BAR

18 Cornelia Street, West Village
✆ +1 212 691 8211
www.pearloysterbar.com
M° West 4th Street (lignes A, B. C, D, E, F, M).
Ouvert du mardi au samedi de 12h à 14h30 et de 17h30 à 22h (22h30 vendredi et samedi). Plats autour de 25 US$.
Ce lieu raffiné propose un buffet de crudités, des moules, des célèbres petits pains au homard (*lobster rolls*) ou des sandwichs à la langouste. On déguste le tout attablé à un petit comptoir, accoudé à côté des autres clients, ce qui rend l'expérience résolument conviviale.

Vu la qualité et la fraîcheur des produits proposés, le rapport qualité/prix est imbattable. Les amateurs apprécieront la belle carte des vins, en particulier les blancs – dégustation de poissons et fruits de mer oblige ! Une bonne adresse connue comme le loup blanc par les New-Yorkais avertis.

■ LA RIPAILLE RESTAURANT

605 Hudson Street
West Village
✆ +1 212 255 4406
www.laripailleny.com
M° 14th Street et 8th Avenue
(L, A, C et E).
Ouvert du mardi au vendredi de 16h à 23h, le samedi dès 12h. Fermé dimanche et lundi. Plats de 19 à 41 US$.

Une belle adresse gastronomique à découvrir absolument. Depuis 1980, la qualité du service n'a pas été démentie, un vrai tour de force dans une ville comme New York ! La cuisine y est d'une grande originalité et d'une grande subtilité : suprême de volaille sauté aux pommes, raviolis frais farcis aux épinards et sauge, rôti de saumon au basilic, mousse chaude des Demoiselles Tatin. L'atmosphère est agréable, vous dînerez au coin du feu en hiver, et en terrasse en été. La Ripaille a accueilli les stars de tout poil : de Madonna à Johnny Depp en passant par Edward Norton…

■ SONG' E NAPULE

146 W Houston Street
Greenwich Village
✆ +1 212 533 1242
www.songenapule.us
info@songenapule.us
M° Houston Street (ligne 1).
Ouvert tous les jours de 12h à 23h. Pizzas de 15 à 22 US$.

Des pizzas oui, mais napolitaines, s'il vous plaît ! Song'E Napule est un restaurant chaleureux, vivant, bruyant même. Le lieu tout entier rend hommage à la ville de naissance de Ciro, le chef qui prépare ses pizzas amoureusement et au feu de bois dans sa cuisine minuscule (il faut la traverser pour se rendre aux toilettes). Amusant, les serveurs portent des maillots de foot et des écharpes de supporters sont accrochées au plafond ! Le restaurant est vite bondé, pensez à réserver si vous ne voulez pas devoir patienter 30 minutes pour une table.

■ THE BUTCHER'S DAUGHTER

581 Hudson Street
West Village
✆ +1 917 388 2132
www.thebutchersdaughter.com
contactus@thebutchersdaughter.com
M° Christopher Street (ligne 1).
Ouvert du dimanche au jeudi de de 8h à 21h, jusqu'à 22h le vendredi et le samedi. Plats de 15 à 22 US$.

Ce restaurant 100 % végétarien attire les foules, en particulier le week-end lorsque les New-Yorkais se réunissent pour le brunch. Les plats, très colorés, sont bons, même si, une fois n'est pas coutume, on aurait aimé que les portions soient un peu plus généreuses ! Le menu facilite grandement la vie des personnes qui ont des intolérances alimentaires, la présence dans les plats de gluten, noix, soja ou produits laitiers étant clairement indiquée sur le menu. Le cadre est très plaisant, avec une déco champêtre parfaitement en harmonie avec le concept.

LUXE

■ GENESIS HOUSE

40 10th Avenue
✆ +1 855 444 0836
www.genesishouse.com
info@genesishouseNYC.com
M° 8th Avenue (ligne L), 14th Street (lignes A, C, E).
Ouvert du mardi au jeudi et le dimanche de 11h à 22h, le samedi jusqu'à 23h. Repas autour de 150 US$.

Devenu la Mecque des restaurants et boutiques de luxe, le Meatpacking District accueille désormais un sanctuaire où se rencontrent gastronomie et automobile coréennes, pour un résultat incroyablement design. On pénètre par un *showroom* où sont exposées les voitures de la marque de luxe Genesis. Le restaurant, à l'étage, est le pendant new-yorkais d'Onjium, restaurant étoilé à Séoul. Les plats, concoctés à partir de recettes royales des années 1300, sont aussi délicieux qu'inattendus. Quant au service, il est attentif et très pointu. Allez-y les yeux fermés.

■ SANT'AMBROEUS

259 West 4th Street et Perry Street
West Village
✆ +1 212 604 9254
www.santambroeus.com
specialevents@santambroeus.com
M° Christopher Street (lignes 1 et 9).
Ouvert en semaine de 9h à 23h, à partir de 10h le week-end. Plats de 22 à 74 US$.

On se croirait dans une *pasticceria* chic de la Via Veneto à Rome, de Milan ou de Turin. D'exquis petits fours et d'agréables sandwichs de pain de mie attendent sur le comptoir à l'abri d'élégants présentoirs. La salle du restaurant, comme la clientèle, est un peu guindée. Tout le monde prend son temps (le personnel aussi). Le carpaccio est très recommandable, le cappuccino est onctueux, et l'expresso est l'un des meilleurs

Chelsea Market

de la ville... L'addition, quant à elle, est salée ! L'une des traditionnelles haltes BCBG new-yorkaises.

SHOPPING

■ CHELSEA MARKET

75 9th Avenue
Chelsea
✆ +1 212 243 6005
www.chelseamarket.com
Kyle.Allen@jamestownlp.com
M° 8th Avenue (ligne L), 14th Street (lignes A, C, E).
Ouvert du lundi au samedi de 7h à 2h du matin, le dimanche de 8h à 22h.
Ces élégantes halles rénovées (le bâtiment est une ancienne biscuiterie) abritent près d'une cinquantaine de commerces (Amy's Bread, Ruthy's Cheesecake Bakery, Sushi Bar ou encore Lobster Place, pour déguster homards et huitres). Plus qu'un marché, Chelsea Market est un lieu très complet et très agréable pour flâner et pour déjeuner. Les petites boutiques de déco sont à visiter pour les nombreuses idées de cadeaux originales. Les prix sont plutôt élevés, mais la qualité est au rendez-vous. Allez-y en semaine, il y a foule le week-end !

■ FLIGHT CLUB

812 Broadway
Greenwich Village
flightclub.com
support@flightclub.com
M° Union Square (lignes N, Q, R, W, L, 4, 5, 6).
Ouvert tous les jours de 11h à 19h.
Des chaussures, des chaussures et encore des chaussures. Cette boutique de baskets brille par l'originalité des *sneakers* (le terme anglais) qu'elle vend. On y trouve pourtant des grandes marques – Nike, Adidas, Vans, Reebok, New Balance, Converse – mais seulement les paires les plus originales. Flight Club vend aussi des accessoires d'équipes sportives parmi lesquels des casquettes aux couleurs d'équipes de baseball et des maillots de NBA.

■ INA

207 W 18th Street
Chelsea
inanyc.com
inasoho@inanyc.com
M° 18th Street (ligne 1).
Ouvert tous les jours de 12h à 19h.
Ouvert en 1993, ce magasin de vêtements de seconde main est un *must* pour les fashionistas. Imaginez un peu : Chanel, Stella McCartney, Pucci... à moins de 100 US$! Le succès de la boutique est tel qu'il existe désormais quatre INA dans Manhattan. Celle-ci propose à la fois des vêtements pour femmes et pour hommes, mais certaines adresses ne font que l'un ou l'autre.

SORTIR

CAFÉS - BARS

■ CELLAR DOG

A l'angle de 7th Avenue
75 Christopher Street
West Village
✆ +1 212 675 6056
www.cellardog.net
info@cellar.dog
M° Christopher Street (ligne 1).
Ouvert du mercredi au dimanche de 16h jusqu'à tard. Entrée à partir de 5 US$.

Passer une soirée au Cellar Dog – anciennement Fat Cat –, c'est prendre le pouls de New York ! Imaginez plutôt, le bar est une immense salle de jeux en sous-sol avec tables de ping-pong, de billard, de *shuffleboard*, jeu d'échecs ou de dames, le tout dans une ambiance jazzy incroyable. Les plus grands musiciens de jazz de la ville, plutôt que de se rendre au Blue Note, préfèrent le sous-sol à la lumière tamisée du Cellar Dog, pour la diversité de son auditoire, et l'absence relative de touristes. Les concerts débutent vers 22h et se terminent rarement avant 2h.

▪ KATANA KITTEN

531 Hudson Street
West Village
✆ +1 212 243 3007
www.katanakitten.com
info@katanakitten.com
M° Christopher Street
(ligne 1).
Ouvert du lundi au vendredi de 16h à 2h, le samedi de 14h à 2h et le dimanche de 14h à minuit. Cocktails à 16 US$.

Poussez la porte de Katana Kitten, et vous atterrissez à Tokyo ! Derrière le bar, le Japonais Masahiro Urushido exerce son art d'une main de maître, bandana autour du front et tatouages sur les bras. Il concoctera pour vous trois types de boissons : le cocktail, le *boilermaker* (mélange de bière et cocktail) et le *highball*, à base de whiskey japonais et d'une boisson non alcoolisée. Côté nourriture, on grignote des spécialités japonaises, bien sûr. Le cadre est incroyable, avec une déco éminemment tokyoïte et, aux murs, des affiches de films américains version japonaise.

▪ HOUSTON HALL

222 West Houston Street
West Village
✆ + 1 212 675 9323
www.houstonhallny.com
events@houstonhallny.com
M° Houston Street (ligne 1).
Ouvert du dimanche au vendredi à partir de 16h, dès 12h le samedi, jusqu'à tard. Bières à 5 US$.

Un immense *Beer Garden* situé dans un ancien garage. Ce bar, qui se trouve à quelques *blocks* de l'université NYU, est constamment rempli de jeunes étudiants qui n'en sont pas à leur première bière ! Une ambiance de fraternité que les étudiants apprécieront. Nul doute qu'avec votre accent français, vous vous ferez des amis en moins de 10 minutes ! La liste de bières est conséquente et les *grilled cheese* particulièrement réussis. Le week-end, un immense projecteur retransmet les matchs de football américain et de baseball dans une ambiance enflammée.

▪ LITTLE BRANCH

22 7th Ave S
West Village
✆ +1 212 929 4360
M° Houston Street (ligne 1).
Ouvert tous les jours à partir de 18h, fermeture entre minuit et 2h selon les soirs. Cocktails à 18 US$.

Si vous êtes à la recherche d'un bar glamour ou instagrammable, passez votre chemin ! Little Branch (LB pour les habitués) se focalise sur une seule chose : les cocktails, souvent cités parmi les meilleurs de New York. Malgré un manque (volontaire) de décoration, il y règne une ambiance assez unique. La salle, à laquelle on accède en poussant une porte en métal assez peu engageante et sans signe distinctif, est faiblement éclairée et les conversations se tiennent à voix basse... Une bien belle adresse.

CLUBS ET DISCOTHÈQUES

CAFE WHA ?

115 Mc Dougal Street
Greenwich Village
✆ +1 212 254 3706
www.cafewha.com
M° West 4th Street (lignes A, B, C, D, E, F, M).
Ouvert du mercredi au dimanche de 18h à 1h30. Entrée à partir de 5 US$.
Salsa, blues, jazz, rock… Quelle qu'en soit la programmation, les gens se pressent à l'entrée de cette boîte de nuit.Tout se passe au sous-sol et, dès le début de soirée, la salle s'anime. Du mercredi au samedi, c'est le groupe attitré du Café Wha qui reprend les tubes des années 1970 à 1990. Le lundi et le mardi, deux soirées spéciales très populaires prennent place : la Brazilian Dance Party et le Tuesday Night Funk. Ce bar existe depuis 40 ans, un vétéran de la scène new-yorkaise qui tient la route. Jimi Hendrix et Bob Dylan ont joué ici, à leurs débuts !

SPECTACLES

BLUE NOTE

131 West 3rd Street
Greenwich Village
✆ +1 212 475 8592
www.bluenote.net
club@bluenote.net
M° West 4th (lignes A, B, C, D, E F, M).
Sets à 20h et 22h30, également 00h30 vendredi et samedi. Entrée : 25 à 65 US$.
« La capitale du jazz dans le monde », voilà comment le Blue Note se décrit lui-même. On ne peut que lui donner raison ! Le local est intime, l'acoustique excellente et les artistes sont parmi les meilleurs du monde. Blue Note est très fréquenté par les touristes, qui ne manquent pas de se ruer dans la boutique de l'étage supérieur. Il programme avec constance les plus grands du jazz, aux noms aussi divers que Nancy Wilson ou Spyro Gyra. Il y a également des soirées avec de la musique brésilienne, de la musique des Caraïbes, du hip-hop ou de la funk.

COMEDY CELLAR

Entre Bleecker Street
et West 3rd Street
117 Mc Dougal Street
Greenwich Village
✆ +1 212 254 3480
www.comedycellar.com
M° West 4th Street (lignes A, B, C, D, E, F, M).
Plusieurs spectacles tous les soirs à partir de 17h. Entrée : à partir 10 US$, avec deux consommations minimum.
Le Comedy Cellar est LA scène de *stand-up* la plus célèbre des Etats-Unis. Il s'agit pourtant d'une toute petite salle en sous-sol, avec des murs en briques rouges un peu sales et très peu de luminosité. C'est aujourd'hui un passage obligatoire pour tous les comiques américains en devenir. C'est aussi ici que se produisent en toute discrétion quelques grands noms du *stand-up* qui profitent du caractère intimiste de la salle pour essayer leurs blagues avant de partir en tournée. Parmi les habitués, on retrouve Dave Chapelle, Amy Schumer ou encore Jerry Seinfeld.

■ SMALLS JAZZ CLUB

183 W 10th Street
✆ +1 646 476 4346
www.smallslive.com
smallsjazzclub@gmail.com
M° Christopher St (lignes 1, 2).
Ouvert tous les soirs à partir de 19h. Tickets à partir de 25 US$.
Petite institution du Village, le Smalls ravira les amateurs de jazz, avec ses trois voire quatre sets par soir, dans un sous-sol plein de bric-à-brac et de talentueux musiciens.

■ VILLAGE VANGUARD

178 7th Avenue South
West Village
✆ +1 212 255 4037
www.villagevanguard.com
178vanguard@gmail.com
M° 14th Street (lignes 1,2,3, L).
Concerts tous les soirs à 20h et 22h. Entrée : à partir de 25 US$, plus 10 US$ minimum de consommation.
Installé dans ces murs depuis 1875, ce club est l'un des plus appréciés des fans de jazz. Dans cette salle intime nichée en sous-sol, une excellente acoustique et une programmation éclectique. Les lundis soir sont consacrés au Vanguard Jazz Orchestra. Sur les murs, les photos de Coltrane ou Miles Davis témoignent des grands musiciens qui y ont joué. Une soirée dans ce club confortable reste un petit luxe, mais vous ne le regretterez pas. Prévoyez d'arriver tôt car les places les plus agréables sont au niveau des tables situées à l'avant, près de la scène.

TIMES SQUARE ET MIDTOWN

Flatiron Building.

IMMANQUABLE DANS CE QUARTIER

- Être ébloui par les néons de Times Square en pleine nuit.
- Emprunter la 5th Avenue et gravir l'Empire State Building.
- S'étourdir au milieu des gratte-ciel de Midtown.
- Entreprendre un tour du monde culinaire dans Hell's Kitchen.
- Assister à un show à l'américaine sur Broadway.

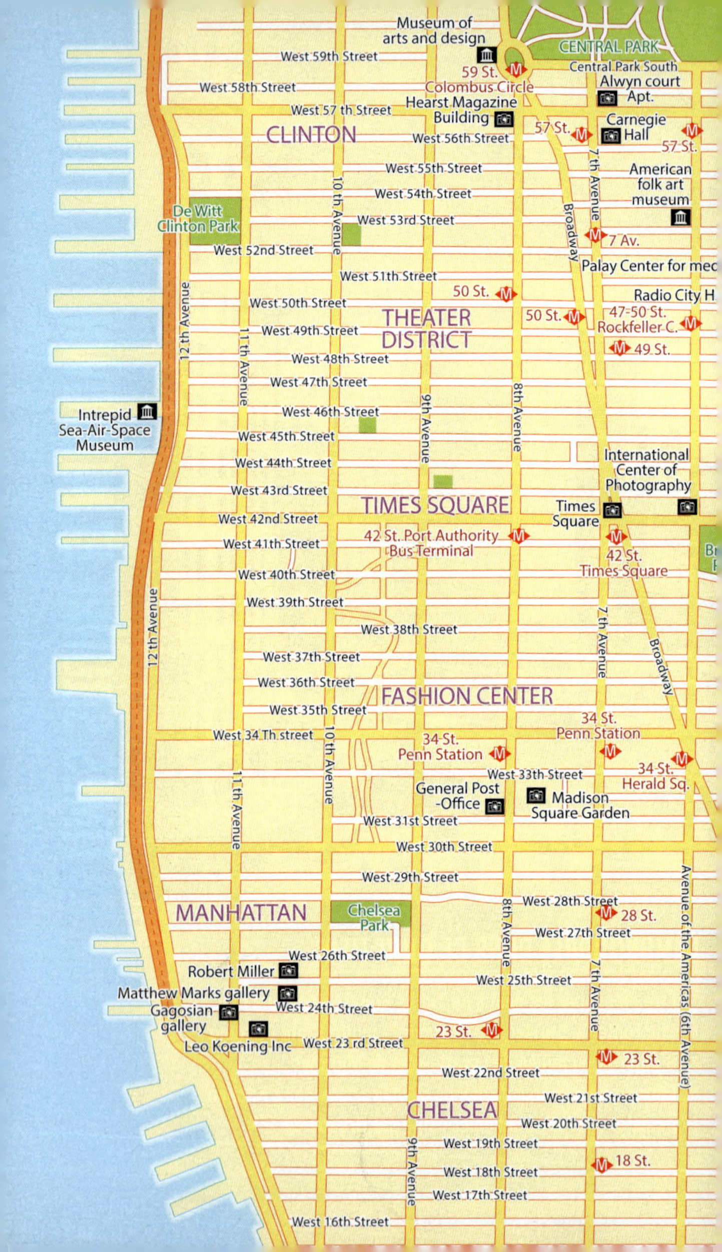

Museum of arts and design
CENTRAL PARK
West 59th Street
59 St.
Central Park South
West 58th Street
Colombus Circle
Alwyn court Apt.
Hearst Magazine Building
West 57 th Street
CLINTON
57 St.
Carnegie Hall
57 St.
West 56th Street
West 55th Street
American folk art museum
West 54th Street
De Witt Clinton Park
West 53rd Street
10 th Avenue
7 th Avenue
Broadway
7 Av.
West 52nd Street
Palay Center for mec
West 51th Street
12 th Avenue
50 St.
Radio City H
West 50th Street
50 St.
47-50 St. Rockfeller C.
THEATER DISTRICT
West 49th Street
11 th Avenue
49 St.
West 48th Street
West 47th Street
West 46th Street
Intrepid Sea-Air-Space Museum
9th Avenue
8th Avenue
West 45th Street
West 44th Street
International Center of Photography
West 43rd Street
TIMES SQUARE
Times Square
West 42nd Street
42 St. Port Authority Bus Terminal
West 41th Street
42 St. Times Square
West 40th Street
West 39th Street
12 th Avenue
West 38th Street
7 th Avenue
Broadway
West 37th Street
West 36th Street
FASHION CENTER
West 35th Street
34 St. Penn Station
West 34 Th street
34 St. Penn Station
10 th Avenue
West 33th Street
34 St. Herald Sq.
11 th Avenue
General Post -Office
Madison Square Garden
West 31st Street
West 30th Street
West 29th Street
West 28th Street
MANHATTAN
Chelsea Park
28 St.
8th Avenue
West 27th Street
Avenue of the Americas (6th Avenue)
West 26th Street
Robert Miller
West 25th Street
Matthew Marks gallery
7 th Avenue
West 24th Street
Gagosian gallery
23 St.
Leo Koening Inc
West 23 rd Street
23 St.
West 22nd Street
West 21st Street
CHELSEA
West 20th Street
West 19th Street
9th Avenue
18 St.
West 18th Street
West 17th Street
West 16th Street

TIMES SQUARE ET MIDTOWN
MIDTOWN
TURTLE BAY
MURRAY HILL
KIPS BAY
FLATIRON
GRAMERCY PARK
5 Av-59 St.
Lexington Ave.
East 59th Street
Fuller Building
Madison
East 58th Street
Sutton place square
Forum Gallery
East 57 th Street
Trump Tower
5 th Avenue
East 56th Street
Sutton Place
3 rd Avenue
East 55th Street
Citicorp Center
East 54th Street
1 st Avenue
Lexington Ave-53 St.
East 53rd Street
5 Av- 53 St.
East 52nd Street
Greenacre Park
51 St.
East 51th Street
Saint Patrick's Cathedral
Park Avenue
East 50th Street
2nd Avenue
East 49th Street
South Point Park
Roosevelt Memorial
East 48th Street
Lexington Ave.
East 47th Street
East 46th Street
Peace Monument
Grand Central Terminal
East 45th Street
Organisation des Nations-Unies
Ford Foundation
42 St- Grand Central
5 Av.
East 42 nd Street
Chrysler Building
New York Public Library
East 41th Street
Tudor City
East 40th Street
East 39th Street
East 38th Street
East 37th Street
The Morgan Library
St Vardan's Park
East 34 th Street
Empire State Building
South Park Avenue
East 33th Street
33 St.
East 32nd Street
East 31st Street
East 30 th Street
East 29th Street
28 St.
East 28th Street
East 27th Street
East 26th Street
Madison Square Park
East 25th Street
23 St.
East 24th Street
East 23 rd Street
Flatiron Building
East 22nd Street
Gramercy Park
East 20th Street
Broadway
East 19th Street
East 18th Street
East 17th Street
Union Square Park
Stuyvesant Park
East 16th Street
0
450 m
N
Musée
Curiosité
Edifice religieux
Station métro
Synagogue

TIMES SQUARE ET MIDTOWN

L'endroit le plus symbolique de New York. Des *buildings* et encores des *buildings* ! Midtown couvre à lui seul un immense noyau de la ville et offre autant de colorations que son espace peut en contenir. Par Midtown, comprenez Midtown East, Midtown West, Chelsea et, au cœur de l'ensemble, Times Square l'illuminé ! Si Central Park représente la limite nord de Midtown, les avis divergent sur sa frontière sud, située tantôt à hauteur de la 23rd Street, tantôt à partir de la 34th Street. Nous avons cependant inclus Chelsea, le Flatiron District ou Gramercy Park dans Midtown pour des raisons de logique en termes de déplacement. De même, nous avons clairement distingué Midtown West et son empire de l'*entertainment* (Times Square bien sûr) et Midtown East, institutionnel, marchand, mais aussi plus secret.

MIDTOWN EAST

Le centre des affaires de Manhattan et le plus grand magasin du monde. L'un des quartiers où New York a le mieux exprimé son gigantisme, sa puissance et sa démesure. C'est ici que sont réunis les grandes institutions, les boutiques les plus élégantes et les bâtiments les plus audacieux. Grands magasins (Department Stores), grandes galeries de peinture, grandes boutiques de mode, grands restaurants, grands hôtels, grandes entreprises internationales se succèdent sur Madison, Park, Lexington et la 5e avenue. C'est d'ailleurs sur la fameuse *fifth avenue* que se trouve la deuxième plus haute tour de New York, le célèbre Empire State Building.

MURRAY HILL, FLATIRON DISTRICT ET GRAMERCY

Tout à l'est, les enclaves de Murray Hill, mais surtout Sutton et Tudor, rassemblent ce que l'on fait de plus fermé et de plus sélect à New York. Gramercy, Flatiron District et Murray Hill : ces trois petits quartiers qui ont poussé à l'est de la 6th Avenue, entre la 14th et la 40th Streets, jouissent d'une constance remarquable. Toujours bien famés (sans être snobs), ils présentent une richesse architecturale remarquable, symbolisée par deux des plus beaux (à défaut d'être les plus récents) buildings de New York : le Chrysler Building et le Flatiron.

Encore plus attrayant, Gramercy Park, point de départ de Lexington Avenue entre la 21st et la 22nd Street, est bordé d'immeubles très élégants et de maisons particulières, abominablement chères (le prix médian de l'appartement est à 1,225 millions de dollars !). C'est le seul parc privé de Manhattan : n'y ont accès que les propriétaires pourvus d'une clef. Cette oasis diffuse sa tranquillité sur l'ensemble du quartier, et les amateurs de beauté et de branchitude choisiront le Gramercy Park Hotel à l'allure européenne. Autre explication à cette ambiance si peu new-yorkaise : l'absence de métro. C'est ici qu'ont trouvé refuge de nombreux auteurs – John Steinbeck, Oscar Wilde, Edward Sheldon – et où résident encore quelques célébrités qui cherchent le peu de tranquillité que New York à offrir parmi lesquelles l'actrice Uma Thurman et la star de la série *Big Bang Theory*, Jim Parsons.

MIDTOWN WEST

Si l'on se tourne franchement vers l'ouest, entre les 45th et 55th Streets et entre la 6th et la 8th Avenue, Midtown devient une autre ville, avec ses grands immeubles de bureaux, ses énormes hôtels, ses restaurants pour visiteurs, ses bars, ses boutiques de matériel électronique, ses cinémas, ses théâtres de music-hall, ses boutiques pornos, ses boîtes de nuit, ses peep-shows et ses magasins de souvenirs « *I love New York* ». Les 7th et 8th avenue sont très bruyantes et incroyablement éclairées, de jour comme de nuit. Les 9th et 10th sont de simples quartiers résidentiels où il n'y a rien de particulier à voir.

Plus à l'est, le légendaire Rockefeller Center, en plein cœur de Midtown, est un immense complexe de vingt-et-un gratte-ciel situé entre la 46th Street et la 50th Street et entre la 6th Avenue et la 7th Avenue. Chaque fin d'année, un sapin gigantesque s'illumine sur la place centrale, et l'esplanade centrale devient patinoire. Un peu plus au sud, on trouve Korea Town avec ses restaurants coréens et ses karaoké.

TIMES SQUARE

Des néons ! Quartier emblématique de New York, devenu zone piétonnière en 2009, ce temple du music-hall et du shopping jouit d'une renommée internationale. Situé entre 40th Street et 57th Street (entre 6th Avenue et 8th Avenue), il fut dans les années 1970, symbole universel du vice à l'américaine. Qui ne se souvient pas des scènes de nuits chaudes vues du taxi de Robert De Niro dans *Taxi driver* ? La corruption et le crime y régnaient, et les choses ont bien changé. Times Square, c'est aussi Broadway et le Theater District, avec plus de cinquante théâtres situés sur Broadway et les rues avoisinantes. Chaque fin d'année, les fameuses comédies musicales font salle comble tous les soirs. Le quartier doit son nom au *New York Times*. En effet, en 1904, le quotidien de renom installa ses bureaux sur le côté sud du square, alors en pleine jeunesse (aujourd'hui la toute nouvelle tour du *New York Times* se trouve sur la 41st Street). Impossible cependant de visiter New York pour la première fois sans prendre un grand bain de foule parmi la masse des badauds !

HELL'S KITCHEN

Vers la 10th Avenue, entre la 34th et la 46th Street, s'étend l'ancien quartier nommé Hell's Kitchen (HK, « la cuisine de l'enfer »), célèbre pour sa pauvreté, sa violence et sa criminalité au début du XXe siècle : un quartier désormais rempli de petits restos ethniques et bon marché, imprégné d'une sacrée atmosphère.

Les temps changent plus vite qu'ailleurs à New York et le quartier ne tardera pas à devenir un des prochains hauts lieux de la « branchitude » mondiale. Les signes annonciateurs sont même déjà là : le marché aux puces du week-end a déménagé de Chelsea jusqu'à HK (sur 39th Street, entre 9th et 10th Avenues) et les petits restos turcs, africains ou marocains de 46th Street attirent de plus en plus de monde. Assez peu animé en journée, le quartier se transforme à la tombée de la nuit et n'est jamais aussi bruyant que vers 22h, lorsque les spectateurs de Broadway sortent des théâtres et affluent dans les restaurants. Au sud du quartier, le gigantesque complexe immobilier d'Hudson Yards est en train de sortir de terre et devait redynamiser cette zone du West Side Yard, entre Hell's Kitchen et Chelsea, à partir de 2019.

CHELSEA

Chelsea commence au sud de Hell's Kitchen, au niveau de la 34e rue, à l'ouest du Flatiron District, et s'étire sur vingt blocs jusqu'à la 14e, au nord de Greenwich Village. Sa partie ouest longe l'Hudson River. Ce paisible quartier a vu ces dernières décennies l'arrivée massive de galeries d'art – fuyant les loyers élevés de SoHo – et de la communauté gay, de plus en plus présente hors de Greenwich Village. C'est aujourd'hui l'un des endroits où il fait le plus bon vivre, où la population est la plus diverse en âge, origine et milieu social. L'on se rend à Chelsea pour la Highline bien sûr, superbe promenade surélevée, pour ses galeries, ses restaurants et ses clubs (ambiance gay sur la 8e avenue) : la plupart des galeries se trouvant entre 10th et 11th Avenues et entre 21th et 27th Streets. Pour faire quelques courses, faites un tour au Chelsea Market, installé dans un curieux bâtiment Arts déco, entre 15th et 16th Streets sur 9th Avenue.

Enfin, l'immense complexe de Chelsea Piers, au bord de l'Hudson River, attire beaucoup de sportifs de la ville. S'offrir une balade sur les bords de l'Hudson au coucher du soleil est un moment de pure détente.

© AUTHOR'S IMAGE

Instants de détente à Bryant Park (Midtown).

HUDSON YARDS

Entre Hell's Kitchen et Chelsea, au bout de la High Line, le gigantesque complexe immobilier de Hudson Yards est récemment sorti de terre et a redynamisé cette zone longtemps délaissée par les touristes comme par les New-Yorkais. Au milieu des *buildings* flambant neufs se dresse le Vessel, une structure artistique imaginée par l'architecte Thomas Heatherwick. Juste en face, une grande galerie commerciale abrite des magasins de luxe, des restaurants et un *food court*. Non loin de là, enfin, se dresse 30 Hudson Yards, gratte-ciel au sommet duquel est perché Edge, l'une des deux nouvelles plateformes d'observation de New York. En passe de devenir l'un des quartiers les plus huppés de la ville, Hudson Yards est le symbole du nouveau New York, toujours plus design, toujours plus cher et toujours plus vertigineux.

VISITER

■ BRYANT PARK ★★★

Entre 5th et 6th Avenue
Midtown
www.bryantpark.org
events@urbanmgt.com
M° 42nd Street (lignes B, D, F, M) et 5th Avenue (ligne 7).

Il y a toujours de l'animation à Bryant Park. Les jours ensoleillés et en été, bancs, chaises et pelouses sont pris d'assaut pendant la pause de midi. En été, le parc abrite un festival (gratuit) de cinéma en plein air qui vaut vraiment le coup. Les New-Yorkais s'installent avec leurs couvertures et leur pique-nique plusieurs heures à l'avance pour y trouver des places. On peut avoir accès à une multitude d'activités gratuites pendant la belle saison : cours de yoga, tables de ping-pong, concerts, lecture de poésie...

En hiver, lorsque la patinoire et le marché de Noël s'installent, le parc est un des endroits les plus magiques à New York. Prenez un chocolat chaud et installez-vous sur les bancs autour du manège qui joue du Edith Piaf et du Frank Sinatra.

The American Radiator Building.

■ AMERICAN RADIATOR BUILDING ★

40 W 40th Street, Midtown
✆ +1 212 642 2200
www.bryantparkhotel.com
info@bryantparkhotel.com
M° 42nd Street – Bryant Park (lignes B, D, FM), 5th Avenue (ligne 7).

Magnifique exemple de gratte-ciel Art déco mâtiné de style néo-gothique, l'édifice élevé en 1924 par les architectes John Howells et Raymond Hood dresse ses 103 m de briques noires couronnées d'or au-dessus du paisible Bryant Park. Rebaptisé American Standard Building, il héberge depuis 2001 le Bryant Park Hotel, dont les chambres sont loin d'avoir le faste de la façade. Ce fut l'un des premiers immeubles new-yorkais à être classés monument historique, et il inspira à la peintre Georgia O'Keeffe son célèbre tableau *Radiator Building, Night New York* (1927). Les mêmes architectes réaliseront en 1925 la célèbre Tribune Tower de Chicago.

Carnegie Hall.

■ CARNEGIE HALL ★★★

881 7th Avenue
Midtown West
✆ +1 212 247 7800
www.carnegiehall.org
M° 57th Street (lignes N, R, Q, W).

Construit en 1891, le Carnegie a entendu nombre d'œuvres majeures venir au monde pour la première fois, des débuts de Rubinstein à la *Symphonie du Nouveau Monde*. Tchaïkovski inaugura Carnegie Hall en 1891. De Paderewski à Bruno Walter, de Casals à Horowitz, de Judy Garland à Segovia, Julie Andrews ou les Beatles, la liste est trop longue pour citer le livre d'or de Carnegie où se sont produits les plus grands orchestres internationaux et les principaux orchestres américains.

▶ **Autre adresse :** Weill Recital Hall, ✆ +1 212 247 7800

■ CHRYSLER BUILDING ★★★★

405 Lexington Avenue
A l'angle de 42nd Street
Voir page 14.

■ EDGE

30 Hudson Yards ✆ +1 332 204 8500
www.edgenyc.com
M° 34th St-Hudson Yards (ligne 7).
Ouvert tous les jours de 10h à 22h, plus tard en saison. Tarif : à partir de 38 US$ (36 US$ en réservant en ligne).

La plateforme d'observation Egde, dans le quartier récemment sorti de terre d'Hudson Yards, a ouvert ses portes en 2020. Moins mythique que l'Empire State Building, moins spectaculaire que Summit – l'autre observatoire de la ville qui vient de voir le jour –, Edge n'en est pas moins superbe avec sa plateforme triangulaire qui domine tout New York. Astuce : si vous réservez une table au restaurant The Peak, qui se trouve à l'étage au-dessus, vous aurez accès à l'observatoire Edge sans avoir à payer de supplément !

■ EMPIRE STATE BUILDING ★★★★

350 5th Avenue, Midtown
✆ +1 212 736 3100
Voir page 14.

Times Square est une rue iconique de New-York.

■ FLATIRON BUILDING ★★★

175 5th Avenue
Flatiron District
M° 23rd Street (lignes 4, 5, 6, R, W).
Ne se visite pas.

Cet immeuble, signé de la star de l'école de Chicago Daniel Burnham (1846-1912), dont la forme oblongue et triangulaire évoque un fer à repasser offre son nom au quartier : le Flatiron District. Bien qu'il ne paraisse pas très grand aujourd'hui, surtout lorsqu'on le compare aux gratte-ciel monstrueux de Midtown, le Flatiron est tout à fait remarquable et un séjour à New York ne se conçoit pas sans rendre visite à ce bâtiment qui fait partie du cadre new-yorkais depuis si longtemps, tel un grand-père bienveillant, plein de sagesse et tout en retenue. S'élevant au sud de Madison Square Park, à l'angle de Broadway et de 5th Avenue, il compte donc parmi les édifices les plus emblématiques de New York (on le voit d'ailleurs dans une scène de *Spiderman* et régulièrement dans les plans de coupe dans la série *Friends*). Difficile de croire que cet immeuble de 20 étages et de 87 m de hauteur fut un jour le plus haut de la ville (pendant un an). Le Flatiron, dont le nom original est en fait Fuller Building, du nom de la compagnie propriétaire, fut construit en 1902 et s'impose comme le plus vieux gratte-ciel encore sur pied à New York. Il fit sensation lors de son inauguration et l'on eut même peur qu'il ne s'effondre sous l'effet du vent. Les New-Yorkais s'amusaient d'ailleurs à parier de quel côté l'immeuble tomberait ! Aujourd'hui, il contient surtout des bureaux, dont plusieurs maisons d'édition, et ne se visite pas. Le plus petit bureau, à l'extrémité du bâtiment, ne fait que deux mètres de largeur !

■ GRAND CENTRAL TERMINAL ★★★

East 42nd Street, Midtown
✆ +1 212 935 3960
M° Grand Central-42nd Street (lignes 4, 5, 6, 7, S).

New York, qui a perdu la Penn Station, l'un de ses plus beaux monuments

Grand Central Terminal.

© LUCIANO MORTULA – LGM

Times Square.

architecturaux, aurait pu perdre Grand Central sans une vigoureuse protestation populaire menée par Jackie Onassis. Cette énorme gare, achevée en 1913 après dix ans de travaux, était autrefois le point de départ et d'arrivée des grands trains vers Chicago et la Californie. Aujourd'hui, des dizaines de milliers de banlieusards traversent quotidiennement son hall stupéfiant, haut de 40 m.

La façade de l'édifice est ornée de statues et surmontée d'une grosse horloge. L'intérieur de ce majestueux bâtiment de style Beaux-Arts est somptueux, avec des halls et des couloirs tout en marbre. Dans la salle principale (Grand Concourse), le bureau d'information au centre est surmonté d'une belle horloge à quatre faces en cuivre. Ses grandes fenêtres, qui laissent filtrer les rayons du soleil, lui donnent des airs de cathédrale.

Des boutiques, des restaurants et un marché de produits frais (le Grand Central Market) occupent le niveau inférieur (Dining Concourse – dont le célèbre Oyster Bar) et le niveau supérieur (Balcony Level) du bâtiment. Beaucoup de New-Yorkais viennent y déjeuner à prix serrés.

■ HEARST TOWER

959 8th Avenue ou 300 West 57th Street
Midtown West
M° 59th Street-Columbus Circle (lignes A, B, C, D, 1).

W.-R. Hearst voulait abriter son empire dans une forteresse. Mais à cause de la dépression de 1929, seule la base du gratte-ciel a pu être construite à l'époque. Les rêves de grandeur de Hearst (décédé en 1951) ont finalement été exaucés en 2006, lorsqu'un *building* fut construit sur le socle d'origine. La tour, qui s'élève désormais à 182 mètres pour 46 étages, fut le premier gratte-ciel a être inauguré après les attentats du 11 Septembre. L'architecture de l'immeuble est en effet étonnante, composée de triangles en acier et en verre emboîtés les uns aux autres.

■ THE MORGAN LIBRARY ★★

29 East 36th Street, Murray Hill
✆ +1 212 685 0610
www.morganlibrary.org
visitorservices@themorgan.org
M° 33rd Street (ligne 6).
Du mercredi au dimanche de 10h30 à 17h. Tarif : 22 US$.

A la fois musée et bibliothèque de recherche, ce très beau bâtiment de style Renaissance italienne, construit en 1906, abrite une exceptionnelle collection de manuscrits et d'ouvrages rares. Constitué à l'origine uniquement de la collection de J.-P. Morgan, le musée s'est enrichi de dessins, d'impressions et de manuscrits littéraires et musicaux. Il est possible d'y voir, au fil des différentes expositions temporaires, des originaux de Beethoven ou de Schubert, des lettres de Mozart ou de George Washington, des trésors d'enluminures et éditions illustrées du Moyen Age à la Renaissance. Deux pièces sont notamment remarquables : The West Room, ancien bureau d'études de Morgan conservé intact, et The East Room, bibliothèque qui présente une collection impressionnante de livres rares, manuscrits musicaux signés et de différents objets ramenés par Morgan lors de ses nombreux voyages en Europe. Les ouvrages exposés changent régulièrement. Une seule pièce de la collection permanente est visible à longueur d'année : une bible imprimée par Gutenberg en 1455. Ce musée en possède trois exemplaires sur les onze existant dans le monde.

■ MUSEUM OF ARTS & DESIGN

2 Columbus Circle
✆ +1 212 299 7777
www.madmuseum.org
info@madmuseum.org
M° 59th Street-Columbus Circle (A, B, C, D, 1, 2). Bus : M10, M20, M5.
Ouvert du mardi au dimanche de 10h à 18h, le jeudi jusqu'à 21h. 18 US$, moitié prix le jeudi de 15h à 18h.

Cette belle tour *design*, qui domine Columbus Circle depuis 2008, recèle une collection dédiée aux Arts & Design. Les collections permanentes

Museum of Arts & Design.

comprennent plus de deux mille objets, allant des bijoux aux meubles, en passant par l'argenterie, la porcelaine ou le numérique. Des expositions temporaires sont également organisées. Ce musée est l'un des seuls musées à proposer des résidences artistiques publiques, permettant aux visiteurs de rencontrer les artistes au travail. Ne manquez pas la belle boutique d'objets *design*, accessible sans ticket.

■ MUSEUM OF MODERN ART (MOMA) ★★★★
11 West 53rd Street, Midtown
✆ +1 212 708 9400
Voir page 19.

■ NEW YORK PUBLIC LIBRARY ★★
476 5th Avenue, Midtown
✆ +1 212 930 0800
Voir page 19.

■ ROCKEFELLER CENTER ★★★★
45 Rockefeller Plaza, Midtown
✆ + 1 212 698 2000
Voir page 17.

■ TOP OF THE ROCK ★★★★
30 Rockefeller Plaza, Midtown
✆ +1 212 698 2000
Voir page 18.

■ SAINT PATRICK'S CATHEDRAL ★★★
5th Avenue, entre 50th et 51st Streets
Midtown
✆ +1 212 753 2261
www.saintpatrickscathedral.org
M° 5 Avenue-53 St (lignes E, M).
Ouvert tous les jours de 6h30 à 20h45.
Siège de l'archidiocèse de New York, Saint Patrick, qui semble dater du Moyen Age, fut construite en réalité entre 1858 et 1879. Si, parmi tous les

Cathédrale Saint-Patrick.

gratte-ciel qui l'entourent, elle paraît bien petite, elle n'en est pas moins la plus grande église catholique et gothique de tous les Etats-Unis. Son intérieur est magnifique. La cathédrale est illuminée de cierges qui se reflètent dans les soixante-et-onze vitraux et la grande rosace. Les grandes orgues n'ont pas moins de neuf mille tuyaux, c'est dire combien les concerts sont grandioses dans cette acoustique parfaite. Si vous êtes là lors de la grande fête irlandaise de la Saint-Patrick, passez-y absolument. Même si elle est très fréquentée, la cathédrale offre un incroyable sentiment de quiétude, en plein cœur de la ruche que forme la zone du Rockefeller Center. Il n'est pas impossible que vous tombiez sur le mariage d'une riche famille, très fréquents dans cette église. Même pendant la cérémonie, l'édifice religieux est ouvert, mais la croisée du transept et le choeur ne sont pas accessibles.

Summit One Vanderbilt.

■ SUMMIT ONE VANDERBILT

45 East 42nd Street
www.summitov.com
hello@summitov.com
Entrée située dans le hall principal de Grand Central Terminal.
Consulter le site pour les horaires les plus récents. Summit : à partir de 39 US$. Summit Ascent : à partir de 59 US$.

Summit est LE nouvel observatoire incontournable de New York ! Perché au sommet de la One Vanderbilt, tour flambant neuve à deux pas de Grand Central Terminal, il est constitué de trois étages avec des espaces ludiques et interactifs. Les jeux de miroir et de transparence donnent une impression d'infini, à l'image de la *skyline* qui s'étale de tout son long devant le visiteur ébahi. Ici, le Chrysler Building, majestueux, se partage la vedette avec Bryant Park, les gratte-ciel de Midtown et ceux plus éloignés du Financial District. Sur le site Internet, plusieurs catégories de prix sont proposées. En sélectionnant l'expérience Summit Ascent, un peu plus chère, vous pourrez monter dans l'ascenseur entièrement vitré qui se trouve le long de la façade – à l'extérieur du bâtiment ! – et qui grimpe 40 m plus haut pour atteindre les 364 m, juste en face de l'Empire State Building. Saisissant !

■ TIMES SQUARE

Broadway et 7th Avenue, entre 42nd et 47th St
Voir page 15.

■ UNION SQUARE ★★★

De East 14th Street à East 17th Street
M° 14th Street-Union Square (lignes 4, 5, 6, L, Q, R, W).

Au début des années 1980, c'était encore un repaire de dealers et de junkies. Nettoyé, rénové et pacifié, ce grand square côtoie à présent, sans complexes, des immeubles d'habitation huppés et de nombreux restaurants à la mode. Il est même devenu lieu de vie à part entière où se côtoient des danseurs de hip-hop, des joueurs d'échecs, des caricaturistes, des groupes de musique, et un marché bio. Ce dernier s'installe tous les lundis, mercredis, vendredis et samedis de 8h à 18h. En tant que Français, vous serez peut-être déçu du peu de légumes et fruits frais. Néanmoins quelques tentes valent le détour pour leurs pains, leurs confitures ou encore leurs pâtisseries. En journée, les étudiants, touristes, flâneurs et travailleurs en pause viennent chauffer les bancs d'Union Square en papotant, gardés par le regard bienveillant des statues de Gandhi, Lafayette, Lincoln ou Washington. Au sud de la place, en haut d'un building, le 1 Union Square South, vous remarquerez un immense nombre à 15 chiffres défile constamment. La plupart des New-Yorkais ne connaissent pas sa signification. Ce chiffre est une œuvre d'art, *The Metronome*, datant de 1999. Il s'agit d'une horloge numérique. Les sept premiers chiffres sont tout simplement l'heure de la journée (heures, minutes, secondes et dixième de secondes). Les six derniers sont, en partant de la gauche, le nombre de dixième de secondes, de secondes, de minutes, et d'heures restant jusqu'à minuit. Le chiffre du milieu est aléatoire et change toutes les millisecondes.

■ UNITED NATIONS HEADQUARTERS ★

1st Avenue et 46th Street
✆ +1 212 963 8687
unitg@un.org
M° Grand Central-42nd Street (lignes 4, 5, 6, 7, S).
Les visites guidées sont suspendues jusqu'à nouvel ordre.
Le bâtiment est bordé côté cour par les drapeaux de ses 193 Etats membres et, côté jardin, par de somptueux buissons de roses. Le parc offre une vue magnifique sur l'East River. Dans le vaste centre d'accueil se déroulent des expositions temporaires et gratuites. On admirera au passage le vitrail de Chagall ainsi que le pendule de Foucault qui se balance inlassablement au plafond.

Union Square.

◗ **Visites guidées.** Une fois les grilles franchies, vous ne serez plus sur le territoire américain, mais en territoire international. Cette petite portion de Manhattan appartient à tous les Etats membres. Ici, il n'y a pas une langue officielle, mais six : l'anglais, l'arabe, le chinois, l'espagnol, le français et le russe. La visite est instructive, contradictoire, et tellement d'actualité ! La découverte de l'ONU avec ses salles de réunions (Conseil de sécurité, assemblée générale, Conseil économique et social) permet de humer l'ambiance de cette ruche politique (la plupart du temps, il est vrai, à travers des baies vitrées). Les visites sont dirigées par des guides polyglottes, et le public est l'illustration physique du début de la charte : « *Nous, peuples des Nations unies* ». Elles débutent par une découverte de l'immense librairie de l'ONU et s'achèvent au sous-sol, où se trouvent la poste de l'ONU, les comptoirs de l'UNICEF et de l'UNESCO, un centre de renseignements pour en savoir plus sur l'histoire des Nations Unies, et la boutique qui vend les drapeaux du monde entier. La visite dure environ 1h45 et vous permettra d'en savoir plus sur le rôle de l'ONU dans le monde, son financement, ses actions, et sur les (nombreux) conflits auxquels l'organisation doit faire face actuellement.

■ **VESSEL – HUDSON YARDS**
20 Hudson Yards
Hudson Yards
✆ +1 332 204 8500
www.hudsonyardsnewyork.com
press@hudsonyardsnewyork.com
M° 34th St-Hudson Yards (ligne 7).
Il est paradoxal que dans la ville où Elisha Graves Otis installa ses premiers ascenseurs, qui permirent aux édifices de partir gratter le ciel, la mode soit aux escaliers ! La structure compte en effet plus de 150 volées d'escaliers avec un total de 2 500 marches ! Cette construction est constituée d'alvéoles cuivrées et haute de 50 mètres. Malheureusement, suite à plusieurs suicides, il n'est pour l'instant plus possible de gravir les marches du Vessel, que l'on se contentera d'admirer d'en bas ou depuis le centre commercial aux baies vitrées qui lui fait face.

SE RESTAURER

PAUSE GOURMANDE

■ **MAH ZE DAHR**
641 W 27th St, Chelsea
mahzedahrbakery.com
M° 34th Street-Hudson Yards (ligne 7).
Ouvert du lundi au jeudi de 7h à 20h, le vendredi de 7h à 21h, le samedi de 8h à 21h et le dimanche de 8h à 20h.
Un établissement reconnu pour ses brownies moelleux, ses brioches donuts, et ses *banana breads*. Impossible de passer devant la vitrine sans acheter une pâtisserie !

BIEN ET PAS CHER

■ **BURGER JOINT**
Dans le Parker Meridien
119 West 56th Street
Midtown West
✆ +1 212 708 7414
www.burgerjointny.com
info@burgerjoint.nyc
M° 57th Street (lignes N, Q, R, W).
Ouvert tous les jours de 11h à 22h. Burger à 10 US$.

Un *speakeasy* caché dans le lobby du Parker Meridien, qui fait déplacer les foules non pas pour ses cocktails mais pour ses burgers. L'endroit est tout petit et les tables sont prises d'assaut à peine libérées, preuve que le secret a fuité depuis bien longtemps. Ce *diner* nous fait voyager dans les années 1980, avec ses *booths* en bois, sa télé qui grésille et ses murs recouverts de graffitis. Ici, pas de service à table, il faut commander au comptoir puis croiser les doigts pour trouver une table. Paiement en espèces uniquement.

■ **CITIZENS OF CHELSEA**
401 W 25th Street
Chelsea
✆ +1 212 372 7663
www.citizens.coffee
M° 23rd Street (lignes C, E).
Ouvert en semaine de 8h à 17h, le week-end jusqu'à 18h. Plats à 15 US$.
Un énième lieu dédié au brunch à New York, sauf que celui-ci est d'inspiration australienne. Le cadre, très tendance, boisé avec des plantes vertes un peu partout, plaît beaucoup aux *Millennials.* Pas de surprise au niveau des plats : oeufs pochés, Bénédicte ou frits, gaufres, avocats à gogo mais aussi, pour ceux qui surveillent leur ligne, des bols avec plein de choses saines dedans. Tout est bon, y compris les boissons. Comme souvent dans ce genre d'endroits, les réservations ne sont pas acceptées, mieux vaut donc y aller en semaine pour éviter l'attente.

■ **COPPELIA**
207 W 14th Street
Chelsea
✆ +1 212 858 5001
www.ilovecoppelia.com
info@coppelianyc.com
M° 14th Street (lignes 1, 2, 3).
Ouvert tous les jours de 8h à 22h. Plats entre 10 et 22 US$.
Un *diner*, oui, mais pas dans le genre de ceux que l'on trouve habituellement à New York ! Coppelia est un restaurant cubain dont la propriétaire, qui l'a ouvert en 2011, nous vient tout droit de La Havane. Pourtant, la fontaine à soda, les banquettes *vintage*, les *milkshakes* en dessert et la façade édulcorée nous rappellent bien l'ambiance *diner* à l'américaine. La nourriture, de bonnes spécialités cubaines qui côtoient quelques plats américains, est généreuse et pleine de saveurs. On apprécie l'ambiance familiale et bon enfant.

■ **ELLEN'S STARDUST DINER**
1650 Broadway
Midtown West
www.ellensstardustdiner.com
M° 50th Street (1), 49th Street (N, Q, R), 7th Avenue (B, D, E).
Ouvert jeudi et vendredi de 16h à 22h, samedi de 11h à 22h et dimanche de 11h à minuit. Plats de 15 à 25 US$.
Une comédie musicale pendant le repas ? Voilà ce que propose ce célèbre *diner* où les serveurs – qui sont aussi des jeunes chanteurs-danseurs en devenir – interprètent pendant leur service les plus grands titres des comédies musicales de Broadway. Pour vous donner une idée de l'atmosphère, pensez à la scène de la danse dans *Pulp Fiction.*
Le décor de ce *diner* style années 80 est kitsch à souhait mais participe à l'ambiance. Certes, il n'y a pas l'ombre d'un New-Yorkais par ici, mais c'est une chouette expérience pour qui ne peut pas s'offrir un broadway *show.*

© YAKITORI TORI SHIN

Yakitori Tori Shin.

■ **YAKITORI TORI SHIN**
362 W 53rd Street
Hell's Kitchen
✆ + 1 212 988 8408
www.torishinny.com
torishin.restaurant.nyc@gmail.com
M° 50 St (lignes C, E).
Ouvert du mardi au dimanche de 17h à 22H. Brochettes à partir de 5 US$, menu Omakase à 75 US$.
Offrez-vous une expérience dînatoire étonnante à ce restaurant japonais qui se spécialise dans les yakitoris, ces brochettes cuites sur le grill qui sont traditionnellement à base de poulet. Les tables sont disposées autour de la cuisine et du bar, et la distraction est constante.
Les poulets sont importés du Japon, ce qui explique le choix incroyable de morceaux de viande (le cou, le gésier, le cœur, etc.). D'autres brochettes sont au menu : oeufs de caille, canard, porc ou légumes. Petit plus, les très bons sorbets au basilic ou au thé vert.

BONNES TABLES

■ **BLACK TAP**
136 W 55th Street
✆ +1 212 315 4356
www.blacktap.com
M° 7 Avenue (lignes E, B, D).
Ouvert du lundi au jeudi de 12h à 22h, vendredi et samedi de 11h à 23h, dimanche de 11h à 22h. Burgers : 17-22 US$.
Une super adresse pour manger un burger après avoir arpenté Times Square ou assisté à une comédie musicale. La grande salle de restaurant, décorée avec des œuvres de *street art*, ne désemplit pas, surtout à l'heure où les théâtres de Broadway se vident de leurs spectateurs. Ici, il ne faut pas chercher midi à quatorze heures : on opte pour le burger... mais encore faut-il savoir lequel, puisque le menu en propose une bonne dizaine ! Ceux avec le bœuf wagyu sont particulièrement savoureux, et la cuisson est respectée. Une très bonne option dans le quartier.

LA FOLIE DES FOOD-COURTS

Les *food courts* (ou *marketplace*), ensembles de mini-stands gastronomiques qui laissent l'embarras du choix au consommateur, fleurissent dans la ville. En général, on trouve une grande variété de cuisines et types de restaurants dans ces lieux, mais la tendance ces dernières années est aux *foods courts* qui mettent à l'honneur une gastronomie nationale. Eataly, le premier *food court* à avoir remporté un tel succès, célèbre par exemple la cuisine italienne, là où Le District met en avant la cuisine hexagonale. Quant à Mercado Little Spain, le petit nouveau, il offre un beau tour d'horizon des réjouissances gastronomiques espagnoles.

■ **LE DISTRICT**
Brookfield Place
225 Liberty Street
Financial District
✆ +1 212 981 8588
www.ledistrict.com
info@ledistrict.com
M° Cortland Street (lignes R, W) et Fulton Street (ligne A, C, 4, 5).
Ouvert tous les jours. Les horaires varient en fonction des commerces.
Ouvert depuis 2015 Le District est un immense marché couvert de 3 000 m² où se vendent des produits locaux de grande qualité ainsi que de nombreux produits importés de France : confiture, moutarde, huile, etc. Le District, c'est aussi plusieurs commerces dont une boulangerie (qui fait de très bons sandwichs au pâté ou au jambon), une fromagerie, un boucher, un café et trois restaurants français. Comme partout à New York, tout ce qui touche à la France est onéreux. Un lieu qui attire surtout les expats en manque de bons produits français et les Américains fins connaisseurs.

■ **EATALY**
Face au Flatiron Building, 200 5th Avenue
Flatiron District
✆ +1 212 229 2560
www.eataly.com
M° East 23rd St (lignes W, R)
Ouvert tous les jours de 9h à 22h. Plats de 15 à 30 US$.
Un lieu immense déconseillé aux agoraphobes. Mais que de choix ! Imaginé par un trio de restaurateurs extrêmement respectés à New York, l'espace est agencé comme un lieu gourmet. A chaque restaurant, son thème : pizza et *pasta*, poisson, viande, *gelatateria*, *wine bar*... Eataly, ce sont aussi des supermarchés avec des produits européens, des cafés, un glacier, etc. L'ensemble n'est pas donné, notoriété oblige, mais le lieu mérite le détour même si vous ne consommez rien. Le succès est tel qu'Eataly a ouvert une deuxième antenne dans le Financial District.

▸ **Autre adresse :** Four World Trade Center, F3 ✆ +1 212 897 2895

LA FOLIE DES FOOD-COURTS

■ **MERCADO LITTLE SPAIN**
10 Hudson Yards
Hudson Yards
✆ +1 646 495 1242
www.littlespain.com
hola@littlespain.com
M° 34th St-Hudson Yards (ligne 7).
Ouvert tous les jours de 11h30 à 22h (les horaires varient selon les stands). De 20 à 30 US$ par repas.
Voilà le nouvel endroit *trendy* du quartier d'Hudson Yards, récemment sorti de terre... Mercado Little Spain est un peu à l'Espagne ce qu'Eataly est à l'Italie et le District à la France. Il s'agit d'un grand *food court* qui propose d'authentiques spécialités espagnoles. Les prix sont certes un peu élevés, mais la qualité est là. Commandez du *manchego* à un premier stand, une assiette de *paella* à un autre, imitez les Espagnols autour de vous qui demandent au serveur de leur apporter un *tinto de verano* (pas au menu), et vous passerez un excellent moment.

■ COSME

35 E 21st St, Flatiron District
✆ +1 212 913 9659
www.cosmenyc.com
info@cosmenyc.com
M° 23rd St (lignes 6, R, W).
Ouvert tous les jours, midi et soir. Plats de 20 à 40 US$.

Ce restaurant mexicain a été récompensé d'une étoile Michelin en 2016. Au menu, de vraies spécialités comme les *tacos al pastor* (le porc est cuit selon une méthode typique du centre du Mexique) et les *carnitas* (viande braisée à la coriandre et aux oignons). En dessert, à ne manquer sous aucun prétexte : la meringue au maïs, souvent considéré comme l'un des meilleurs desserts de New York. Les cocktails sont absolument divins, surtout si vous les aimez épicés et pleins de saveurs fruitées. Allez-y les yeux fermés, ne serait-ce que pour boire un verre.

■ IPPUDO WESTSIDE

321 W 51st Street, Midtown West
✆ +1 212 388 0088
www.ippudony.com
M° 50th Street (lignes A, C, E).
Ouvert tous les jours de 11h à 21h45. Plats à 20 US$.

Ce restaurant japonais qui est né à Fukuoka dans les années 1980 a pris ses quartiers new-yorkais (dans l'East Village tout d'abord) en 2013. Il propose de délicieux *ramens*, ces soupes de nouilles à base d'un bouillon de poisson ou de viande. D'autres spécialités japonaises sont au menu, comme l'*okonomiyaki*, ce pancake salé à base de chou typique d'Osaka. Absolument tout est réalisé sur place. Impossible de faire une entrée discrète, car à chaque fois qu'un client pénètre dans la salle, tout le personnel s'exclame « Bienvenue ! » en japonais.

Merakia.

■ MERAKIA

5 W 21st Street, Flatiron District
✆ +1 212 380 1950
www.merakia.com
reservations@merakia.com
M° 23rd St (lignes W, R).
Ouvert du mardi au jeudi de 17h à 22h, le vendredi et le samedi de 17h à 23h. Plats de 20 à 40 US$.

Le Merakia est un restau-lounge à la croisée de la tradition grecque et de la classique *steakhouse* américaine, proposant des plats inspirés et contemporains. En plus d'une déco finement travaillée, tout en élégance, on y mange aussi bien que sainement : brochettes d'agneau et de poulet marinées, *kleftiko* (boule de pain-fromage fourrée à la viande et aux légumes), sans oublier la star du lieu, le *Dancing with the Lamb*, une pièce d'agneau marinée pendant 48h servie avec une salade de pommes de terre et feta. Un lieu chaleureux, à découvrir pour un verre ou un repas.

■ **OCABANON**
245 West 29th Street
Midtown
✆ +1 646 669 7879
www.ocabanon.com
contact@ocabanon.com
M° 28 St (lignes 1, 2).
Ouvert du lundi au vendredi de 12h à minuit et le samedi de 16h à 21h. Plats de 20 à 42 US$.

Ce lieu rappelle ce coin de cuisine au fond du jardin, où nos grands-mères faisaient mijoter des petits plats, où l'on discutait et l'on passait du bon temps : un cabanon ! Ce restaurant à l'ambiance bon enfant ravit aussi bien les palais français qu'américains dans l'atmosphère détendue d'un bistro. Au menu, des préparations fines et variées : risotto poireaux-carotte, rata-

GRAND CENTRAL : VILLE GASTRONOMIQUE DANS LA VILLE

Grand Central, deuxième gare de New York (et de loin la plus jolie), s'impose comme l'un des grands carrefours gastronomiques de Midtown. Dans ce secteur de bureaux, elle est un lieu de convergence des hommes et femmes d'affaires du quartier. Des boutiques, restaurants et un marché de produits frais – le Grand Central Market – occupent le niveau inférieur : une enfilade de petits restos ethniques – le Dining Concourse – offre toutes sortes de possibilités pour déjeuner à prix serré et, dans un registre luxe et mythique, le célèbre Oyster Bar vous attend. Enfin, ne manquez pas The Campbell pour une pause cocktail résolument *british*. Tenue correcte exigée !

■ **GRAND CENTRAL OYSTER BAR**
Grand Central Station
89 East 42nd Street
Midtown East
✆ +1 212 490 6650
www.oysterbarny.com
jpoccia@oysterbarny.com
M° 42nd Street-Grand Central Station (lignes 4, 5, 6, 7, S).
Ouvert du lundi au vendredi de 11h30 à 20h30. Huîtres à 3 US$ pièce.
Dans la très belle et vaste salle de 1913, cachée au sous-sol de la plus belle gare new-yorkaise, 1 800 clients se pressent chaque jour, pour une consommation annuelle de 1,7 million d'huîtres fraîches ! L'une des meilleures sélections de vins du pays et des arrivages très frais d'huîtres et de poissons : espadon, truite, sole, maquereau, raie, esturgeon, thon, loup, etc. Une atmosphère trépidante à midi, quand tous les bureaux voisins dégorgent leurs flots de cadres et de secrétaires, et décontractée le soir. Bref, une authentique expérience new-yorkaise.

touille à la burrata, branzino mariné, pâtés de campagne et l'étonnante tarte Tatin de tomates cerises, à accompagner de l'un des très bons vins soigneusement conservés dans la cave.

■ OSCAR WILDE

45 W 27th Street
Nomad
✆ +1 212 213 3066
www.oscarwildenyc.com
info@oscarwildenyc.com
M° 28th Street (lignes R, Q, W, 6).
Ouvert en semaine de 16h à 1h (2h jeudi et vendredi), le week-end de 11h à 2h. Plats autour de 25 US$.

Ici, tout est un hommage au poète irlandais Oscar Wilde. Une sculpture en bronze le représentant est d'ailleurs installée près de l'entrée. Une fois à l'intérieur, on est plongé dans un opulent décor victorien : long bar surmonté de tireuses à bière dorée, amoncellement de cadres et miroirs sur chaque recoin de mur, grande cheminée, en marbre elle aussi. Au menu, des spécialités américaines et britanniques. Le *fish and chips* est l'un des meilleurs de la ville. Pour les fêtes de fin d'année, le restaurant revêt ses habits de lumière pour un résultat époustouflant !

LUXE

■ UNION SQUARE CAFE

101 E 19th Street
Union Square
✆ +1 212 243 4020
www.unionsquarecafe.com
info@unionsquarecafe.com
M° 14th Street – Union Square (lignes 4, 5, 6, N, Q, R, W, L).
Ouvert tous les jours à partir de 17h, et du mercredi au dimanche de 11h30 à 15h pour le déjeuner. Plats de 20 à 45 US$.

C'est l'une des meilleures cuisines américaines de Manhattan, à en croire les gastronomes. Le décor est sobre, le service irréprochable, et la carte se démarque par son inventivité : canard au citron et à la poire cuite dans le miel, flan d'épinards, filet mignon de thon et aubergines grillées, cailles rôties aux champignons, et un plat du jour qui change quotidiennement. Une étape gastronomique hautement recommandable, gérée de main de maître par le célèbre chef Danny Meyer, auteur du livre à succès *Union Square Café Cookbook*.

▸ **Autre adresse :** Gramercy Tavern ou Shake Shack.

SHOPPING

■ AMERICAN GIRL STORE

75 Rockefeller Plaza
Midtown
✆ +1 877 247 5223
www.americangirl.com
M° 5 Av/53 St (lignes E, M).
Ouvert tous les jours de 11h à 18h, le samedi jusqu'à 19h.

Si les poupées s'animaient façon *Toy Story* et pouvaient faire du shopping, nul doute qu'elles se rueraient dans cet immense magasin de 4 000 m². Il n'est pas question ici de vêtements et d'accessoires pour enfants mais pour poupées ! Le choix est impressionnant, très kitsch et avec une certaine prédominance pour le rose. On peut aussi y acheter des poupées, bien évidemment, et ensuite prendre des photos avec elles dans le studio prévu à cet effet pour donner vie au jouet. A noter que le magasin ne vend pas de Barbies.

AUTHENTIQUES PAST AND PRESENT

255 West 18th St
Chelsea
✆ +1 212 675 2179
M° 14th Street (lignes A, C, E), et 8th Avenue (L).
Ouvert du mercredi au samedi de 12h à 18h, le dimanche de 13h à 18h.
Le temple du kitsch ! C'est d'ailleurs dans ce magasin que se rendent les décorateurs des comédies musicales de Broadway et des films lorsqu'ils doivent recréer une ambiance très années 1960-1970. A chaque occasion, d'ailleurs, le magasin met le paquet et déborde de choses insolites dans la thématique (objets romantiques et cœurs à gogo pour la Saint Valentin, bibelots et vaisselles de couleur verte pour la Saint-Patrick, etc). On y trouve aussi des centaines d'objets uniques de décoration de Noël, et ce tout au long de l'année !

BLOOMINGDALE'S

1000 3rd Avenue
Upper East Side
✆ +1 212 355 5900
M° 59th Street (lignes N, R, W, 4, 5 et 6).
Ouvert du lundi au samedi de 11h à 20h, et dimanche de 11h à 19h.
Bloomingdale's est le fruit d'une longue passion entre New York et la mode. Avec ses dix étages et un périmètre de quatre *blocks*, Bloomies peut se proclamer meilleur grand magasin du monde. On est loin de la petite boutique de mode créée vers 1870 par les frères Bloomingdale. Dans les années 1960-1970, il était de bon ton d'y faire son shopping le samedi après-midi. La tradition est toujours respectée, les femmes sortent les bras chargés des symboliques *brown bags*. Mode féminine, masculine, pour enfants, linge de maison, rayon meubles et de décoration intérieure.

DAVE'S NEW YORK

581 6th avenue
Chelsea
✆ +1 212 989 6444
www.davesnewyork.com
davesny@davesnewyork.com
M° 14th Street (lignes 1, 2, 3).
Ouvert du lundi au samedi de 10h à 18h.
L'une des valeurs sûres du shopping à New York depuis de longues années. Vous trouverez pas mal de choix chez Dave's (Levi's, Carhartt, Schott, Red Wings, Nobis...), et à des prix jusqu'à 30 % inférieurs à ceux des boutiques de Broadway. Vous serez accueilli par une équipe sympathique de vendeurs, qui, de surcroît, parlent plusieurs langues : français, espagnol, italien... A noter : il est possible de commander sur le site DavesNewYork.com et de se faire livrer à l'étranger. Une fois n'est pas coutume, le magasin s'adresse avant tout aux hommes.

MACY'S

Garment District
151 West 34th Street
à l'angle d'Herald Square
✆ +1 212 695 4400
M° 34th Street (lignes B, D, Q, F, N, W et R).
Ouvert du dimanche au jeudi de 11h à 21h, le vendredi et le samedi de 11h à 22h.
Si le risque de ne pas pouvoir mettre la main sur un vendeur, après trois kilomètres de rayonnages, ne vous dissuade pas, vous trouverez absolument de tout à Macy's : vêtements de marques pour hommes et femmes, fourrures,

© ROBERT CICCHETTI – SHUTTERSTOCK.COM

Le magasin Macy's.

fleurs, ordinateurs, cosmétiques, chaussures (8 rayons), argenterie, articles de sport, jouets... Les prix ne sont pas toujours très abordables, car les articles sont ceux des dernières collections. Les sous-sols abritent un *food court* où se restaurer. A découvrir aux derniers étages, des escalators en bois qui sont d'origine (1908).

■ MADEWELL

Entre la 18e et la 19e rue.
115 5th Avenue
Flatiron District
✆ +1 212 228 5172
www.madewell.com
contactus@madewell.com
M° Union Square (lignes N, Q, R, W, L, 4, 5, 6).
Ouvert du lundi au samedi de 10h à 20h, le dimanche de 11h à 19h.
Magasin annexe du très BCBG J-Crew, Madewell est la version plus jeune et cool. Une qualité remarquable et des prix abordables font le succès de cette chaîne.

■ T.J. MAXX

1er étage
620 6th Avenue
Chelsea
✆ +1 212 229 0875
M° 14th Street-Union Square (lignes 4, 5, 6, L, N, Q, R, W).
Ouvert du lundi au samedi de 9h à 21h30 et le dimanche de 9h à 20h.
Cet immense magasin est un *bargain store*, organisé par marques ou par type de vêtements, et le choix est assez large, de Ralph Lauren à Quicksilver sans oublier de nombreux étalages Levi's. Tout est vendu à prix réduit.
Plus que des vêtements, on trouve des bijoux, de la lingerie, des parfums, des cadeaux, des objets pour la maison et notamment pour la cuisine, des jouets, des bagages. Ces magasins reçoivent des arrivages tous les jours, il n'y a donc aucun suivi des articles proposés. La patience et l'acharnement sont donc nécessaires pour faire de bonnes affaires.

LES GALERIES D'ART SONT À CHELSEA

■ **GAGOSIAN**
555 W 24th Street, Chelsea
✆ +1 212 741 1111
www.gagosian.com
newyork@gagosian.com
M° 23rd Street (lignes C et E). A l'angle de 11th Avenue.
Ouvert du mardi au samedi de 10h à 18h.
Cette adresse est l'une des six adresses de la galerie dans Manhattan. Gagosian a travaillé avec Francesco Clemente, les peintres Philip Taafe et David Salle, le sculpteur conceptuel Walter de Maria. Il s'occupe de la succession d'Yves Klein. La galerie organise des expositions de niveau muséologique, à partir de collections privées : Black Enamel Paintings de Jackson Pollock, Blue Balls de Sam Francis, Shadow Paintings d'Andy Warhol, Bolsena Paintings de Cy Twombly et des sculptures de Brancusi. Tout un programme pour la galerie la plus respectée de NY.

◗ **Autres adresses :** 522 West 21st Street • 976 Madison Avenue • 980 Madison Avenue • Park & 75

■ **MATTHEW MARKS GALLERY**
523 W 24th Street, Chelsea
✆ +1 212 243 0200
www.matthewmarks.com
info@matthewmarks.com
M° 23rd Street (lignes C, E).
Ouvert du mardi au samedi de 10h à 18h.
Matthew Marks expose, dans ses deux espaces « méga galerie », des photographes parmi lesquels David Armstrong, Nancy Shaver, etc., et des œuvres d'artistes prometteurs tels que Anni Albers, Robert Beck, Katharina Fritsh, etc. Des toiles de Nayland Blake, Willem de Kooning, Andreas Gursky, Roni Horn ou Gary Hume y furent exposées.

■ **TAGLIALATELLA GALLERIES**
229 10th Avenue, Meatpacking District
www.taglialatellagalleries.com
info@taglialatellagalleries.com
M° 23rd Street (lignes C, E).
Ouvert du lundi au samedi de 10h à 18h.
Au pied de la High Line, cette très belle galerie expose des œuvres de pop art et contemporaines d'artistes reconnus (Andy Warhol, Jean-Michel Basquiat, Keith Haring, Banksy...), méconnus et de jeunes talents, originaires du monde entier. Immense coup de cœur pour les œuvres de Mr. Brainwash, peintre français et protégé de Banksy qui juxtapose des graffitis sur des photos historiques ou d'icônes. Si vous avez les moyens, vous pourrez vous offrir l'une de ses toiles... Des œuvres d'une rare qualité pour une galerie dont l'accès est entièrement gratuit !

SORTIR

CAFÉS - BARS

■ BAR NINE

807 9th Avenue
Hell's Kitchen
✆ +1 212 399 9336
www.bar9ny.com
bar9ent@gmail.com
M° 7th Avenue (lignes B, D, E).
Horaires en fonction de la programmation, consulter le site Internet.
On adore le concept de ce bar où se déroulent des *battles* de piano endiablées chaque semaine du mercredi au samedi ! Deux pianistes/chanteurs s'affrontent sur des chansons choisies par le public, qui se prête au jeu en participant à une sorte de mise aux enchères : le plus offrant voit la chanson de son choix interprétée (le minimum étant 5 US$). Soyez prévenu : à mesure que la soirée avance, l'ambiance est de plus en plus déchaînée !

■ LE CHALET

L'Avenue at Saks
611 5th Avenue
Midtown East
✆ +1 212 940 4099
www.saksfifthavenue.com
M° 47th-50th Streets-Rockefeller Center (lignes B, D, F, M).
Ouvert tous les jours de 11h à minuit, le dimanche de 11h à 22h. Cocktails à partir de 19 US$.
Le magasin Saks Fifth Avenue cache un secret... Au huitième étage se trouve un bar intimiste conçu par Philippe Stark. L'endroit ressemble à un chalet de montagne ultra classe, avec une déco plutôt originale.

© TOM PEPEIRA – ICONOTEC

Façade de l'Empire Theatre aux environs de Times Square.

Pendant les beaux jours, la terrasse offre un panorama assez unique sur le Rockefeller, la Cinquième Avenue et l'Empire State Building. Le Chalet fait partie du restaurant L'Avenue, situé un étage au-dessus. C'est le nouveau lieu tendance, allez-y pour l'ambiance et pour les *celebrity sightings.* Kim Kardashian, Mariah Carey et Jimmy Fallon sont des habitués.

■ FRYING PAN

Pier 66, Hudson River Park
207 12th Ave
Chelsea
✆ +1 212 989 6363
www.fryingpan.com
info@fryingpan.com
M°34th Street-Hudson Yards (ligne 7).
Ouvert d'avril à octobre tous les jours de 12h à minuit, le reste de l'année si le temps le permet. Bières à 5 US$.

Boire un verre à bord d'un bateau, ça vous tente ? On parle ici d'un bateau-phare datant de 1929 qui a écumé les eaux de la côte Est pendant 30 ans avant de jeter l'ancre sur les bords de l'Hudson River, au pier 66. Le bar-restaurant s'appelle en réalité Pier 66 Maritime & Grill, mais les habitués parlent toujours de « *the Frying Pan* ». Le lieu est peu méconnu des touristes, ce qui ne l'empêche pas d'être bondé les week-ends lorsqu'il fait bon. Commandez une bière et installez-vous sur le pont pour profiter du coucher de soleil sur le New Jersey et sur Manhattan.

■ THE CAMPBELL

Grand Central Station
15 Vanderbilt Avenue
© +1 212 297 1781
www.thecampbellnyc.com
info@thecampbellnyc.com
M° Grand Central-42nd St (lignes 4, 5, 6, 7 et S).

© BENJAMIN HILL

Campbell Apartment.

Ouvert du lundi au samedi à partir de 16h. Cocktails autour de 20 US$. Tenue correcte exigée dans ce bar cossu, qui servit en son temps – 1923 – de lieu de résidence à Joseph Campbell, homme d'affaires émérite. Le bar a conservé le charme suranné de cette époque, avec ses épaisses tentures de velours et ses gros fauteuils club. Un lieu à part, juste à droite de Central Park, prisé le week-end pour ses cocktails. Concerts de jazz tous les samedis à 19h30.

■ VIN SUR VINGT

1140 Broadway
NoMad
© +1 646 922 7700
www.vsvwinebars.com
info@vsvwinebars.com
M° 28th Street (lignes R, W, 6).

Ouvert du lundi au samedi de 16h à 23h. Verres de vin à partir de 12 US$. A quelques encablures du Flatiron, Vin sur Vingt est l'endroit rêvé pour qui souhaite faire une pause bien méritée autour d'un verre de vin et d'une assiette de fromage ou charcuterie, à table ou face au comptoir. Le menu propose une cinquantaine de vins au verre, classés par région : attendez-vous à des noms connus, mais aussi à de belles découvertes. Côté nourriture, on trouve des tartares (de thon ou de bœuf), des salades, des sandwichs, des cassolettes, et quelques classiques français comme les escargots et les rillettes.

▶ **Autres adresses :** 1 West 59th St © +1 646 559 9429 • 100 Riverside Blvd © +1 646 779 9683 • 201 West 11th St © +1 212 924 4442 • 66 West 84th St © +1 646 895 9944 • 66 West Broadway © +1 917 265 8678

BARS AVEC VUE

C'est la spécialité de Midtown. Un endroit classe, un bon verre, une vue inoubliable magnifiée par les lumières de la nuit. A vous sentir l'âme d'un Humphrey Boggart ou d'une Lauren Bacall. Les *Rooftop bars* de Manhattan sont assez chics, alors n'essayez pas d'y entrer en tongs et débardeur !

■ **230 FIFTH**

20e étage, 230 5th avenue, Flatiron District
✆ +1 212 725 4300
www.230-fifth.com – Susie@230-fifth.com
M° 28th Street (lignes 1, R, W, 6).
Ouvert en semaine de 14h à 1h (4h vendredi), samedi de 11h à 4h et dimanche de 11h à 1h. Cocktails à 15 US$.
Le *rooftop* le plus célèbre de New York, on y croise d'ailleurs plus de touristes que de New-Yorkais. La terrasse panoramique de ce bar offre une vue magnifique sur Manhattan et surtout sur l'Empire State Building, situé à seulement 10 *blocks* de là. Le meilleur moment pour se rendre au 230 : le coucher de soleil pour faire de jolies photos et profiter de l'*Happy Hour.* En hiver, si vous souhaitez profiter de la terrasse, l'on vous fournira une couverture ! Si vous arrivez tôt, vous aurez peut-être de la place dans l'une des bulles transparentes, chauffées bien sûr.

■ **GALLOW GREEN**

530 W 27th St, Chelsea
mckittrickhotel.com
gallowgreen@mckittrickhotel.com
M° 23rd Street (lignes C, E).
Ouvert du mardi au dimanche à partir de 17h, fermeture entre 23h et 1h selon les soirs. Cocktails à 18 US$.

© CONOR HARRIGAN FOR THE MCKITTRICK HOTEL

BARS AVEC VUE

S'il n'y avait qu'un bar à découvrir à New York, ce serait celui-là. Situé sur le toit de l'hôtel McKittrick se trouve ce magnifique bar à cocktails. Les boissons, justement, sont si inventives et réussies que vous vous surprendrez à aimer du concombre avec du gin, ou du pamplemousse avec du rhum. Le bar arbore des arbres et de hautes plantes et donne une allure de jungle au lieu. Ajoutez à cela la magnifique vue sur l'Hudson.

■ **THE SKYLARK**
200 W 39th Street
✆ +1 212 257 4577
www.theskylarknyc.com
info@theskylarknyc.com
Ouvert du lundi au vendredi de 16h30 à 00h30. Cocktails à 19 US$.
Situé au 30e étage d'un immeuble du Garment Disctrict, le *rooftop bar* du Skylark est un lieu de rendez-vous assez éblouissant pour un verre *after work*, avec ses vues panoramiques que l'on admire en sirotant des cocktails de haute voltige. L'Empire State Building dresse son immensité juste sous les yeux des convives et, plus bas, les écrans de Times Square projettent leurs lumières sur les façades en verre des buildings voisins. En cas de petit creux, de coquettes assiettes à partager sont au menu. Le Skylark est souvent fermé le week-end pour des événements.

SHIRO KIHAGI, ACTRICE INSTALLÉE À MIDTOWN

Qu'est-ce qui t'a fait choisir New York en tant qu'actrice ?

J'ai toujours su que New York était l'endroit où je voulais faire carrière. Le fait que les plus grands spectacles soient joués ici, mais que l'on puisse en même temps voir de plus petites pièces en dehors de Broadway, a quelque chose de très excitant. En tant qu'artiste, j'adore l'énergie que dégage cette ville et je m'entoure de personnes qui sont comme moi : prêtes à se donner à fond et à travailler dur tout en profitant de chaque instant. Certains acteurs sont intimidés par le fait de devoir faire des auditions, mais c'est ce qui me motive et m'encourage. Je sais que de nombreux acteurs ressentent cette appréhension mais cela ne les empêche pas de se donner les moyens de réaliser leur rêve. Quand je suis arrivée à New York après avoir obtenu mon diplôme dans une école de cuisine, j'ai tout de suite su que c'était ici qu'il fallait que je m'installe pour devenir actrice à plein temps.

Quelles sont tes salles préférées pour voir des spectacles à New York ?

Il y a un vaste choix pour ce qui est du théâtre, mais j'ai tendance à privilégier les pièces qui ne sont pas sur Broadway. J'aime particulièrement les histoires qui suivent des personnages venant d'ailleurs. De plus en plus de ces histoires deviennent *mainstream* et je trouve ça fabuleux. Les théâtres que je fréquente le plus sont le MCC Theatre, le Bushwick Starr et le Cherry Lane, pour ne citer qu'eux. Honnêtement, je vais là où l'on raconte des histoires qui me parlent. C'est arrivé dans les théâtres que je viens de citer, mais pas seulement. Ce qu'il faut savoir, c'est qu'il y en a pour tous les goûts !

Concrètement, à quoi ressemble ton quotidien d'actrice ?

© SHIRO KIHAGI

Ça peut varier. Si je joue dans une pièce de théâtre, je passe le plus clair de mon temps en répétition. Je joue en ce moment dans un spectacle pour lequel je dois être en répétition de 10h à 18h. Cela fait deux fois que je dois m'absenter pendant ma pause déjeuner ou que je dois arriver plus tard pour passer des auditions, et c'est totalement normal dans le métier. Ce qui est bien, c'est que les gens dans ce milieu sont compréhensifs et savent que ça ne s'arrête jamais pour les acteurs. Il est toujours préférable de décrocher son prochain rôle quand on déjà embauché. Je suis également nounou le week-end, ce qui me permet de faire face au coût de la vie très élevé de la Grosse Pomme !

CLUBS ET DISCOTHÈQUES

■ LAVO

39 E 58th Street et Madison Avenue
Midtown East
✆ +1 212 584 2700
www.lavony.com
info@lavogroup.com
M° 59th Street-Lexington (4, 5, 6, N, Q, R).
Ouvert du jeudi au dimanche de 23h à 4h du matin.
Ouvert en grande pompe en 2010, le Lavo s'est imposé comme un incontournable de Midtown (qui manquait de lieux de sorties de ce type). Ultra-glamour, il est rapidement devenu l'un des clubs les plus en vue dans cette partie de la ville qui n'est pas connue pour ses établissements branchés. Les meilleurs DJ du pays et du monde viennent jouer dans cette discothèque tendance et un peu *bling bling* sur les bords. Le lieu est également connu pour abriter un restaurant italien classieux au rez-de-chaussée. Ambiance Saint-Tropez garantie !

Madison Square Garden.

SPECTACLES

■ IRVING PLAZA

17 Irving Plaza
Union Square
✆ +1 212 777 6800
www.irvingplaza.com
M° 14th Street (lignes 4, 5, 6).
Entrée : à partir de 15 US$.
Actuellement l'un des plus importants clubs de rock de New York, d'une capacité de 900 personnes, Irving Plaza accueille des groupes de rock classique, alternatif et metal, mais pas seulement puisqu'il le groupe de rap français IAM s'y est produit en 2018. Le système acoustique est de premier ordre, les angles de vue sont généreux et l'atmosphère est celle d'une salle de bal.

■ MADISON SQUARE GARDEN

4 Penn Plaza
Midtown West
✆ +1 212 465 5800
www.thegarden.com
M° 34th Street-Penn station (lignes 1, 2, 3, A, C, E).
L'un des complexes sportifs et culturels les plus connus, qui accueille chaque année plus de 600 événements. Le Madison Square Garden est avant tout un vaste complexe sportif et le siège des New York Knicks, l'équipe de basket-ball de la ville et des New York Rangers, l'équipe de hockey sur glace. L'arène, qui contient 20 000 places assises, est aussi le seul endroit couvert à New York qui a pu abriter les concerts de monstres sacrés comme Tina Turner, Bruce Springsteen, Elton John ou Luciano Pavarotti. Pour acheter vos billets en ligne : www.ticketmaster.com

BROADWAY SHOWS

Voici une sélection de comédies musicales à ne pas manquer à Broadway, de styles différents et faciles à comprendre même pour les non anglophones.

■ **BEETLEJUICE**
Winter Garden Theatre, 1634 Broadway
✆ +1 212 239 6200
www.beetlejuicebroadway.com
M° 50th Street (lignes C, E, 1).
De 59 US$ à 225 US$. Les spectacles reprennent en avril 2022.
Ce spectacle musical a déjà tout d'un grand : l'année de sa sortie sur Broadway, en 2019, il a été nominé pour huit Tony Awards (il n'en a pas encore gagné, mais laissons-lui le temps). Inspiré du film du même nom de Tim Burton, sorti en 1988, il met en scène un fantôme excentrique qui tente d'apprendre à un couple récemment décédé comment hanter leur maison pour en faire fuir les nouveaux occupants. La mise en scène est absolument époustouflante, l'histoire un brin effrayante, le jeu d'acteur fabuleux, et le tout est à hurler de rire.

■ **JERSEY BOYS**
August Wilson Theatre
245 West 52nd Street
Entre Broadway et 8th Avenue
www.jerseyboysinfo.com
info@jerseyboysinfo.com
M° 50th Street (C, E, 1).
De 50 US$ à 170 US$.
Sur Broadway depuis 2005, ce spectacle retrace l'histoire du célèbre groupe de rock des années 1960 The Four Seasons. La comédie musicale idéale pour les fans de *good old rock'n'roll* ! Lauréat du Tony Award de la meilleure comédie musicale en 2006.

■ **THE LION KING**
Minskoff Theatre
200 West 45th Street
✆ +1 866 870 2717
www.lionking.com
M° 47th-50th Streets-Rockefeller Center (B, D, F, M).
De 60 à 270 US$.
Cette adaptation du chef d'œuvre de Disney est jouée sur Broadway depuis le 13 novembre 1997 et est aujourd'hui la comédie musicale la plus rentable de l'histoire avec un profit de plus de 1,6 milliard de dollars ! Un spectacle époustouflant plein de magie, rythme et mystère. Le Roi Lion divertira autant les petits que les grands. Garth Fagan gagnant du prix Tony signe la chorégraphie et quelques-uns des artistes les plus connus de Broadway comme Elton John et Tim Rice ont mis leur talent en composant les chansons et la musique. A ne pas rater !

BROADWAY SHOWS

THE PHANTOM OF THE OPERA
Majestic Theatre, 247 West 44th Street
✆ +1 212 239 6200
www.thephantomoftheopera.com
tickets@telecharge.com
M° 42nd Street-Port Authority Bus Terminal (A, C, E).
De 25 US$ à 160 US$.
Cette comédie musicale est librement inspirée de l'oeuvre de Gaston Leroux. C'est elle qui tient le record du spectacle le plus joué sur Broadway (en nombre de fois donc, et depuis le plus grand nombre d'années). Inaugurée en 1988, la pièce se joue dans le même théâtre depuis plus de 30 ans, le Majestic Theatre. Imaginez un peu ! Le spectacle a remporté sept Tony Awards, donc celui de meilleure comédie musicale. Aussi spectaculaire soit-elle, sachez que la pièce est un peu longue, elle dure 2 heures 30 avec l'entracte.

TKTS
Duffy Square, 47th Street
entre Broadway et 7th Avenue
www.tdf.org – info@tdf.org
M° Times Square-42nd Street (lignes 1, 2, 3, N, Q, R, W).
Pour les programmes du soir, en semaine de 15h à 20h (dès 11h le mercredi), le samedi de 11h à 20h et le dimanche de 11h à 19h. Pour les matinées, les mardis, jeudis et vendredis dès 11h.
Ce grand kiosque transparent aux lettres rouges au centre de Times Square – vous ne pouvez pas le rater –, vend depuis 1977 les tickets invendus pour la représentation du jour (le ticket acheté doit être utilisé le jour même) et ce pour tous les shows de Broadway, à un prix réduit de 25 à 75 %. TKTS accepte désormais les règlements par carte. Préparez-vous à faire la queue, le jeu en vaut la chandelle.

WICKED
Gershwin Theatre, 222 West 51st Street
Entre Broadway et 8th Avenue
✆ +1 877 250 2929
www.wickedthemusical.com/lang/fr
M° 50th St 8 Ave (lignes C, E).
De 115 US$ à 300 US$.
Instantanément reconnaissable à son affiche verte qui représente une jolie sorcière à chapeau pointu, cette comédie musicale (détentrice de trois Tony Awards) raconte une histoire annexe au livre *Le magicien d'Oz*, inspiré du premier roman de la série de livres de Gregory Maguire. Les costumes sont féeriques, mais l'univers n'est pas si enfantin que l'affiche le laisse supposer, les plus petits seront peut-être un peu effrayés par toutes ces histoires de sorcières ! Quoi qu'il en soit, entre la gentille et la méchante sorcière, votre cœur balancera...

■ **RADIO CITY MUSIC HALL**
A l'angle de West 50th Street
1260 6th Avenue, Midtown
✆ +1 212 247 4777
www.radiocity.com
M° 47th-50th Streets-Rockefeller Center (lignes B, D, F, M).
C'est le plus grand théâtre Art déco du monde – ouvert en 1932 – d'une capacité de près de six mille places, qui se trouve dans l'enceinte du Rockefeller Center. Véritable icône de New York, le Radio City Hall, reconnaissable à ses néons rouges, a failli disparaître. Sauvé de justesse, il accueille désormais des spectacles de music-hall, quelques premières importantes et parfois de grands concerts rock. A ne pas manquer : le spectacle féerique des Rockettes. Ont également été enregistrées en ces lieux des cérémonies des Grammy Awards et des Tony Awards.

■ **SLEEP NO MORE**
530 West 27th Street, Chelsea
✆ +1 212 904 1880
www.mckittrickhotel.com/sleep-no-more
M° 34th St-Hudson Yards (ligne 7).
Tous les soirs à partir de 19h. Entrée : à partir de 120 US$ par personne.
Sleep No More est une pièce de théâtre immersive qui vous plongera en pleine tragédie shakespearienne. Dans cette adaptation libre de *Macbeth*, les personnages évoluent chacun de leur côté, se rencontrant parfois. Quant à vous, vous évoluerez en liberté quasi totale, dans les méandres de ce bâtiment de six étages qui renferme des dizaines de pièces. Vous devrez courir, jouer des coudes, vous pourrez choisir de suivre un ou plusieurs personnages. Les seules règles à respecter : garder le silence et ne jamais ôter le masque que l'on vous aura remis à l'entrée.

© SEAN PAVONE – SHUTTERSTOCK.COM
Radio City Music Hall.

ACTIVITÉS ENTRE AMIS

■ **SPYSCAPE**
928 8th Avenue, Midtown West
✆ +1 212 549 1941
www.spyscape.com
M° 57th St (lignes N, R, Q, W).
Ouvert mercredi et jeudi de 12h à 20h, vendredi et samedi de 11h à 21h, dimanche de 11h a 19h. Entrée : 39 US$.
Davantage une expérience qu'un simple musée, Spyscape propose une immersion dans l'univers des espions, mêlant expositions passionnantes et défis interactifs. Equipé d'un bracelet high-tech contenant votre profil, vous serez confronté à des challenges amusants correspondant aux diverses facettes du métier d'espion et à des défis intellectuels liés à l'univers de l'espionnage. Vos performances seront collectées afin d'établir votre profil d'espion, que vous découvrirez à la sortie. Prévoir entre 1 heure 30 et 2 heures dans le musée, dont l'architecture labyrinthique a été conçue par David Adjaye.

Bethesda Terrace, Central Park.

UPPER WEST SIDE ET CENTRAL PARK

IMMANQUABLE DANS CE QUARTIER

- Se balader dans Central Park et courser les écureuils.
- Visiter le superbe campus de la Columbia University.
- Mesurer les squelettes de dinosaures au musée d'Histoire Naturelle.
- S'offrir un dîner romantique sur Colombus Avenue.

UPPER WEST SIDE ET CENTRAL PARK
Musée
Curiosité
Edifice religieux
Station métro
HUDSON RIVER
Henry Hudson parkway
Henry Hudson Parkway
Riverside Park
Riverside Drive
331 Riverside Drive
West End Avenue
Broadway
Amsterdam Avenue
Colombus Avenue
Manhattan Avenue
Central Park West
MANHATTAN VALLEY
110 St-Cathedral Parkway
West 110 th Street
West 109 th Street
West 108 th Street
West 107 th Street
W 106 th Street
W 105 th Street
W 104 th Street
103 St.
West 103 rd Street
West 102 nd Street
West 101 st Street
West 100 th Street
West 99 th Street
West 98 th Street
West 97 th Street
96 St.
West 96 th Street
West 95 th Street
West 94 th Street
West 93 rd Street
West 92 nd Street
West 91 st Street
West 90 th Street
West 89 th Street
West 88 th Street
West 87 th Street
86 St.
West 86 th Street
Douglas Circle
110 St-Central park North
Frawley Circle
Harlem Meer
The Pool
CENTRAL PARK
Gate of All Saints
97 th Street Transverse Road
Museum Mile
Jacqueline Kennedy Onassis Reservoir
86 th Transverse Road

UPPER WEST SIDE
LINCOLN SQUARE
CENTRAL PARK
HUDSON RIVER
Riverside Park
Henry Hudson Parkway
West Side Highway
Riverside Drive
Freedom Place
West End Avenue
Broadway
Amsterdam Avenue
Colombus Avenue
Central Park West
Central Park South
Museum Mile (5 th Avenue)
65 th Transverse Road
79 th St.
West 83 rd Street
West 82 nd Street
West 81 st Street
West 80 th Street
79 th Street
West 79 th Street
W 78 th Street
W 77 th Street
W 76 th Street
W 75 th Street
W 74 th Street
W 73 rd Street
West 72 nd Street
W 71 st Street
West 70 th Street
W 69 th Street
W 68 th Street
W 67 th Street
West 66 th Street
West 65 th Street
W 64 th St.
63 rd St.
W 62 nd Street
W 61 st Street
West 60 th Street
West 59 th Street
79 St.
72 St.
81 St- Museum of Natural Hist.
66 St- Lincoln Center
59 St- Colombus Circle
5 Av- 59 St.
Hayden Planetarium
Th. Roosevelt Park
American Museum of natural History
Hunter's Gate
Belvedere Castle
Turtle Pond
Metropolitan Museum of Art
The Lake
Coservatory Water
Apthorp Apartments
The Ansonia
Verdi Square
Sherman Square
Dakota Building
19 west 68th Street
Hotel des Artistes
Museum of American Folk Art
Lincoln Square
Lincoln Center
New York State Theatre
Metropolitan Opera House
Guggenheim Bandshell
Children's Zoo
Zoo
The Pond
Grand Army Plaza
Trump Tower
Colombus Circle
0
375 m
N

UPPER WEST SIDE ET CENTRAL PARK

L'Upper Manhattan débute à hauteur de l'importante 57th Street, le faubourg Saint-Honoré de New York, et se divise de part en part de Central Park, comme les deux bras d'un fleuve urbain, en deux entités énormes : l'Upper East Side et l'Upper West Side. Lorsque vous aurez épuisé les plaisirs de Downtown, n'hésitez pas à vous embarquer pour l'Upper West Side. Vous y découvrirez un Manhattan moins couru, mais non moins captivant. Et lorsque vos jambes ne vous supporteront plus, vous aurez toujours le loisir de vous étendre sur une pelouse de Central Park... Quartier de prédilection de l'intelligentsia new-yorkaise, il n'en demeure pas moins si complexe et hétéroclite que l'on pourrait passer sa vie à le décoder. Il n'existe aucun quartier comme l'Upper West Side, où le sublime hôtel Excelsior voisine avec le non moins sublime Mayflower dans une alchimie à nulle autre pareille avec l'une des plus qualitatives concentrations d'hôtels à petit prix de New York.Sans doute le plus complexe mais aussi parmi les quartiers les plus intéressants et agréables de New York, l'Upper West Side est un monde à part avec ses fans, qui ne voudraient vivre ailleurs pour rien au monde. La notion de *block* y existe toujours, au point que, d'une rue à l'autre, l'ambiance peut changer radicalement. Sur ce territoire aussi vaste qu'hybride, qui ressemble à un 16e arrondissement parisien mâtiné de 11e, le luxe et la pauvreté ne sont jamais très éloignés.Ici cohabitent artistes, étudiants, écrivains, professions libérales, acteurs (nombreux), musiciens, yuppies, millionnaires, retraités, travailleurs et *homeless* (non moins nombreux).

L'Upper West Side s'étend du Lincoln Center, au sud, à Morningside Heights, au nord, du territoire de la Columbia University et de Central Park, sur son flanc est, au Riverside Park, à l'ouest, au-delà de l'énorme West End Avenue. Pour l'histoire, on rappellera que le Lincoln Center a été bâti sur le site du quartier populaire qui sert de cadre au film *West Side Story*. De tous les bâtiments prestigieux qui flanquent Central Park West, et dont on peut admirer le panorama depuis le parc, le Dakota Building n'est pas le plus haut, mais il est le plus ancien. C'est au pied de cette forteresse palatiale de style Renaissance néogermanique, construite en 1884 et dont les appartements comptaient originellement jusqu'à vingt chambres, qu'a été assassiné John Lennon, c'est dans cette grande bâtisse sombre qu'a été tourné le film *Rosemary's Baby*, et c'est encore ici que vécurent Lauren Bacall ou l'ancien maire de New York, John V. Lindsay. Un immeuble qui, par son glamour, son luxe et ses drames, appartient à la mythologie new-yorkaise.Au tout début du XXe siècle, 20 ans après la construction du Dakota, qui se dressait

© LULU AND ISABELLE – SHUTTERSTOCK.COM

Reservoir Jacqueline Kennedy Onassis.

solitaire face à Central Park, l'ouverture du métro allait stimuler l'urbanisation de l'Upper West Side. De nombreux juifs aisés (aujourd'hui encore, l'Upper West Side est le principal quartier juif de Manhattan) se trouvaient à l'étroit dans le Lower East Side et ils restaient persona non grata dans l'Upper East Side, quartier des riches WASP (White Anglo-Saxon Protestant). Ils avaient de l'argent et de l'ambition et s'installèrent à l'ouest de Manhattan, lui donnant un formidable essor économique et s'inspirant pour l'architecture du gothique et du baroque, mais surtout du style haussmannien. Et c'est bien ce qui pourra vous frapper du côté de la 72nd Street et de Broadway : la démesure new-yorkaise d'un style familier.C'est pourquoi l'Upper West Side, trop peu visité par les touristes, garde un air si européen. Au début des années 1920, Broadway voulait rivaliser avec les Champs-Elysées. La mode n'a pas suivi. Désormais, Columbus Avenue, située entre les 70th et 80th Streets (près du Museum of Natural History) tient le haut du pavé, avec ses boutiques, ses restaurants romantiques dans le genre du Village, ses bars et ses cafés pleins de jeunes et d'habitués. Et n'oubliez pas de regarder vers le ciel pour apercevoir la belle architecture des toits de quelques vieux buildings, avec leurs gargouilles, leur petit donjon et leur sculptures. Si vous cherchez une sorte de Downtown revisité mais Uptown, nous vous conseillons résolument l'Upper West Side.

Lors de votre visite dans l'Upper West Side, n'oubliez pas de montez jusqu'à la 110e rue pour découvrir le magnifique campus de la prestigieuse Columbia University. Réservé aux piétons et donc très calme, le campus est ouvert au public. Vous y découvrirez tous les clichés des campus aperçus dans les séries américaines : des étudiants assis dans la pelouse en train de réviser, d'autres discutant sur les marches de la bibliothèque (dont certaines salles sont ouvertes aux non-étudiants), des Starbucks à tous les coins de rues, etc.

VISITER

■ AMERICAN MUSEUM OF NATURAL HISTORY ★★★

200 Central Park West
✆ +1 212 769 5100
www.amnh.org
hostanevent@amnh.org
M° 79th Street (ligne 1)
ou 81st Street (lignes B et C).
Ouvert tous les jours de 10h à 17h30. Entrée : 28 US$. Supplément de 5 US$ pour accéder aux expositions spéciales.

Un musée autant pour les adultes que pour les enfants où l'on a envie de se perdre. Construit vers 1860 sur le flanc ouest de Central Park, le musée d'Histoire naturelle de New York est le plus grand du genre au monde, avec quarante-six salles d'exposition et plus de trente-quatre millions d'éléments dans sa collection.

Extraordinaires collections consacrées aux Esquimaux, aux Indiens, aux cultures d'Asie, d'Afrique, d'Orient, d'Amérique centrale et du Sud, aux mammifères d'Amérique du Nord restitués grandeur nature. Salles des météorites, fabuleuse collection de pierres précieuses (le plus gros saphir du monde), et au 4e ainsi qu'au dernier étage, les squelettes de dinosaures, mammouths, reptiles volants, dont plusieurs ont été rapportés d'expéditions financées par le musée dans le désert de Gobi. La vie du musée est aussi rythmée par les nombreuses expositions temporaires, ludiques et pédagogiques.

Au musée d'Histoire naturelle, vous apprendrez beaucoup également sur la faune et la flore new-yorkaise et sur les nombreuses réserves naturelles des Etats-Unis.

▶ **Le Rose Center.** Voyage au cœur de l'univers dans cette immense *cub* en verre qui fascinera tous les passionnés d'astrophysique et d'astronomie. Au sein du Rose Center se trouve le Hayden Planetarium où est projeté, plusieurs fois par jour, un spetacle en 3D sur le big bang. Un voyage initiatique dans l'espace, digne du Futuroscope.

Le hall d'entrée de l'American Museum of Natural History (Upper West Side).

CENTRAL PARK

Les deux plus beaux points de vue du Park : le Belvedere Castle (au niveau de la 79th Street) et Bethesda Terrace and Fountain (au niveau de la 72nd Street, au milieu du parc) – magnifique fontaine au bord du lac.

■ CENTRAL PARK ★★★★
Central Park © +1 212 310 6600
www.centralparknyc.org
Entre 59th Street et 110th Street et entre 5th Avenue et Central Park West. Plusieurs entrées possibles.
Visites guidées gratuites et payantes plusieurs fois par semaine, voir www.centralparknyc.org/tours pour les heures.

■ STRAWBERRY FIELDS
W 72nd Street, Central Park
L'entrée de Strawberry Fields se situe sur l'avenue Central Park West, au niveau de 72th Street, en face du Dakota Building, là où John Lennon a été assassiné. Le lieu a repris le nom d'une de ses célèbres chansons et une mosaïque a été posée au sol en son honneur avec l'inscription « Imagine ». Il est quasiment impossible de la photographier sans prendre quelques touristes avec elle ! Les week-ends, on y trouve toujours un badaud raconter la vie de John Lennon. Si vous commencez à l'écouter trop attentivement, il faudra passer à la caisse.

■ BELVEDERE CASTLE
79th Street Transverse Rd, à peu près au milieu du parc, à hauteur de la 79e Rue
Belvedere Castle
Central Park
© +1 212 772 0288
Ouvert du mercredi au dimanche de 10h à 17h. Accès libre.
Nombreux sont les New-Yorkais qui ne connaissent pas ce château caché en plein Central Park. Construit en 1869, abandonné puis rénové en 1983, il abrite aujourd'hui un des cinq centres d'information et d'exposition sur la faune et la flore du parc. L'observatoire de la nature Henry Luce expose les travaux de naturalistes et des attractions pour les enfants (télescopes, squelettes...). C'est aussi ici que les services météorologiques prennent la température de New York et la force du vent. Après 15 mois de rénovations, le château a rouvert à l'été 2019.

■ RESERVOIR JACQUELINE KENNEDY ONASSIS ★
Entre la 85e et la 96e rue.
Cet immense plan d'eau qui alimente New York devient en hiver, lorsqu'un froid glacial envahit la ville et gèle tout sur son passage, une patinoire illégale. Qui a vu *Marathon Man* ne pourra oublier les scènes de jogging solitaire de Dustin Hoffman autour de ce lac artificiel. Le Reservoir a pris le nom de l'ex-première dame en 1994, à sa mort. Jacqueline Kennedy Onassis avait pris pour habitude de faire son jogging ici lorsqu'elle habitait sur la cinquième avenue.

▸ **Le Imax Théâtre** diffuse des films mi-documentaires mi-spectacle sur écran géant et dans des conditions sonores optimales. Les sujets : les volcans, les pingouins, les dinosaures, Darwin, les origines de l'homme...

■ THE ANSONIA

2107-2109 Broadway
à l'angle de 74th Street
M° 72th Street (lignes 1, 2, 3).
L'un des plus beaux immeubles de l'Upper West Side, avec ses tours, ses larges baies vitrées et ses grands appartements séparés par des murs si épais que de nombreux chanteurs et compositeurs ont choisi d'y vivre pour y travailler à l'aise. Le souvenir d'Enrico Caruso, d'Igor Stravinski, d'Arturo Toscanini, de Bette Midler et de Lily Pons hante encore ces lieux. Sa construction débuta en 1899, et il fut, tout au long du XXe siècle, le lieu de nombreux scandales. En 1930, le cambrioleur Willie Sutton fut notamment arrêté alors qu'il déjeunait dans son restaurant !

■ COLUMBIA UNIVERSITY ★★

2960 Broadway
Morningside Heights
✆ +1 212 854 1754
www.columbia.edu
askcuit@columbia.edu
M° 116th Street (ligne 1).
Pour découvrir un vrai campus et prendre une bouffée d'air frais sur le territoire des étudiants, prenez le temps de découvrir la prestigieuse Columbia University. Telle une gigantesque Sorbonne new-yorkaise, l'une des meilleures universités américaines règne en maître sur l'Upper West Side. La Columbia University fut fondée en 1754 et fait partie de l'Ivy League, qui regroupe les huit universités les plus prestigieuses et anciennes du pays, aux côtés par exemple d'Harvard et de Brown. Elle fut le théâtre d'importantes manifestations contre la guerre du Vietnam dans les années 1970 et, plus récemment, contre l'élection de Donald Trump. Parmi les personnalités notables qui l'ont fréquentée, on compte Barack Obama, Stanley Kubrick, Jake Gyllenhaal, Allen Ginsberg, etc. A voir : la Butler Library, la St. Paul Chapel et la Low Memorial Library.

■ DAKOTA BUILDING

1 West 72nd Street
M° 72nd Street (lignes B, C).
Ne se visite pas.
Cet édifice néo-gothique longeant Central Park est aujourd'hui tristement célèbre. Alors que John Lennon, locataire du Dakota, sortait du bâtiment avec sa femme Yoko Ono, il fut froidement abattu sur le trottoir par le déséquilibré Mark David Chapman le 8 décembre 1980. Lauren Bacall, Judy Garland et, plus récemment, le chanteur de U2 Bono ont également été des résidents de l'immeuble. Certaines scènes de *Rosemary's Baby* de Roman Polanski y ont été filmées. Aujourd'hui, il abrite des appartements de luxe, dont certains ont une vue sublime sur Central Park.

■ LINCOLN CENTER FOR THE PERFORMING ARTS ★

70 Lincoln Center Plaza
Upper West Side
✆ +1 212 875 5350
www.lincolncenter.org
M° 66th Street-Lincoln Center (ligne 1).

Visites guidées temporairement suspendues.

Construit dans les années 1960 entre Columbus et Amsterdam Avenues (pour l'anecdote, le film *West Side Story* y a été filmé, juste avant la destruction des anciens quartiers pauvres que le Centre a remplacé), le Lincoln Center est le siège d'institutions majeures de la vie artistique et culturelle américaine et de la scène internationale. C'est ici que se déroulent les plus prestigieuses représentations d'opéra et de ballet, de musique de chambre et symphonique. En vous y baladant le soir, vous rencontrerez foule de New-Yorkais élégamment vêtus. Cinq bâtiments, doublés au sud du Damrosch Park, s'étendent de part et d'autre d'une vaste esplanade que la présence d'une fontaine ne suffit pas à rendre intéressante. A tout seigneur tout honneur, vient d'abord le Metropolitan Opera, tout en panneaux de verre, à l'acoustique parfaite, mais à la décoration plutôt impersonnelle, propre à l'époque de sa construction (et pourtant incomparablement plus chaude que notre Opéra de la Bastille). Le Metropolitan se visite tous les jours ; le circuit guidé permet éventuellement de voir et d'entendre un opéra en cours de répétition. Mais le Lincoln Center, c'est également le David H. Koch Theater (anciennement appelé New York State Theatre), siège du New York City Ballet, dont la décoration intérieure est plus intéressante. En face, côté nord, se trouve l'Avery Fischer Hall, où ont lieu de grands concerts symphoniques. Sur le côté nord du Metropolitan, le Vivian Beaumont Theatre et, un peu excentré, un bâtiment comprenant la Juilliard School of Music, le plus grand conservatoire de musique en Amérique (d'où sont notamment sortis Robin Williams, Jessica Chastain et Miles Davis), et l'Alice Tully Hall, siège de la Chamber Music Society et de nombreux événements culturels, dont le Festival du film indépendant, en octobre. Il y a aussi la New York Public Library for the Performing Arts : le Lincoln Center dispose en effet d'une bibliothèque qui abrite de nombreux ouvrages relatifs aux arts appliqués.Le Damrosch Park est situé entre le State Theatre et le Metropolitan Opera. Ce parc, un peu à l'écart du flot touristique, est joli et même élégant avec ses espaces et ses harmonies colorés. On peut y pique-niquer, en attendant un concert vespéral, estival et gratuit. Pour consulter la liste des dates de concerts gratuits et en plein air qui ont généralement lieu au mois d'août, il faut consulter lcoutofdoors.org (Lincoln Center Out of Doors).

Bibliothèque (Low Library) de Columbia University (Upper West Side).

■ RIVERSIDE PARK ★

Upper West Side ✆ +1 212 870 3070
www.riversideparkfund.org
mail@riversideparknyc.org
Le long de l'Hudson sur Riverside Drive, entre la 62nd et la 158th Street, Riverside Park est plus long que Central Park et beaucoup moins fréquenté. Tout en pentes, allées et massifs d'arbres, ses sculptures et ses marbres lui donnent des allures de parc parisien. Parsemé de terrains de jeu, on peut s'y balader à vélo ou à pied, avec ou sans pique-nique, et poursuivre le long de la baie jusqu'à la marina (à hauteur de la 79th Street) qui abrite une centaine de péniches et de bateaux privés, de toutes tailles et souvent de grande beauté.

■ THE CATHEDRAL CHURCH OF ST. JOHN THE DIVINE ★★

1047 Amsterdam Avenue
Upper West Side
✆ +1 212 316 7540
www.stjohndivine.org
info@stjohndivine.org
M° Cathedral Parkway (ligne 1).
Ouvert du lundi au vendredi de 9h30 à 15h, le samedi de 9h30 à 17h, le dimanche de 10h à 17h. Entrée : 5 US$.
L'histoire de cette magnifique cathédrale est pour le moins originale. Sa construction a débuté en 1892 et n'est toujours pas terminée. Des sculpteurs et maçons travaillent chaque jour selon les méthodes gothiques pour achever cet édifice. Sa taille est impressionnante : la porte d'entrée est haute de 6 m et pèse 3 tonnes, la nef mesure plus de 41 m de hauteur... Son originalité tient aussi à son internationalisme religieux et aux causes qu'elle soutient. L'intérieur est rempli de petites chapelles dédiées à des causes particulières : un autel est dédié aux victimes du sida, un autre au peuple indien, une sculpture a été érigée en mémoire et en l'honneur de John Coltrane... On y donne également de nombreux concerts de musique religieuse et, parfois, de percussions. Et, spectacle insolite, vers la mi-mai, c'est l'époque de bénédiction... des vélos !

Riverside Park.

SE RESTAURER

PAUSE GOURMANDE

■ THE HUNGARIAN PASTRY SHOP

1030 Amsterdam Avenue
Morningside Heights
✆ +1 212 866 4230
M° Cathedral Pkwy –110th Street (ligne 1).
Ouvert en semaine de 7h30 à 20h30, le week-end à partir de 8h30. Pâtisseries à 5 US$.
Petit café hongrois à l'ambiance décalée, fréquenté par les écrivains et les étudiants de Columbia University, située à quelques *blocks* de là. D'ailleurs, selon ces derniers, il s'agit bien du seul vrai café du quartier. Les pâtisseries sont excellentes, les parts de gâteaux énormes et, visiblement, on ne lésine pas sur le beurre et le sucre en cuisine. On vous laisse juger de la qualité de l'onctueux café russe, encore meilleure lorsqu'il est surmonté de crème fouettée. La terrasse, en face de St John The Divine, est agréable en été.

BONNES TABLES

■ CAFÉ LUXEMBOURG

200 W. 70th Street, Upper West Side
✆ +1 212 873 7411
www.cafeluxembourg.com
info@cafeluxembourg.com
M° 72nd St. (lignes 1, 2, 3).
Ouvert tous les jours de 11h30 à 15h (dès 10h le week-end) et de 17h à 23h. Plats de 22 à 44 US$.
Un classique franco-américain de 90 couverts. Les lumières tamisées font de ce bistrot un lieu idéal pour un dîner romantique en tête-à-tête. On peut y manger des classiques de la cuisine française, comme le steak frites et le cassoulet, ainsi que des burgers, des omelettes, des salades...

© BLUEORANGE STUDIO – SHUTTERSTOCK.COM

Œufs bénédicte.

■ JACOB'S PICKLES

509 Amsterdam Avenue
Upper West Side ✆ +1 212 392 5407
www.jacobspickles.com
M° 86th Street (lignes 1).
Ouvert du lundi au jeudi de 10h à 2h, vendredi jusqu'à 4h, samedi de 9h à 4h, dimanche de 9h à 2h. Plats de 15 à 25 US$.
Le meilleur de la *comfort food*, ces plats peu légers du Sud des Etats-Unis, est à Jacob's Pickles. En apéritif, commandez les *biscuits, ces* pains servis chauds avec du beurre et de la confiture. Le cheeseburger et les *mac'n'cheese* sont délicieux. Mais si vous en avez marre de commander toujours les mêmes plats, expérimentez les bacon *grits* (polenta), un plat qui nous vient des Indiens d'Amérique. Ou alors goûtez au *biscuit and gravy*, ce plat très populaire dans le Sud des Etats-Unis qui est recouvert d'une sauce blanche grasse à souhait.

■ **MARLOW BISTRO**
1018 Amsterdam Ave
Upper West Side
✆ +1 212 662 9020
www.marlowbistro.com
M° Cathedral Pkwy–110th Street (ligne 1).
Ouvert du mardi au vendredi de 16h à 23h, dès 11h le week-end. Plats à partir de 20 US$.
Marlow Bistro est doté d'un petit supplément d'âme, qui provient autant de son atmosphère vintage pleine de chaleur, de sa terrasse baignée de soleil pendant les beaux jours et de ses plats, simples mais riches en saveurs. On aime les grandes baies vitrées qui laissent entrer la lumière et permettent d'observer les passants. La décoration est tellement mignonne que l'on se croirait dans un film. Quant à la nourriture, elle est italienne : risotto aux asperges, *branzino* rôti au four, burrata au jambon de Parme... tout est délicieux. Un vrai coup de cœur.

■ **NOUGATINE AT JEAN-GEORGES**
Entre 60th Street et 61st Street
1 Central Park West
Upper West Side
✆ +1 212 299 3900
www.jean-georges.com
isf@jean-georges.com
M° 59th St-Columbus Circle (A, B, C, D, 1)
Ouvert tous les jours de 8h à 22h15. Plats de 30 à 60 US$. Menu dégustation : 298 US$ pour deux personnes.
Si vous avez envie de vous faire plaisir en goûtant à la cuisine de l'excellent chef Jean-Georges sans pour autant amputer sérieusement votre budget, le restaurant Nougatine est le parfait compromis. Situé dans la tour Trump, juste à côté de l'établissement gastronomique, l'endroit propose une cuisine inventive dans un cadre plutôt détendu, avec vues sur Central Park. Si le menu dégustation est excellent, vous pouvez aussi venir pour le brunch ou le déjeuner, plus accessibles.

LUXE

■ **MAREA**
240 Central Park South
Central Park
✆ +1 212 582 5100
www.marearestaurant.com
info@marea-nyc.com
M° 59th Street-Columbus Circle (lignes A, B, C, D, 1).
Ouvert tous les jours à 17h, également du mercredi au dimanche de 12h à 15h pour le déjeuner. Plats de 40 à 80 US$.
Marea est peut-être le restaurant italien le plus connu et le plus encensé de la ville, et cela en dit long ! Cette institution ne mise pas sur une décoration originale ou particulièrement moderne, mais sur une nourriture d'exception. Le célèbre guide rouge lui a d'ailleurs accordé deux étoiles. Les pâtes sont à tomber par terre, en particulier le plat signature de la maison : les *fusilli* au poulpe et à la moelle. Pour ne rien gâcher, il règne à Marea, fréquenté par le gratin de Manhattan, une ambiance résolument new-yorkaise.

■ **PER SE**
Time Warner Center
10 Columbus Circle
Upper West Side
✆ +1 212 823 9335
www.perseny.com/perse.htm

M° 59th Street-Columbus Circle (lignes A, B, C, D, 1, 9).

Ouvert du mardi au samedi de 16h30 à 20h30. Menus à 245 et 355 US$.

Derrière chaque grand restaurant se cache un grand chef. Alors forcément, lorsque l'on sait que Thomas Keller est aux fourneaux de Per Se, on comprend mieux pourquoi cet établissement est souvent considéré comme le meilleur restaurant de New York ! Le restaurant propose deux menus, un végétarien et l'autre non. Le menu, différent chaque jour, est constitué de neuf petites assiettes, neuf plats aux goûts et couleurs bien distincts, destinés à attiser la curiosité du client et à l'étonner. 3 étoiles Michelin depuis 2006. Les pourboires sont inclus dans le prix.

SHOPPING

■ ZABAR'S

Entre 80th et 81st Streets
2245 Broadway
Upper West Side
✆ +1 212 787 2000
www.zabars.com
info@zabars.com
M° 79th Street (ligne 1).

Ouvert du lundi au samedi de 8h à 19h30 et le dimanche de 9h à 18h.

Le plus grand, le plus réputé et certainement le plus complet des magasins d'alimentation de New York et peut-être des Etats-Unis, Zabar's reçoit 35 000 clients par semaine ! C'est la fête de la consommation culinaire toutes catégories, dans un décor plein à craquer de toutes les victuailles du monde : 20 types de cafés, 50 qualités de pain, caviar, saumon, pâtes, légumes, 500 fromages, fruits... Zabar's est une aventure authentiquement new-yorkaise. Situé tout près de Central Park et du Lincoln Center, venez y préparer votre pique-nique !

SORTIR

■ METROPOLITAN OPERA

Lincoln Center
30 Lincoln Center Plaza
Upper West Side
✆ +1 212 362 6000
www.metopera.org
M° 66th Street-Lincoln Center (ligne 1).

La Metropolitan Opera House se trouve au centre du Lincoln Center. Elle est facilement reconnaissable de l'extérieur avec ses peintures murales de Chagall et ses gigantesques lustres en cristal que l'on peut apercevoir au travers de sa façade en verre. Cette salle accueille le Metropolitan Opera et ses grands concerts classiques accompagnés de vocalistes mondialement connus. Son répertoire va des pièces classiques à des opéras plus modernes. Tous les plus grands chanteurs s'y sont produits, tels Placido Domingo, Luciano Pavarotti, Samuel Ramey et Jessye Norman.

■ NEW YORK CITY BALLET

David H. Koch Theater
Lincoln Center
Upper West Side
✆ +1 212 496 0600
www.nycballet.com
info@nycballet.com
M° 66th Street-Lincoln Center (ligne 1).

Fondée en 1948, cette compagnie de 110 danseurs n'a pas de rivale dans le monde. Son répertoire comprend une centaine de chorégraphies dues principalement à George Balanchine. L'une des traditions du New York City Ballet consiste à présenter chaque année en décembre la version Balanchine du *Casse-noisettes* de Tchaïkovski, devant un public d'écoliers new-yorkais. La saison a lieu de novembre à février et d'avril à juin. Il n'y a pas une année sans représentations du *Lac des cygnes*. C'est d'ailleurs ici que se déroule, *Black Swan* avec Nathalie Portman.

■ SMOKE JAZZ & SUPPER CLUB

2751 Broadway
Morningside Heights
✆ +1 212 864 6662
www.smokejazz.com
info@smokejazz.com
M° 103rd Street (ligne 1).
Ouvert du mardi au dimanche de 16h à 23h. Entrée à partir de 15 US$.
Un tout petit club phare de la scène jazz new-yorkaise, dans le haut de l'Upper West Side. Les années de succès n'ont en rien entamé la convivialité des lieux. Soirées à thème : le dimanche, c'est latin jazz, le mardi c'est organ jazz et le mercredi funk. C'est depuis la toute petite scène au fond de l'étroite salle que de glorieux quadras et quinquas viennent régaler le public chaque week-end. *New York is live* ! Le lieu est si populaire que les réservations sont très fortement conseillées, quels que soient les jours de la semaine.

■ THE EMPIRE ROOFTOP BAR & LOUNGE

The Empire Hotel
44 W 63rd Street
Upper West Side
✆ +1 212 956 3313
www.empirehotelnyc.com
empireconcierge@empirehoteinyc.com
M° 66th Street – Lincoln Center (1).
Ouvert en semaine à partir de 14h, le week-end dès 12h. Fermeture à 23h ou 1h selon les soirs. Cocktails à 16 US$.
Dress code de rigueur en soirée pour entrer dans ce bar aperçu à de nombreuses reprises dans la série *Gossip Girl*. Le lieu est assez spacieux et il est tout à fait possible de trouver une table dehors en début de soirée. Le vendredi et samedi soir, c'est une autre ambiance, avec un videur à l'entrée et souvent une longue file d'attente avant de pouvoir accéder au toit. L'endroit idéal pour danser avec les fils et les filles des riches familles de Manhattan.

Intérieur du Guggenheim Museum.

UPPER EAST SIDE

IMMANQUABLE DANS CE QUARTIER

- Admirer le chic et l'élégance des édifices bordant Central Park.
- En prendre plein la vue au Guggenheim et au Met Museum.
- Chiner quelques antiquités et fripes hors de prix.
- Tenter une expérience gastro dans un restaurant ultra-select.

UPPER EAST SIDE
Musée
Curiosité
Edifice religieux
Station métro
0
375 m
WARD ISLAND
Wards Island Park
HARLEM RIVER
Mill Rock Park
SPANISH HAARLEM
CARNEGIE HILL
YORKVILLE
CENTRAL PARK
Harlem Meer
Jacqueline Kennedy Onassis Reservoir
Central Park North 110 St.
Central Park North
Frawley Circle
110 St.
103 St.
96 St.
96 St.
East 111 th Street
East 110 th Street
East 110 th Street
East 109 th Street
East 108 th Street
East 107 th Street
East 106 th Street
East 105 th Street
East 104 th Street
East 103 rd Street
East 102 nd Street
East 101 st Street
East 100 th Street
East 99 th Street
East 98 th Street
East 97 th Street
East 96 th Street
East 95 th Street
East 94 th Street
East 93 rd Street
East 92 nd Street
East 91 st Street
East 90 th Street
East 89 th Street
East 88 th Street
East 87 th Street
Museum Mile (5th Avenue)
Madison Avenue
Park Avenue
Lexington Avenue
3 rd Avenue
2 nd Avenue
1 st Avenue
Museum of the City of New York
Jewish Museum
Copper-Hewitt National Design Museum
National Acad. of Design
The Guggenheim Museum
Gracie Mansion
Carl Schurz

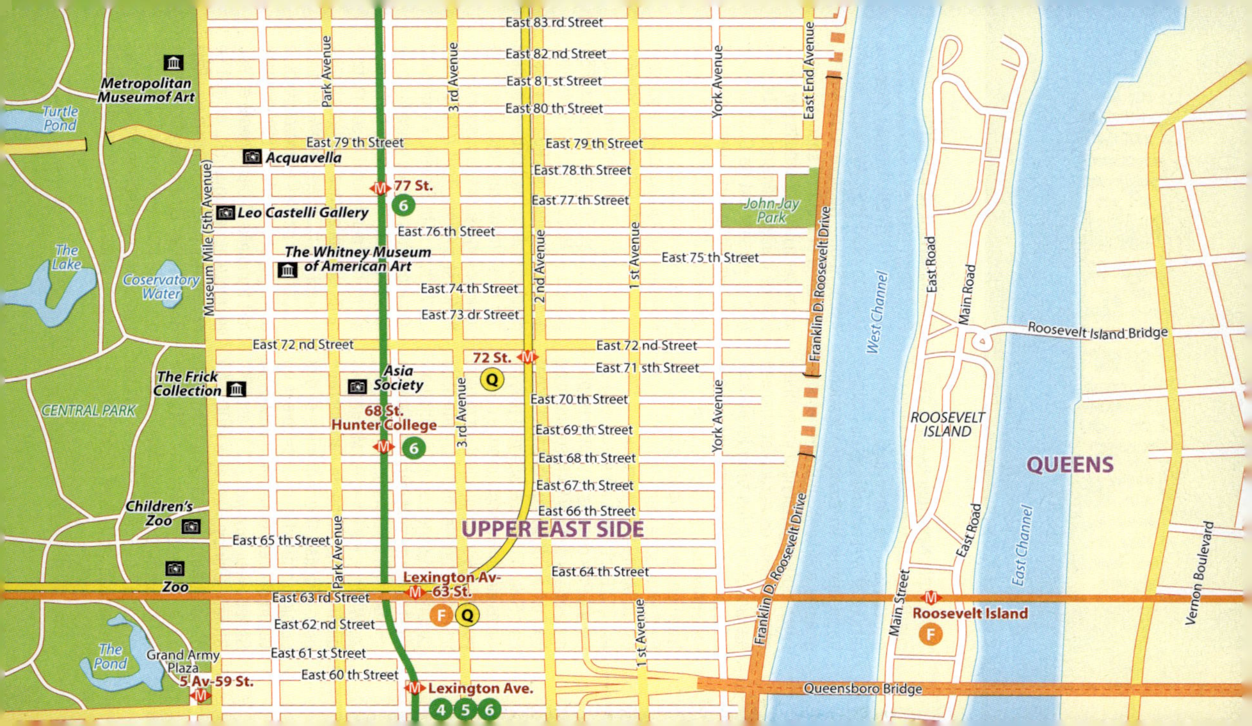
East 83 rd Street
East 82 nd Street
East 81 st Street
East 80 th Street
East 79 th Street
East 78 th Street
East 77 th Street
East 76 th Street
East 75 th Street
East 74 th Street
East 73 dr Street
East 72 nd Street
East 71 sth Street
East 70 th Street
East 69 th Street
East 68 th Street
East 67 th Street
East 66 th Street
East 65 th Street
East 64 th Street
East 63 rd Street
East 62 nd Street
East 61 st Street
East 60 th Street
Museum Mile (5th Avenue)
Park Avenue
3 rd Avenue
2 nd Avenue
1 st Avenue
York Avenue
East End Avenue
Franklin D. Roosevelt Drive
Metropolitan Museumof Art
Turtle Pond
The Lake
Coservatory Water
CENTRAL PARK
The Frick Collection
Children's Zoo
Zoo
The Pond
Grand Army Plaza
5 Av-59 St.
Acquavella
77 St.
6
Leo Castelli Gallery
The Whitney Museum of American Art
Asia Society
68 St. Hunter College
72 St.
Q
Lexington Av-63 St.
F
Lexington Ave.
4
5
UPPER EAST SIDE
John Jay Park
West Channel
East Road
Main Road
Roosevelt Island Bridge
ROOSEVELT ISLAND
Main Street
Roosevelt Island
East Channel
QUEENS
Vernon Boulevard
Queensboro Bridge

UPPER EAST SIDE

Depuis que New York existe, c'est le quartier chic par excellence. Celui des grandes familles, des dynasties économiques et intellectuelles, et des valeurs traditionnelles. En témoignent les petits groupes d'enfants en uniformes scolaires ou les gardiens d'immeubles en gabardine de parade et chapeau qui accueillent les propriétaires et refoulent les importuns qui n'ont pas été annoncés. Quartier fortuné et de tradition, le très upper class Upper East Side, situé dans la partie nord-est de Manhattan, entre Central Park est et l'East River, réunit le long de Central Park certains des hôtels les plus majestueux de New York, summum du luxe urbain de bon goût. Dans l'Upper East Side, où les avenues sont plus ou moins élégantes selon un ordre correspondant à leur éloignement par rapport à Central Park, les blocs expriment de ce fait le prestige réel d'une situation. C'est là que se sont installés, dans les années 1880, les Astor, les Carnegie, les Whitney, les Frick, les Morgan, les quatre cents noms de l'aristocratie new-yorkaise, leurs émules et des outsiders prestigieux. Ici vivent ou vécurent Greta Garbo (450 East 52nd Street), Paul Newman (230 East 50th Street), Shirley MacLaine (400 East 52nd Street), Lillian Gish (430 East 57th Street), Marylin Monroe (444 East 57th Street), Montgomery Clift (217 East 61st Street), Tallulah Bankhead (230 East 62nd Street), Joan Crawford (2 East 70th Street), Pola Negri (907 5th Avenue), Gloria Swanson (920 5th Avenue), Marlène Dietrich (993 Park Avenue), Woody Allen, Robert Redford, Liza Minelli, Madonna et d'autres encore... Vous serez certainement séduits par l'enfilade de nobles bâtiments qui bordent tout le versant est de Central Park. Avec ses hôtels particuliers, ses petits immeubles d'habitation élégants ou ses forteresses bourgeoises dominant la majestueuse Park Avenue, l'équivalent de l'avenue Foch, l'Upper East Side est, pour l'œil, un plaisir des formes et des perspectives. Du côté des 60th et 65th Streets et Madison, on est à Neuilly ; ailleurs, à hauteur des 90th, à Passy : de jolies maisons particulières bordent des rues ombragées l'été. Depuis les terrasses privilégiées, la vue sur Central Park est sublime. Tout à l'est, entre les 79th et 96th Streets, s'ordonnent des rues d'immeubles massifs : c'est le quartier de Yorkville, à l'influence allemande persistante – ses restaurants, ses pâtisseries, ses fêtes locales fleurent bon la Bavière. En été, les bancs du Carl Schurz Park à l'extrémité de la 84th Street (jusqu'à la 89th Street), fort tranquille et bien orienté à l'est, permettent de pique-niquer tout en regardant passer les bateaux sur l'East River.L'Upper East Side est un mixe des XVIe et le VIIIe arrondissements parisiens : sur Madison s'alignent les boutiques les plus élégantes de la mode américaine, européenne et japonaise, les antiquaires les plus chers, les restaurants les plus sélects, les hôtels les plus secrets, et les secrets les mieux gardés. Car l'Upper East Side se montre, il ne se révèle pas. Ce n'est pas un quartier jeune, encore que l'installation des yuppies et des golden boys (Wall Street est sur la ligne directe du métro) ait changé le paysage. En semaine, les dîneurs affluent dans les restaurants qui se succèdent sur les 2nd et 3rd Avenues, entre les 70th et 75th Streets. Le week-end, l'intéressante 86th Street sert de point de ralliement aux banlieusards. On vit entre voisins et en bon voisinage.L'Upper East Side abrite aussi l'élite des musées new-yorkais, le long d'un des plus fabuleux parcours culturels de la planète : le Museum Mile. L'un des plus denses aussi. Sur la 5th Avenue, de la 82nd à la 104th Street, ce sont plus d'une dizaine de musées aussi divers que le Museo del Barrio, le musée de la ville de New York, le Jewish Museum, le Guggenheim, la Neue galerie ou… le Metropolitan. Une sensation grisante que d'enfiler comme des perles les musées les plus sublimes du monde, en quelques enjambées. Autant de lieux où les collections sont synonymes d'excellence…

VISITER

■ GRACIE MANSION

Carl Schurz Park
89th Street et East End Avenue
✆ +1 212 570 4751
www.nyc.gov/html/om/html/gracie.html
M° 86th Street (lignes 4, 5, 6).
Se renseigner sur le site pour les visites guidées.

Upper East Side.

Sur les bords de l'East River, cette demeure fut construite en 1799 pour être la résidence secondaire du roi écossais du transport maritime : Archibald Gracie. Typique du style fédéral très en vogue à l'époque, elle fut achetée en 1896 par la ville et abrite depuis 1942 la demeure de fonction des maires de New York. En sortant, et avant de se lancer dans les visites du Museum Mile, faites donc un tour dans le Carl Schurz Park, qui offre une vue imprenable sur le Queens, Roosevelt Island et le parc de Ward Island.

▸ **Carl Schurz Park.** Face au Queens, le long de l'East River, entre East 84th et East 90th Streets (East End Avenue et East River), ce parc tout en longueur abrite Gracie Mansion. Très agréable et peu connu, il est fréquenté par les résidents de l'Upper East Side qui se gardent bien de vendre la mèche. Un havre de paix idéal pour oublier le temps quelques instants. www.carlschurzparknyc.org

■ **THE GUGGENHEIM MUSEUM** ★★★
1071 5th Avenue
Upper East Side
✆ +1 212 423 3500
www.guggenheim.org
boxoffice@guggenheim.org
M° 86th Street (lignes 4, 5, 6).
Ouvert du jeudi au lundi de 11h à 18h.
Tarif : 25 US$, gratuit certains samedis de 16h à 18h.

Tout est parti de New York et d'un richissime collectionneur très porté sur les nouvelles formes d'expression. Durant les années 1920 et 1930, Solomon R. Guggenheim se mit à collectionner les œuvres de peintres européens, qu'il exposait dans ses appartements du Plaza Hotel, devant un public choqué par l'avant-garde abstraite. Parmi les artistes figuraient Léger, Mondrian, Klee, Chagall et Kandinsky, les deux derniers représentant le noyau de la collection permanente du musée.

Le musée Guggenheim est, dit-on, le plus scandaleux de New York… mais une partie de son prestige ne tiendrait-elle pas finalement à sa structure cylindrique signée Frank Lloyd Wright ? Cet étrange édifice souleva une tempête de polémiques lors de son ouverture en 1959. Ouverte en 1993, une nouvelle aile élargit de manière très réussie le musée sur Central Park.

Côté exposition, le bilan est plutôt inégal. Quelques chefs-d'œuvre de la collection (des Modigliani, etc.) ont été vendus et remplacés par des œuvres d'art conceptuel. Quand la prestigieuse collection permanente n'est pas vendue, elle tourne entre les cinq établissements baptisés de la marque Guggenheim (New York, Bilbao, Venise, Berlin et Las Vegas).

A noter : la boutique, belle et sophistiquée.

■ **METROPOLITAN MUSEUM OF ART (MET)** ★★★★
1000 5th Avenue, Upper East Side
✆ +1 212 535 7710
Voir page 11.

Intérieur du Guggenheim Museum.

Brownstone, Upper East Side.

■ MUSEUM OF THE CITY OF NEW YORK

1220 5th Avenue
à l'angle de 103rd Street
✆ +1 212 534 1672
www.mcny.org
info@mcny.org
M° 103rd Street (ligne 6).
Ouvert du vendredi au dimanche de 10h à 18h. Entrée libre mais tarif suggéré de 20 US$.

Abrité jusqu'en 1932 dans la résidence des maires, Gracie Mansion, le musée est, depuis, logé dans un élégant hôtel particulier de style colonial géorgien. Il retrace les différentes phases du développement de la ville de New York.Le sous-sol est consacré aux pompiers de la ville, avec quelques très beaux modèles de véhicules anciens. Le musée – accessoirement utilisé comme collège dans la série *Gossip Girl* – présente également de très intéressantes expositions à thème.

■ NEUE GALERIE

1048 5th Avenue
Upper East Side
✆ +1 212 628 6200
www.neuegalerie.org
visitorservices@neuegalerie.org
M° 86th Street (lignes 4, 5, 6).
Ouvert du jeudi au lundi de 11h à 17h. Entrée : 25 US$.

Ce musée est consacré à l'art autrichien et allemand du début du XXe siècle et si la collection est petite, aucune concession n'est faite sur la qualité. Au 2e étage, l'art viennois des années 1900. Une excellente sélection d'œuvres de Gustav Klimt, Egon Schiele, Alfred Kubin, Oskar Kokoschka et Richard Gerstl cohabite avec des objets Arts déco. Le musée s'est distingué en 2006 par l'acquisition du *Portrait d'Adèle Bloch-Bauer* (1907) du maître Klimt pour 135 millions de dollars, ce qui en fait l'un des tableaux les plus chers au monde.

On passe en Allemagne au 3e étage avec les mouvements Blaue Reiter (Kandinsky, Klee, etc.), Bauhaus (Klee encore, Feininger, Schlemmer, Moholy-Nagy) ou Neue Sachlichkeit (Schad, Dix, Grosz). Au 1er étage, c'est l'espace des expositions temporaires. Un petit bijou de musée à ne pas manquer. Après la visite, faites un détour au Sabarsky Café – superbe café viennois – situé au rez-de-chaussée. Le meilleur *apfelstrudel* de New York, dit-on...

■ **ROOSEVELT ISLAND TRAM** ★★
591 Main Street
✆ +1 212 832 4545 – rioc.ny.gov
information@rioc.ny.gov
De 6h à 2h, jusqu'à 3h30 vendredi et samedi. Tarif : le prix d'un ticket de métro (il faut être muni d'une Metrocard).
Inauguré en 1976, le tramway aérien de Roosevelt Island est une attraction à ne pas manquer si vous n'avez pas le vertige. Le téléphérique vous mène de l'Upper East Side à Roosevelt Island, en 5 minutes top chrono. La vue depuis la cabine, au-dessus de l'East River, est magnifique. Il n'y a pas grand-chose à faire sur l'île, si ce n'est profiter de la vue sur Manhattan (c'est encore plus beau au printemps, pendant la saison des cerisiers japonais !) et se prélasser au Franklin D. Roosevelt Four Freedoms Park, mémorial en l'honneur du 32e président américain.

SE RESTAURER

SUR LE POUCE

■ **E.A.T.**
1064 Madison Avenue
Upper East Side
✆ +1 212 772 0022
www.elizabar.com
M° 86th St (lignes 4, 5, 6).
Ouvert tous les jours de 7h à 18h. Plats de 15 à 30 US$.
E.A.T., premier magasin d'Eli Zabar, est une épicerie fine du monde fascinante : salades, sandwichs garnis

Roosevelt Island Tram.

© QUENTIN BACON PHOTOGRAPHY

E.A.T.

dans de fines tranches de pain, et pâtisseries d'Europe de l'Est sont au menu. A toute heure, pour remplir son panier de pique-nique avant de se rendre à Central Park, ou pour une tasse de thé gourmande. L'endroit fait également restaurant : on retrouve au menu les incontournables assiettes de poisson fumé accompagné de câpres et à déguster sur un bagel, spécialités de la cuisine juive. Les prix sont néanmoins assez élevés.

▸ **Autre adresse :** Frère du Zabar d'Upper West Side.

PAUSE GOURMANDE

■ ALICE'S TEA CUP, CHAPTER II

Entre Lexington et 3rd Avenues
156 East 64th Street
Upper East Side
✆ +1 212 486 9200
www.alicesteacup.com
alicesevents@gmail.com
M° Lexington Ave-63rd St
(lignes F, Q).
Ouvert en semaine de 11h à 18h, le week-end dès 10h. Scone à 5 US$, combo thé + 2 scones à 16 US$.
Un petit salon de thé au charme désuet, où l'on vient pour déguster des *scones* et des mini-sandwichs en sirotant une bonne tasse de thé. Avis aux connaisseurs : le menu des thés est long comme le bras. Pour ceux qui aiment leurs boissons un peu plus corsées, sachez que l'établissement propose des cocktails à base de thé.
Si la salle du bas est pleine, ce qui est souvent le cas étant donné la taille des lieux, il y a un deuxième espace à l'étage, tout aussi mignon. A éviter les week-ends en début d'après-midi si vous n'avez pas de réservation. Pourboires inclus.

▸ **Autre adresse :** 102 West 73rd Street ✆ +1 212 799 3006

■ **SPRINKLES CUPCAKES**
780 Lexington avenue
Upper East Side
✆ +1 212 207 8375
www.sprinkles.com
eat@sprinkles.com
M° 59th Street-Lexington
(Lignes 4, 5, 6, N, W, R).
Ouvert du dimanche au mercredi de 10h à 20h et du jeudi au samedi de 10h à 21h. Cupcakes à 4 US$.
Avis aux amateurs de sucreries : c'est ici que vous trouverez les meilleurs cupcakes de la Big Apple. Sprinkles, qui a vu le jour à Beverly Hills en 2005, fut d'ailleurs la première boutique de l'histoire consacrée à ce délicieux petit gâteau. Il se décline sous de nombreuses saveurs, de la simple alliance vanille-chocolat au cultissime *red velvet*. Ici, pas d'épais glaçages aux couleurs artificielles, tout est fin et savoureux. Si le cupcake n'est pas votre tasse de thé, Sprinkles propose également de délicieuses glaces, à commander dans la boutique voisine.

BIEN ET PAS CHER

■ **2ND AVENUE DELI**
1442 1st Avenue, Upper East Side
✆ +1 212 737 1700
www.2ndavedeli.com
M° 72nd Street (ligne Q).
Ouvert du lundi au vendredi de 11h à 20h. Plats de 10 à 20 US$.
Véritable institution à New York, ce *deli* sert une cuisine juive dans la plus grande tradition et est surtout fréquenté par la communauté juive de l'Upper East Side. En hiver, pour une soirée new-yorkaise typique, installez-vous près de la grande baie vitrée pour observer les passants et commandez la *matzoh ball soup*, sorte de bouillon de poulet et de légumes agrémenté de boulettes, parfaite pour lutter contre le froid. Le reste du temps, commandez un assortiment de petites assiettes et partagez, tout simplement. Une expérience authentique.
▶ **Autre adresse :** 162 East 33rd Street ✆ +1 212 689 9000

2nd Avenue Deli.

■ LE BOTANISTE

833 Lexington Ave
Upper East Side
✆ +1 917 262 0766
www.lebotaniste.us
info@lebotaniste.us
M° Lexington Ave-63rd St
(lignes F, Q).
Ouvert tous les jours de 11h à 21h. Plats à 15 US$.
Ce restaurant végétarien a été créé par le fondateur de la très populaire chaîne belge Le Pain Quotidien. Le cadre, inspiré d'une boutique d'apothicaire, est très sympa et, détail amusant, les serveurs qui s'agitent derrière le comptoir où il faut commander sont tous vêtus d'une blouse blanche. Le menu met l'accent sur les légumes et les ingrédients bio, avec des plats tels que le chili con carne et les pâtes à la sauce bolognaise, qui sont réalisés grâce à des substituts de viande. C'est étonnamment bon et, surtout, on ne se sent pas lourd à la fin du repas.

■ SWEETGREEN

137 E 61st Street
Upper East Side
✆ +1 646 859 1300
www.sweetgreen.com
hello@sweetgreen.com
M° Lexington Ave-63rd St
(lignes F, Q).
Ouvert tous les jours de 10h30 à 21h. Salades autour de 13 US$.
Une chaîne de bars à salade qui fait fureur aux Etats-Unis, parce qu'elle propose des salades réalisées à partir d'ingrédients de saison et issus de fermes locales, et parce qu'elle le fait vite et bien. Vous pouvez personnaliser votre salade selon vos goûts ou opter pour celles proposées au tableau. Dans tous les cas, elles sont énormes et peuvent être servies chaudes (lorsqu'elles sont à base de quinoa par exemple) ou froides. Il n'y a pas d'endroit où s'asseoir mais, s'il fait beau, Central Park et ses nombreux bancs, à trois rues de là, n'attendent que vous.

BONNES TABLES

■ JG MELON

1291 3rd Avenue
Upper East Side
✆ +1 212 650 1310
www.jgmelonnyc.com
info@jgmelonnyc.com
M° 77th Street (ligne 6).
Ouvert tous les jours de 11h30 à 3h (jusqu'à 1h le dimanche). Plats de 10 à 20 US$.
J.-G. Melon est une institution de l'Upper East Side depuis 1972. Ici on ne réserve pas, c'est démocratique et ça explique sans doute le succès de Melon, où se pressent célébrités et *yuppies* plus vrais que nature. La (très bonne) cuisine est américaine : *cheeseburgers*, pâtés de viande ou steak. Certains prétendent d'ailleurs que c'est ici que sont servis les meilleurs burgers de la ville. Il y a deux salles, mais, si vous êtes seul, dînez au bar, c'est la seule façon de faire des connaissances. La terrasse en été est également très agréable.

■ ORSAY

1057 Lexington Avenue
www.orsayrestaurant.com
✆ +1 212 517 6400
www.orsayrestaurant.com
gm@orsayrestaurant.com
M° 77th Street (ligne 6).
Ouvert tous les jours de 12h à 21h30 (20h30 le dimanche et le lundi). Plats de 27 à 57 US$.

Orsay est un petit coin de France au cœur de l'Upper East Side... Cette brasserie de style parisien propose tous les classiques de la gastronomie française, et le fait bien : escargots, soupe à l'oignon, salade lyonnaise ou pâté de foie en entrée ; croque-monsieur, steak tartare, poulet rôti, steak au poivre ou encore bœuf bourguignon en plat principal ; et, pour finir en douceur, une tarte Tatin servie délicieusement tiède ou un assortiment de macarons faits maison... Quelle que soit l'heure de la journée, l'immense salle de restaurant ne désemplit pas.

LUXE

■ DANIEL

60 E 65th Street
© +1 212 288 0033
www.danielnyc.com
danielinquiry@danielnyc.com
M° 68 St (ligne 6) et Lexington Ave-63rd St (lignes F, Q).
Ouvert du mardi au dimanche de 17h à 22h. Menu dégustation à 275 US$.

Cela fait plus de 25 ans que ce monument de l'Upper East Side a ouvert ses portes. Récompensé de deux étoiles au guide *Michelin*, le restaurant du chef Daniel Boulud sert une cuisine française classique et raffinée, avec une touche de modernité qui plait autant à la clientèle américaine qu'aux Français. Parmi les habitués, on compte de nombreuses célébrités qui y ont une table de choix. Si votre budget est limité, vous pouvez vous installer au *bar lounge*, profiter du menu plus accessible ou commander quelques plats, en accompagnant le tout de délicieux cocktails.

SHOPPING

■ LA BOUTIQUE RESALE

au 2e étage, 1065 Madison Avenue
Upper East Side
© +1 212 517 8099
www.laboutiqueresale.com
M° 86th Street (lignes 4, 5, 6).
Ouvert du lundi au samedi de 10h30 à 19h et le dimanche de 11h à 18h30.

Daniel.

L'Upper East Side n'abrite pas uniquement des boutiques de luxe ! Cet endroit vous permettra de dénicher de fabuleux vêtements d'occasion, pour la plupart hauts de gamme, à des prix défiant toute concurrence.

■ LIBRAIRIE ALBERTINE

972 Fifth Avenue, Upper East Side
✆ +1 212 650 0070
albertine.com
info@albertine.com
M° 77th Street (6).
Ouvert tous les jours de 10h à 18h.
Depuis l'ouverture de cette librairie française en 2014, les francophiles et francophones de New York sont aux anges. Même si vous n'avez pas de livre à acheter, Albertine mérite le détour pour ses locaux absolument magnifiques, dans les bâtiments anciens des services culturels de l'ambassade de France aux Etats-Unis. L'espace a été conçu par le célèbre architecte Jacques Garcia sur le modèle des belles bibliothèques privées à la française. La librairie propose plus de 14 000 œuvres françaises en version originale ou traduites.

SORTIR

■ BEMELMANS BAR

35 East 76th Street
Upper East Side
✆ +1 212 744 1600
www.thecarlyle.com/dine4.cfm
thecarlyle@rosewoodhotels.com
M° 77th Street (ligne 6).
Ouvert tous les jours à midi, fermeture de minuit à 1h selon les soirs. Cocktails à partir de 20 US$.
Un bar d'hôtel classe et réputé qui propose d'excellents cocktails (le bloody mary est recommandé) et qui, bonne nouvelle, n'est pas connu des touristes. La clientèle est surtout composée des riches résidents de l'Upper East Side, politiciens, hommes d'affaires et mondains... Alors forcément, les prix sont élevés. Des groupes de jazz s'y produisent quasiment tous les soirs. Le cadre, à tendance Art déco, est des plus originaux, avec la gigantesque fresque murale réalisée par Bemelmans, artiste qui a donné son nom au lieu, connu pour ses livres pour enfants.

Welcome!

Maisons en brownstone de la 127th Street (Harlem). © AUTHOR'S IMAGE

HARLEM ET LE NORD

IMMANQUABLE DANS CE QUARTIER

- Avoir la chair de poule en écoutant un chœur de Gospel.
- Affûter ses connaissances sur la culture afro-américaine.
- Assister à un show au légendaire Apollo Theater.
- Visiter The Cloisters, le plus français des lieux new-yorkais.
- Croquer un burger dans un *joint*, avec supplément fromage.

vers The Cloisters
et Dyckman farmhouse
museum
Vers Morris
Jumel Mansion
145 th St.
145 th St.
West 145 th St.
West 144 th St.
W 143 rd St.
W 142 nd St.
Bradhurst Ave.
Riverbank
State Park
Hamilton Place
St Nicholas Avenue
West 140 th St.
Stiver's Row
West 138 th St.
St Nicholas Terrace
Edgecombe Avenue
137 th St.
City College
udson
River
West 136 th St.
125 th St.
Henry Hudson Pkwy
West 135 th St.
Amsterdam Avenue
W. 134 st.
West 134 th St.
W. 133 st
West 133 rd St.
A. Clayton Powell
Twelfth Ave.
Broadway
The City College
of New-York
F. Douglass Blvd
West 131 st Street.
West 130 th Street.
Convent Ave.
St Nicholas Ter
Manhattan Avenue
HARLEM
West 129 th St.
125 th St.
Tiemann Pl.
West 126 th Street
West 125 th Street
West 127 th Street.
Riverside Drive West
Apollo
Theatre
La Salle.
125 th St.
West 124 th Street.
West 123 rd St.
Riverside
Church
West 122 nd Street.
West 122 nd Street.
Claremont Avenue
West 121 st Street.
West 120 th St.
Morningside Park
Morningside Avenue
Morningside Drive
West 119 th Street.
West 118 th Street.
Riverside Drive
Broadway
Riverside
Park
Columbia
University
Amsterdam Avenue
West 117 th Street.
St Nicholas Avenue
116 th St.
West 116 th Street.
116 th St.
West 115 th Street.
West 114 th Street.
West 114 th Street.
West 113 th Street.
West 113 th Street.
West 112 th Street.
St John the
Divine
Cathedral
Close
Cathedral Parkway
Cathedral Parkway
West 110 Th Street
Central Park

HARLEM ET LE NORD
Musée
Curiosité
Edifice religieux
Station métro
0
400 m
N
THE BRONX
East River
Harlem River Drive
Franklin Roosevelt Drive
145 th St.
The Abyssinian Baptist Church
West 137 th St.
Schomburg Center
135 th St.
East 135 th St.
Fifth Ave.
East 132 nd St.
East 131 st St.
East 130 th St.
East 129 th St.
East 128 th St.
Malcom X Blvd
Madison Avenue
East 127 th S.
East 126 th S.
125 th. St.
125 th. St.
East 125 th St.
East 124 th St.
Studio Museum of Harlem
Marcus Garvey Park
East 120 th St.
Park Avenue
Lexington Avenue
Third Avenue
Second Avenue
East 121 st St.
East 120 th St.
East 119 th St.
East 118 th St.
East 117 th St.
Fifth Avenue
First Avenue
East 116 th St.
116 th St.
116-th St.
East 115 th St.
Jefferson Park
E 112 nd St.
Central Park North (110 th St)
East 111 st reet
110 th.St.
East 110 Th Street
SPANISH HARLEM

HARLEM ET LE NORD

Urbanisé à partir de 1880, le quartier de Harlem, du néerlandais « *Nieuw Haarlem* », soit « Nouvelle-Haarlem » – Haarlem étant une ville des Pays-Bas –, fut d'abord le lieu de résidence et de villégiature d'une classe plutôt aisée d'immigrants d'Europe du Nord et de l'Est. C'est véritablement à partir de 1910, suite à l'expansion de la ville, que les Noirs américains commencent à s'installer dans ce quartier. Il devient tout à la fois centre de la lutte pour l'égalité des droits civiques et foyer de la culture afro-américaine : des caractéristiques qui font aujourd'hui sa renommée mondiale. Les frontières de Harlem sont délimitées au sud par la 96e rue et Washington Heights. Toutefois, l'espace est officieusement délimité par la 110e rue au sud et par la 155e rue au nord. Longtemps considéré comme un ghetto, Harlem est aujourd'hui plus dynamique que jamais. Le fait que Bill Clinton ait choisi d'y installer ses bureaux en 2001, sur l'emblématique 125th Street – à 5 minutes de l'Apollo –, traduit bien cette mutation urbaine.Passer la 96th Street en direction du nord, à pied, en voiture ou en bus, donne encore la sensation de franchir une frontière sociale. Harlem s'est cependant grandement assagi avec les années « Tolérance Zéro » et la hausse des loyers. De nombreux bâtiments, laissés à l'abandon pendant deux décennies (fenêtres brisées, cages d'escalier incendiées, électricité coupée), ont été réhabilités, et la bourgeoisie blanche redécouvre le charme de ses vieilles demeures en brownstones et de ses quartiers résidentiels arborés… Mais, changement de noms des avenues à l'appui, Harlem demeure le symbole et la mémoire de l'histoire mouvementée des Noirs américains. En témoignent les gospels incarnés, chantés dans les quatre cents paroisses de Harlem chaque semaine… Des cités de East Harlem aux brownstones de Striver's Row, vous ressentirez l'esthétique brute d'un quartier où tout est plus dur et plus beau. De l'Apollo Theatre au Schomburg Centre, vous y verrez de belles cicatrices et expérimenterez la splendeur issue du sang, de la sueur et des larmes.Harlem est à la fois symbole du malaise racial en Amérique, frontière géographique et mentale que les New-Yorkais blancs hésitent encore à franchir, et fleuron touristique très prisé des visiteurs du monde entier, au grand étonnement des Américains. Les week-ends et la journée sont donc les moments les plus propices à une excursion individuelle, et les visites organisées restent d'excellentes occasions de voir ce qui mérite d'être vu, apprécié, aimé et deviné, en prenant le minimum de risques.

Au nord de Harlem, une attraction touristique vaut le détour à Washington Heights : The Cloisters (le cloître), une enceinte construite avec des fragments de cloîtres français qui abrite des œuvres d'art médiévales venant d'Europe et notamment de France. A noter que, très régulièrement, des films sont tournés dans ce quartier car les rues sont assez peu peuplés et il est beaucoup plus facile et moins coûteux de fermer un *block* entier de Washington Heights que de SoHo.

VISITER

■ THE CLOISTERS ★

Fort Tryon Park
Washington Heights
✆ +1 212 923 3700
www.metmuseum.org
cloisters@metmuseum.org
M° 190th Street (ligne A),
sortez de la station par l'ascenseur et marchez en direction du nord sur Margaret Corbin Drive pendant environ 10 minutes.
Ouvert du jeudi au mardi de 10h à 17h. Tarif : 25 US$ (accès au Metropolitan sous 3 jours).

Le lieu le plus français de New York, dans son histoire comme dans son architecture. The Cloisters regroupe cinq cloîtres médiévaux français et expose des trésors datant du Moyen Age. L'extraordinaire destin de ces fragments romans et gothiques européens, recomposés en un ensemble médiéval américain, se confond avec la vie aventureuse d'un sculpteur et collectionneur new-yorkais : George Grey Barnard, qui sillonna la France pendant dix ans, à la recherche de trésors qu'il achetait aux paysans.
Construite sur une haute colline boisée, Fort Tryon Park, qui domine Harlem et l'Hudson River, l'emplacement de cette abbaye romane en fait l'un des musées new-yorkais les plus attachants. Dans le jardin du cloître de Trie-en-Bigorre, on retrouve les plantes représentées dans les tapisseries dites de *La Chasse à la Licorne*. Le lieu abrite également des manuscrits célèbres, tels *Les Belles Heures* de Jean de France.

The Cloisters.

Dyckman Farmhouse Museum.

■ DYCKMAN FARMHOUSE MUSEUM

4881 Broadway
Washington Heights
✆ +1 212 304 9422
www.dyckmanfarmhouse.org
info@dyckmanfarmhouse.org
M° 207th Street (ligne A).
Ouvert le jeudi de 10h à 16h, et le vendredi et le samedi de 10h à 14h. Entrée : 3 US$.

La dernière ferme coloniale hollandaise sur l'île de Manhattan. Construite en 1784 à une époque où les demeures de maître se trouvaient à l'extrême nord de Manhattan et à Harlem ouest, elle est un témoignage unique de l'histoire. Tout autour s'étendait la plus grande plantation de Manhattan. A l'époque de la guerre d'Indépendance, cette prestigieuse villa a servi de QG alternativement aux commandements anglais et américains. Vendue en 1871, elle fut rachetée en 1916 par les descendants de la famille, restaurée et donnée à la ville.

■ HAMILTON GRANGE NATIONAL MEMORIAL

503 West 145th Street
Harlem
✆ +1 212 926 2147
www.nps.gov/hagr
karl_beard@nps.gov
M° 145th Street (ligne 1).
Du mercredi au dimanche. Visites libres de 12h 13h et 15h et 16h, visites guidées à 10h, 11h et 14h. Entrée libre.

L'ancienne maison d'Alexander Hamilton, le bras droit de George Washington, est aujourd'hui un musée qui relate la vie quotidienne au début du XIXe siècle. Considéré comme un des *founding fathers* de l'Amérique, Alexander Hamilton a notamment participé à la rédaction de la Constitution. Sa maison de campagne est restée inchangée depuis sa construction en 1802. Cette demeure de style colonial fut néanmoins déplacée à deux reprises. D'abord de quelques *blocks* en 1889, puis d'une centaine de mètres en 2008. Six heures furent nécessaires à ce deuxième déménagement !

SE RESTAURER

PAUSE GOURMANDE

■ **LEVAIN BAKERY**
2167 Frederick Douglass
Harlem
✆ +1 212 874 6080
www.levainbakery.com
info@levainbakery.com
M° 116th Street
(lignes A, C, B).
Ouvert tous les jours de 8h à 20h. Cookie à partir de 4,50 US$.

Les New-Yorkais sont prêts à faire la queue pendant un long moment pour obtenir ce cookie estampillé *best cookie in the city* par un grand nombre de *foodies*. Cette adresse n'est heureusement pas la plus populaire (il s'agit de la boutique originale ouverte en 1995, qui se trouve dans l'Upper West Side), mais quoi qu'il en soit, l'attente paraît bien dérisoire lorsque l'on croque enfin dans le précieux sésame : fondant et croustillant à la fois, il y a peu de chance que vous en ayez déjà mangé de meilleur. Quel que soit votre choix, vous serez conquis.

◗ **Autre adresse :** 167 West 74th Street et 351 Amsterdam Avenue ✆ +1 212 874 6080

MESSE GOSPEL À HARLEM

Devenues touristiques avec le temps, les messes de Harlem n'en sont pas moins authentiques. Des communautés de fidèles s'y rendent chaque dimanche et vous serez toujours le bienvenu dans l'une des 400 églises du quartier.

La discrétion est cependant de rigueur (nous sommes dans un lieu de culte...), ne partez pas en plein milieu et venez bien habillé... Pendant l'office, pas d'étonnement si votre voisin vous prend dans ses bras selon les instructions du prêcheur. La messe est en grande partie chantée, souvent exaltée et suivie d'un long prêche.

■ **METROPOLITAN COMMUNITY UNITED METHODIST CHURCH**
1975 Madison Avenue
Harlem
M° 125th Street (lignes 2, 3, 4, 5, 6).
La messe a lieu le dimanche à 11h, en juillet et août à 10h.
Une église assez peu fréquentée par les fidèles et donc rarement investie par les touristes. De l'authenticité donc, et d'excellents chœurs. Comme dans toutes les églises, les touristes sont invités à se faire discrets et à ne pas prendre de photos. L'église est un lieu pour exercer sa religion et non une salle de spectacle.

BIEN ET PAS CHER

■ AMOR CUBANO

2018 3rd Ave, Harlem
✆ +1 212 996 1220
www.amorcubanonyc.com
info@amorcubanonyc.com
M° 110 St (lignes 4, 6).
Ouvert du lundi au samedi de 12h à 22h (23h30 vendredi et samedi) et le dimanche de 12h à 22h. Plats autour de 25 US$.

Petit troquet cubain à l'ambiance tropicale et relax. Décor tamisé, soirées concert et cuisine caribéenne très réussie et à petits prix. A découvrir, pour un voyage dans le voyage.

■ AMY RUTH'S

113 West 116th Street
Harlem
✆ +1 212 280 8779
www.amyruthsharlem.com
amyruthscatering@gmail.com
M° 116th Street (lignes 2 et 3).
Ouvert du lundi au jeudi de 11h30 à 21h30, vendredi et samedi de 11h à 22h30, dimanche de 11h à 21h30. Plats à 25 US$.

Amy Ruth's est un classique et une institution locale à Harlem. Le propriétaire a nommé le restaurant en l'honneur de sa grand-mère, cuisinière attentive et chrétienne dévote de l'Alabama. Nombreuses sont les célébrités afro-américaines à être passées par là, comme Billy Holiday, Spike Lee ou Alicia Keys. Le restaurant propose de la *home style southern cuisine* et des spécialités de gaufres salées et sucrées. De quoi se régaler, mais il faudra jouer des coudes, c'est souvent bondé, notamment le dimanche midi.

■ HARLEM SHAKE

100 W 124th Street
Harlem
✆ +1 212 222 8300
www.harlemshakenyc.com
jpasic@harlemshakenyc.com
M° 125th Street (lignes 2, 3).
Ouvert du dimanche au jeudi de 11h à 23h, le vendredi et le samedi de 11h à 2h. Plats autour de 10 US$.

Harlem Shake.

© NATALLYA NAUMAVA – SHUTTERSTOCK.COM

Bagels.

Un look rétro pour ce *diner* américain, servant de très bons burgers et milkshakes à des prix défiant toute concurrence. En 2018, le restaurant a d'ailleurs remporté le prix du meilleur burger de New York selon le magazine *TimeOut*, alors vous pouvez y aller les yeux fermés. Des événements sont organisés tout au long de la semaine : concerts, soirées karaoké, etc. Au mur, sur le Wall of Fame, sont accrochées des photos dédicacées de célébrités afro-américaines, citons Samuel L. Jackson, Regina Hall et Janet Jackson. Une institution dans le quartier.

■ LE PETIT PARISIEN
151 Malcolm X Blvd
✆ +1 917 262 0524
www.lepetitparisienusa.com
hello32@lepetitparisienusa.com
M° 116th Street (lignes 2 et 3).
Ouvert tous les jours de 8h à 18h. Sandwiches autour de 10 US$, pâtisseries à partir de 3 US$.
Le Petit Parisien est votre petit coin de France à Harlem ! Faites-y une escale le temps de déguster une viennoiserie accompagnée d'un bon café. On apprécie le fait que les croissants et pains au chocolat y soient plusieurs dollars moins chers que dans la plupart des boulangeries françaises de New York. L'endroit, tout en longueur, est très chaleureux, avec ses murs en briques recouverts de tableaux (si vous avez un coup de cœur pour une toile, vous pouvez l'acheter !). Pour une faim plus conséquente, les sandwiches sont tout indiqués.

BONNES TABLES

■ MAISON HARLEM
341 St Nicholas Avenue
Harlem
✆ +1 212 222 9224
www.maisonharlem.com
info@maisonharlem.com
M° 125 St (lignes A, C, B, D).
Ouvert du lundi au jeudi de 12h à 23h et du vendredi au dimanche de 11h à 23h. Plats de 17 à 34 US$.

L'ambiance de ce bistro populaire, tenu par un Français, est prenante – plus encore en soirée quand les musiciens viennent *jamer* joyeusement dans la belle salle du fond. Côté assiette, que ce soit à l'heure du brunch, du lunch ou du dîner, on fait les choses bien à Maison Harlem. De la tartine-baguette et confiture au véritable *continental breakfast* pour le petit-déjeuner, on se dirige vers une soupe à l'oignon, un cassoulet ou un couscous royal à midi, ou peut-être une daurade sauce vierge... Signalons également les cocktails et la superbe carte des vins.

■ RED ROOSTER

310 Lenox Avenue, Harlem
✆ +1 212 792 9001
www.redroosterharlem.com
info@redroosterharlem.com
M°125th Street (lignes 2, 3).
Ouvert en semaine de 12h à 21h (21h45 vendredi), samedi de 11h à 21h45 et dimanche de 11h à 21h. Plats de 15 à 40 US$.

Red Rooster est LE restaurant le plus coté d'Harlem. Il n'y a qu'à observer la population, jeune et branchée, qui y fait la queue chaque week-end, pour dîner ou bruncher. Les plats, de la *comfort food*, rendent hommage aux racines de la cuisine américaine. A goûter absolument si vous êtes deux, le *seafood festival jambalaya*, une poêlée de poissons et fruits de mer à l'aïoli citronné. Plus que la nourriture, c'est l'ambiance qui a retenu notre attention : au Red Rooster, on parle beaucoup, on rit fort et on s'ambiance sur la musique.

■ SYLVIA'S

328 Lenox Avenue – 126th Street
Harlem ✆ +1 212 996 0660
www.sylviasrestaurant.com
info@sylviasrestaurant.com
M° 125th Street (lignes 2, 3).
Ouvert du dimanche au jeudi de 11h à 20h, vendredi et samedi de 11h à 22h. Plats de 15 à 30 US$.

On ne vous le cache pas, Sylvia's est très touristique, mais non moins recommandable. Sylvia, fille du Sud, a ouvert cette petite salle de quartier il y a 30 ans. On y sert déjà les fameuses côtes de porc à la sauce aigre-douce. Aujourd'hui, le lieu est envahi à longueur d'année par les étrangers sortant d'un gospel dominical, mais l'aspect douillet de l'endroit et la qualité de la cuisine du Sud séduisent. Sylvia et son mari Herbert, ancien marin de la Navy, sont toujours aux commandes. Le soir et le dimanche à midi, repas en musique.

SHOPPING

■ FLAMEKEEPERS HAT CLUB

273 W 121 Street
✆ +1 212 531 3542
www.flamekeepershatclub.com
info@flamekeepershatclub.com
M° 125th St (lignes A, C, B, D).
Ouvert du mercredi au samedi de 12h à 18h et le dimanche de 12h à 16h.

Marc Williamson, dandy et artisan-chapelier, vous attend dans sa fastueuse boutique pour vous aider à trouver chaussure à votre pied, ou plutôt chapeau à votre tête. Résolument l'une des boutiques les plus élégantes d'Harlem ! Si vous êtes perdu face à ce vaste choix de chapeaux de toutes les couleurs et formes, n'hésitez surtout pas à demander conseil à Marc. Les couvre-chefs, ça le connaît, il n'y a qu'à le regarder pour voir qu'il maîtrise son sujet ! *A lifestyle shopping experience for dads, uncles, brothers and sons.*

SORTIR

■ 67 ORANGE STREET

2082 Frederick Douglass Blvd
Harlem
✆ +1 212 662 2030
www.67orangestreet.com
reservations@67orangestreet.com
M° Cathedral Pkwy-110th Street (lignes B, C).
Ouvert du dimanche au jeudi de 17h à minuit et vendredi et samedi de 17h à 2h. Cocktails à 16 US$.

Un des rares *speakeasies* d'Harlem encore ouverts aujourd'hui. Ce bar à l'atmosphère très *chill* – comprenez à la cool – est connu à New York pour sa liste dantesque de cocktails. Gin et concombre, vodka et cannelle, l'inventivité des menus est telle qu'on ne sait pas trop à quoi s'attendre lorsque l'on commande. Les cocktails sont classés par boisson spiritueuse (rhum, vodka, gin, whiskey...). N'hésitez pas à demander conseil au barman si vous ne savez pas quoi choisir. Une adresse à découvrir pour une soirée plutôt reposante.

■ APOLLO THEATRE

253 West 125th Street
Harlem
✆ +1 212 749 5838
www.apollotheater.com
boxoffice.info@apollotheater.org
M° 125th Street (lignes 2, 3).

Légende de la musique noire américaine, ce théâtre burlesque construit en 1913 est initialement réservé aux Blancs. Dès les années 1930, l'Apollo devient le centre de performance des artistes et du public noir. Billie Holiday, Duke Ellington, Dizzie Gillespy, Aretha Franklin, Ray Charles, Marvin Gaye, etc : tous les grands s'y sont succédé. Les « amateur nights », réservées aux artistes débutants, ont vu les débuts de James Brown ou des Jackson Five. Le principe est simple : à la fin de chaque performance, le public applaudit ou hue selon son appréciation.

67 Orange Street.

■ BARAWINE

200 Lenox Avenue
Harlem
✆ +1 646 756 4154
www.barawine.com
info@barawine.com
M° 116th Street (lignes B, C, 2, 3).
Ouvert de 16h à 22h (plus tard le week-end), le dimanche dès 12h. Bières à 6 US$.

Ouvert à l'été 2013 dans une salle tout en longueur faisant un coin de rue (qui se convertit en terrasse à la belle saison), le Barawine est un lieu assez branché où l'on vient aussi bien pour l'apéro en semaine (l'happy hour est assez intéressant) que pour dîner franchement, pourquoi pas sur la grande table commune. Larges baies vitrées donnant sur la rue, fréquentes sessions de DJ et époustouflante carte de vins et cocktails, voilà qui devrait en ravir plus d'un. Côté solide, citons le tartare de thon, la salade niçoise et la soupe à l'oignon.

■ BILL'S PLACE

148 W 133rd St
Harlem
✆ +1 212 281 0777
www.billsplaceharlem.com
billsplaceharlem@gmail.com
M° 135th Street (2, 3).
Ouvert tous les vendredis et samedis à partir de 18h30. Les concerts ont lieu à 19h et 21h. Prix : 30 US$.

Ce *speakeasy,* ouvert au début des années 1920, en pleine *prohibition*, ne vend plus d'alcool aujourd'hui, mais il est possible de rentrer avec ses bouteilles. Ce n'est donc pas pour les boissons qu'on l'on fréquente Bill's Place, mais pour la qualité des concerts de jazz qui se déroulent tous les vendredis et samedis soirs. Durant les grandes heures du jazz new-yorkais, Billie Holiday, Duke Ellington et Fats Waller étaient des habitués. Entre chaque performance, le maître des lieux, Bill Saxton, un saxophoniste né en 1946, revient sur l'histoire des lieux.

Point de vue « Il était une fois en Amérique ».

© PLAINVIEW - ISTOCKPHOTO.COM

IMMANQUABLE DANS CE QUARTIER

- Via Brooklyn Bridge, rejoindre le Brooklyn Museum of Art.
- S'imprégner de *street culture* à Williamsburg et Bushwick.
- Faire un bond dans le temps au parc d'attractions de Coney Island.
- Découvrir la dernière maison de Louis Armstrong, dans le Queens.
- Monter dans le Bronx, pour son zoo et le Yankee Stadium.

BROOKLYN

★★★

Brooklyn attire, Brooklyn est chic ou fashion, si attirant pour la jeunesse branchée car encore légèrement décadent. Le *borough*, dont le nom provient de la ville hollandaise de Breukelen, fait partie intégrante de New York mais il est un monde à part, si diversifié qu'il est difficile de grossir le trait. Hasard de la géographie et nécessité de l'histoire, Brooklyn a été rattaché à New York City en 1898. S'il n'en faisait pas partie, il serait la quatrième plus grande ville des Etats-Unis ! D'abord établi à Brooklyn Heights en face de Manhattan et accessible par le ferry de South Street Seaport, le *borough* connaît son essor grace à la construction du Brooklyn Bridge, qui draine vers les grands espaces vierges une abondante main-d'œuvre immigrée. Aujourd'hui, Brooklyn a son accent, son mode de vie, son identité, marqués par une grande diversité : quoi de commun entre East New York, l'un des ghettos les plus menaçants de New York, et les alignements de maisons particulières et cossues de Brooklyn Heights et de Park Slope ? Un amour commun du *borough* peut-être. Les Brooklynites n'oublient jamais leurs origines, sont fiers d'appartenir à ce quartier, et pour beaucoup ne voudraient pas vivre ailleurs. Et une chose semble sûre : les Brooklynites ne sont pas des banlieusards au sens français du terme, en ce sens que Brooklyn fait partie intégrante de New York. Mais il se suffit à lui-même aussi, avec ses propres commerces, restaurants et lieux de sortie. C'est d'ailleurs plutôt Brooklyn qui attire Manhattan que l'inverse ! Les habitants de Manhattan sortent le soir dans des lieux alternatifs ou branchés, ils viennent y bruncher le week-end ou chiner dans ses *flea markets*, parmi les plus animés de New York. Ils viennent aussi s'y installer, pour fuir le stress de Manhattan. Les loyers y sont parfois moins chers, même si le phénomène de gentrification a également atteint le *borough* (Williamsburg coûte aujourd'hui aussi cher que Manhattan). Si Brooklyn est parfois négligé par les touristes, sans Brooklyn, New York n'est rien. *It's a Brooklyn state of mind !*

▸ **Parmi les incontournables,** ne manquez pas Brooklyn Heights. Une jolie façon de rejoindre cette rive emblématique consiste à traverser le Brooklyn Bridge depuis Manhattan pour la rejoindre un peu avant le coucher du soleil… A ne pas manquer non plus, la visite du Brooklyn Museum of Art, musée de premier plan qui recèle l'une des plus belles collections d'égyptologie au monde. Visitez-le le matin, avant de découvrir les jardins botaniques attenants et de vous balader dans Prospect Park. Tout près, Park Slope, quartier de prédilection de Paul Auster et des jeunes familles *hipsters*, vous attend. Nourriture bio, petits cafés et magasins de fripe sont au programme.

BROOKLYN
Metropolitan Avenue
WILLIAMSBURG
Manhattan Bridge
Brooklyn Bridge
East River
Fushing Avenue
DUMBO
Navy Yard
Brooklyn-Queens Expwy
BUSHWICK
Broadway
Bushwick Avenue
BROOKLYN HEIGHTS
Myrtle Ave.
CLINTON HILL
De Kalb Ave.
Lafayette Ave.
Lexington Ave.
Brooklyn Battery Tunel
Governors Island
COBBLE HILL
Flatbush Ave.
Fulton St.
Washington Av
BEDFORD STUYVESANT
Brooklyn-Queens E.
Clinton St.
Court St.
Smith St.
Bergen St. F-G
Buttermilk Channel
Conover St.
Atlantic Ave.
Carrol St.
Grand Army Plaza
PROSPECT HEIGHTS
CROWN HEIGHTS
CARROLL GARDENS
Brooklyn Museum
Eastern Pkwy
PARK SLOPE
9 th St.
Brooklyn Botanic Garden
Prospect Park Zoo
Empire Blvd
Govanus Bay
Gowanus Expwy
4 th Ave.
Prospect Park
Bedford Ave.
Rockaway Pkwy
Remsen Avenue
Prospect Ewpwy
Green Wood Cemetery
5 th Ave.
Linden Blvd
Holy Cross Cemetery
New York Ave.
Utica Ave.
Kings Highway
Nostrand Ave.
Mc Donald Ave.
DITMAS PARK
SUNSET PARK
Fort Hamilton Pkwy
Ralph Avenue
EAST FLATBUSH
Bay Ridge
Ditmas Ave.
Forster Ave.
BOROUGH PARK
FLATBUSH
Belt Parkway
BAY RIDGE
65 th St.
4 th Ave.
New Utrech Ave.
Flatlands Ave.
MIDWOOD
Washington Cemetery
DYKER HEIGHTS
18 th Ave.
Bay Parkway
Ocean Parkway
Coney Island
Ocean Ave.
MARINE PARK
86 th St.
Flatbush Avenue
Kings Plaza
Dyker Beach Park
BENSONHURST
Mc Donald Ave.
Nostrand Ave.
Marine Park
rrazano
Crospey Ave.
Stillwell Ave.
HOMECREST
Avenue U
GRAVESEND
SHEEPSHEAD BAY
Gravesend Bay
Belt Parkway
mmons Ave.
Plum Beach
CONEY ISLAND
MANHATTAN BEACH
Surf Ave.
New York Aquarium
Keyspan Park Brooklyn Cyclones
1 500 m.
Jamaica Bay

En fin de journée, une pause shopping dans Smith Street et ses rues attenantes de Carroll Garden s'impose, avant de sortir dans le coin ou vers Williamsburg et Dumbo, essence même des quartiers branchés. Autre option : Fort Greene et ses petits *brownstones* aux perrons de stuc retapés et ses faux airs de West Village. Ou alors, Ditmas Park et ses maisons victoriennes très colorés. Sans oublier l'extrême sud, décalé à souhait, qui mérite que l'on y passe une journée. A Coney Island ou Brighton Beach (lignes B, D, F ou N), les plages de l'Atlantique vous attendent. Exotisme et dépaysement garantis. Brighton Beach, connu sous le nom de « Little Odessa » (lignes D et Q), abrite les communautés ukrainiennes et russes. Avec ses épiceries, ses restos typiques, ses inscriptions cyriliques, ses défilés de chapkas en hiver et ce je-ne-sais-quoi d'influence slave, ce quartier dégage une atmosphère unique… A quelques encablures, Coney Island, prisée pour son parc d'attractions d'un autre temps et sa longue plage, a des allures de vieux décor de film. On y retrouve le New York des années 1980-1990 dans l'architecture et l'ambiance. Le trajet en métro est long (compter environ une heure depuis Downtown Manhattan), mais ces lieux hors normes valent la peine d'y consacrer un après-midi (par beau temps !).

VISITER

BEDFORD AVENUE ★★

M° Bedford Avenue (L).

L'artère principale du quartier de Williamsburg. Beaucoup de commerces, de très bons restaurants, des cafés très sympa, et des bars animés. Une très bonne balade à faire si vous en avez assez des buildings. Même si le lieu s'est fortement embourgeoisé depuis cinq ans et que des chaînes telles Starbucks et Dunkin Donuts se sont installées, le quartier a su préserver une atmosphère de petit village sympathique et dynamique. De préférence, flânez sur Bedford Ave le week-end pour profiter des nombreux marchands ambulants et des brunches en terrasse.

Bedford Avenue.

© BEKLAUS – ISTOCKPHOTO

Jardin botanique de Brooklyn.

Une fois la nuit tombée, le quartier se transforme et n'a rien à envier au Lower East Side. On danse, on chante, on crie, on boit, bref on ne dort pas.

BROOKLYN BOTANIC GARDEN ★★

990 Washington Avenue
Prospect Park
✆ +1 718 623 7200
www.bbg.org
M° Botanic Garden (ligne S) et Franklin Avenue (lignes 2, 3, 4, 5).
Ouvert du mardi au vendredi de 8h à 18h, le week-end de 10h à 18h. Horaires réduits en hiver. Tarif : 18 US$.
Fondé en 1910, ce jardin botanique comporte 1 000 variétés de roses, 300 variétés de plantes aromatiques et médicinales, 82 plantes et fleurs mentionnées dans les pièces de Shakespeare, un superbe jardin japonais à faire pâlir n'importe quel bonsaï, une serre tropicale et une autre pour les plantes désertiques. Les malvoyants peuvent se promener dans un jardin qui leur est consacré. Cette visite est un vrai moment de grâce. A savoir que les horaires sont réduits de novembre à mars (fermeture 1h30 plus tôt, ouverture 1h30 plus tard, selon le jour et le mois).

BROOKLYN BRIDGE ★★★★

MANHATTAN
Voir page 13.

© JODIECHAPMAN – ISTOCKPHOTO

Le fameux parc d'attractions de Coney Island.

■ **BROOKLYN BRIDGE PARK** ★★
334 Furman Street, Dumbo
✆ +1 718 222 9939
www.brooklynbridgepark.org
M° High Street (lignes A, C).
Anciennement industrielle, cette zone de Brooklyn a été revitalisée en un grand parc qui recouvre 34 hectares le long de la East River. Il rejoint la Brooklyn Heights Promenade et comprend aujourd'hui une promenade suspendue, Squibb Park and Bridge, des pelouses et terrains de volley, une plage et Jane's Carousel, un carrousel

BROOKLYN HEIGHTS ET LA PROMENADE

Le quartier de Brooklyn Heights est délimité dans un rectangle bordé à l'est par Court Street, à l'ouest par la Promenade, au nord par Poplar Street et au sud par Remsen Street. Nous vous conseillons de commencer la balade par l'hôtel de ville – M° Borough Hall (lignes 2, 3, 4 et 5) ou Court Street (ligne R). C'est en fait l'ancienne mairie de Brooklyn car, avant de devenir un *borough* de New York en 1898, Brooklyn était une ville à part entière. C'est aujourd'hui la mairie du borough. Sur la place se dresse également la cour suprême de Brooklyn. Montez au nord sur Orange Street pour y voir la Plymouth Church of the Pilgrims. Dès 1840, les pasteurs de cette église s'insurgèrent contre la survivance de l'esclavage. L'église fut fréquentée par beaucoup d'intellectuels et de personnalités de l'époque (Abraham Lincoln, Charles Dickens). Au coin de Hicks et Cranberry Streets, vous verrez des maisons en bois qui datent du début du XIXe siècle.

Au 24 Middagh Street, la plus vieille maison du quartier (1824). Dans cette rue, beaucoup de maisons ont encore des escaliers en bois et figurent au patrimoine historique des Etats-Unis. Chaque maison est dotée d'un jardin. Prenez Clark Street par Henry Street, la perspective est superbe. L'ancien Towers Hotel (au coin de Willow Street) appartient aujourd'hui aux Témoins de Jéhovah... A l'origine, ce bâtiment était une église de marins-pêcheurs danois. Descendez Willow Street entre Orange et Pierrepont Streets puis rejoignez Columbia Heights par cette dernière : les maisons y sont d'une harmonie exceptionnelle. Si vous avez le temps, faites un détour par la Brooklyn Historical Society sur Pierrepont Street avant de rejoindre la Promenade par Montague Street, pour y découvrir l'une des plus belles vues du sud de Manhattan.

■ **BROOKLYN HEIGHTS PROMENADE** ★★
Une fois le pont de Brooklyn traversé, profitez-en pour admirer la vue exceptionnelle de Manhattan depuis le quartier de Brooklyn Heights. D'abord au bord de l'eau, dans le magnifique parc Pier 1. Puis, au sud du parc, prenez le pont suspendu qui vous fera une petite frayeur ! Après l'avoir traversé, prenez Columbia Heights et, juste avant de croiser Orange St., tournez à droite pour entrer dans la Brooklyn Heights Promenade, qui s'étend sur cinq *blocks*, et offre une vue magnifique.

© PAOLO BONA – SHUTTERSTOCK.COM

Coney Island Beach.

qui date de 1922. Le tout, bien entendu, avec la *skyline* en toile de fond. Une balade au Brooklyn Bridge Park est un *must* absolu, ne serait-ce que le temps de prendre une photo avec le pont et Manhattan qui se superposent.

■ BROOKLYN MUSEUM ★

200 Eastern Parkway
Prospect Heights
✆ +1 718 638 5000
www.brooklynmuseum.org
information@brooklynmuseum.org
M° Eastern Parkway-Brooklyn Museum (lignes 2, 3).
Ouvert du mercredi au dimanche de 11h à 18h, jusqu'à 20 le vendredi et le samedi. Tarif : 16 US$.
Le deuxième plus grand musée de New York après le Metropolitan Museum of Art. Installé dans un magnifique bâtiment de style Beaux-Arts, il offre des expositions temporaires et permanentes exceptionnelles : arts du Pacifique, des Amériques, art fricain ou islamique, et l'une des plus belles collections d'art égyptien au monde. La section impressionniste dévoile des œuvres de Degas, Cézanne, Monet et Matisse et une salle entière expose une soixantaine d'œuvres de Rodin. Ce musée, malheureusement trop souvent délaissé par les visiteurs, vaut vraiment la peine d'être visité.

■ CONEY ISLAND BEACH ★★

pressoffice@parks.nyc.gov
M° Coney Island-Stillwell Ave (lignes D, N, F, Q) ou West 8th Street-New York Aquarium (lignes F, Q).
En été, la plage de Coney Island est bondée mais assez large pour que vous ne soyez pas collé à vos voisins comme sur la Côte d'Azur. La propreté de la plage n'est hélas pas irréprochable. Pour du sable et une mer plus propre, marchez le long de la page jusqu'à Brighton Beach et Manhattan Beach. C'est aussi là que vous pourrez faire du surf les jours de grands vents. Été comme hiver, la promenade (*boardwalk*) est aussi agréable qu'elle est venteuse. Sur cinq kilomètres, on y croise de nombreux marchands ambulants assez kitsch qui participent au charme du quartier.

■ DOMINO PARK ★

15 River St
Williamsburg
✆ +1 212 484 2700
www.dominopark.com
info@dominopark.com
M° Bedford Ave (L).
Entre Grand Street et S 1 Street.
Ouvert tous les jours de 6h à 1h. Accès libre.

Le Domino Park est une preuve supplémentaire que Brooklyn est devenu champion dans l'art de recycler d'anciens espaces industriels en lieux de divertissement. Le parc a été établi sur l'ancienne raffinerie Domino, l'une des marques de sucre les plus connues aux Etats-Unis.

Après 148 ans d'activité, l'usine a mis la clé sous la porte en 2004 et le parc, dont l'architecte n'est autre que James Cormer, également à l'origine de la High Line, a ouvert à l'été 2018. Il s'étend sur 5 *blocks* de rue et conjugue urbanisme, détente et nature à la perfection, avec des espaces verts, des transats sur lesquels les New-Yorkais viennent se prélasser les week-ends à la belle saison, des terrains de volley et un *food truck* qui sert des tacos.

■ FLUSHING AVE

Bushwick
Bushwick
www.thebushwickcollective.com
M° Jefferson Street (L).

Five Pointz, le spot historique des graffeurs dans le Queens désormais détruit, Flushing Ave est le nouveau terrain de jeu à New York pour ceux qui préfèrent peindre les murs que les toiles. Pour admirer les œuvres d'art, descendez à l'arrêt Jefferson sur la ligne L, puis marchez sur Wyckoff Ave en direction de Flushing. Vous trouverez quelques graffitis sur la droite, à hauteur de Saint Nicholas Ave, puis en remontant vers Troutman Ave. Ici, pas de graffiti à la sauvette, tout est géré par l'association d'artistes The Bushwick Collective.

Architecture de Brooklyn.

Luna Park.

■ **LUNA PARK** ★★

1000 Surf Avenue
Coney Island
✆ +1 718 373 5862
www.lunaparknyc.com
info@caiparks.com
M° Coney Island-Stillwell Ave (lignes D, N, F, Q) ou West 8th Street-New York Aquarium (lignes F, Q).

Ouvert d'avril à septembre (horaires variables, voir site Internet). Tarif journée : à partir de 29 US$.

Le parc d'attractions qui longe la plage et le *boardwalk* date de 1903. Après avoir été fermé en 1944, il a rouvert en 2010, non sans être rénové, avec de nombreuses nouvelles attractions, manèges et montagnes russes. Mais le charme d'antan, les loupiottes des enseignes lumineuses, tout comme quelques attractions, sont restés. C'est le cas du grand huit (*roller-coaster*) baptisé Cyclone, avec ses structures en bois sur pied depuis 1927, classé en 1988, repris par Luna Park après la fermeture du parc d'attraction voisin Astroland en 2008 et rénové entre 2012 et 2017.

■ **POINT DE VUE « IL ETAIT UNE FOIS EN AMERIQUE »** ★

A l'angle de Washington Street
Water Street
Dumbo
M° York Street (ligne 6).

Des entrepôts désaffectés, une rue pavée et, en toile de fond, le Manhattan Bridge immense, presque menaçant : cette scène mythique du film *Il était une fois en Amérique* (1984) de Sergio Leone, avec Robert de Niro, a été tournée ici. Elle s'est retrouvée sur l'affiche du film et, depuis, les cinéphiles sont nombreux à venir la rejouer. Si vous regardez de près, vous remarquerez que l'Empire State Building se dessine nettement entre les jambes de fer du Manhattan Bridge.

Le Brooklyn Bridge, une cathédrale de filins.

■ PROSPECT PARK ★

Prospect Heights et Park Slope
www.prospectpark.org
info@prospectpark.org
M° Grand Army Plaza
(lignes 2, 3), 15th Street-Prospect Park (ligne F), Prospect Park (lignes Q, S).

Frederick Law Olmsted et Calvet Vaux, après leurs succès de Central Park, ont su créer un coin de paradis pour les habitants de Brooklyn. Là où la ville leur avait imposé un cadre très strict pour Central Park, les architectes ont pu laisser libre court à leur imagination pour Prospect Park. Ce joyau de 213 ha au cœur de Brooklyn est composé d'un lac de 24 ha, d'un zoo ou encore de deux cascades. Un petit univers de verdure pour un parc bucolique qu'il serait dommage de manquer entre le Botanical Garden et le Museum of Art. Mais il mérite à lui seul la visite et nous vous conseillons vivement de vous y rendre pour assister à l'un des nombreux concerts et événements culturels du festival Celebrate Brooklyn en été. Nous vous conseillons l'entrée vers Grand Army Plaza, présidée par le monument Soldier's and Sailor's Memorial Arch (1892), en hommage aux vétérans du Vietnam. Suivre ensuite le parcours du Meadowport Arch, jusqu'au Long Meadow, en faisant le tour du parc, pour une heure de balade. A l'intérieur du parc, rendez-vous à Litchfield Villa, sur le côté ouest du parc, une demeure italienne de 1857. Le Quaker Cemetery, où repose Montgomery Clift, l'établissement des Beaux-Arts datant de 1906, le carrousel de 1912, avec ses célèbres chevaux blancs qui faisaient partie autrefois d'un des manèges de Coney Island (ouvert d'avril à octobre). Un musée également, le Lefferts Historic House Museum, une ancienne ferme hollandaise de 1783, devenue musée (gratuit et ouvert le week-end ou du jeudi au dimanche de 12h à 17h environ).

SE RESTAURER

Brooklyn se distingue par ses restaurants authentiques et peu chers. Normal quand on sait que c'est à Coney Island (un quartier de Brooklyn) que fut inventé le hot-dog, en 1889, par Charles Feltman très précisément ! Récemment, de nombreux restaurants gastronomiques, qui n'ont rien à envier à ceux de Manhattan, se sont installés à Williamsburg, et depuis peu Bushwick, Fort Greene, Park Slope... On trouve aussi quelques établissements chics à Brooklyn Heights, le quartier le plus huppé du *borough*. Pour le reste, on trouve de très bons restaurants de quartiers, dont la cuisine correspond généralement à la population environnante : mexicaine, jamaïquaine, soul food, haïtienne, et française dans le quartier de Carroll Gardens où sont installés des nombreuses familles d'expatriés.

SUR LE POUCE

■ NATHAN'S FAMOUS

1310 Surf Avenue et Stillwell Avenue
Coney Island
✆ +1 718 946 2202
www.nathansfamous.com
fl@nathansfamous.com
M° Coney Island-Stillwell Avenue (D, F, N, Q).
Ouvert tous les jours de 10h à 22h. Hot dog à 5 US$.

Etabli en 1916, Nathan's Famous est aujourd'hui le roi du hot-dog. En un siècle, les prix ont bien sûr augmenté (le hot-dog valait 10 cents en 1916 !), mais il est si réputé que respect lui est dû. Le 4 juillet de chaque année, un concours géant de mangeurs de hot-dogs est organisé, depuis 100 ans : des dizaines de milliers de spectateurs assistent à l'événement retransmis en direct sur la chaîne ESPN. Le record est détenu par un certain Joey « Jaws » Chestnut qui en 2021 a réussi la prouesse de battre son propre record et d'avaler 76 hot-dogs en 10 minutes !

PAUSE GOURMANDE

■ BROOKLYN HIGH LOW

611 Vanderbilt Avenue
✆ +1 347 295 3968
www.brooklynhighlow.com
brooklynhighlow@gmail.com
M° 7th Avenue (lignes B, Q).
Ouvert le vendredi de 12h à 15h30 et le week-end de 10h à 15h30. High Tea : 48 US$ par personne.

Brooklyn High Low est l'endroit idéal pour un moment romantique ou une sortie entre copines. Ce petit endroit doté d'une salle à la déco *vintage* volontairement chargée possède également une belle terrasse abritée et chauffée en hiver. On s'installe sur les canapés en rotin et on choisit parmi les différentes expériences d'*afternoon tea* proposées. La formule classique donne accès à du thé noir à volonté (offert dans un beau service) accompagné de *finger food* : petits sandwiches aux saveurs variées, *scones* avec de la confiture et bouchées sucrées. *So british* !

■ FINE & RAW CHOCOLATE

288 Seigel Street, Bushwick
✆ +1 718 366 3633
www.fineandraw.com
shipping@fineandraw.com
M° Morgan Avenue (L).
Ouvert du lundi au vendredi de 10h à 18h.

A Brooklyn, on trouve de tout, y compris des chocolateries. Dans celle-ci, on peut acheter des plaquettes de chocolat, boire un chocolat chaud à l'espresso bar, manger de délicieuses truffes... le tout réalisé sur place. D'ailleurs, la chocolaterie, où la magie se produit, se visite. Le chocolat est fait à partir d'ingrédients bio (le sucre raffiné est remplacé par du sucre de noix de coco, même si, la plupart du temps, aucun sucre n'est ajouté dans les plaquettes de chocolat) et, surtout, il est *made in Brooklyn.* Bonne idée de cadeau à ramener !

BIEN ET PAS CHER

▪ CIAO GLORIA

550 Vanderbilt Avenue
Prospect Heights
✆ +1 716 666 2426
www.ciaogloria.com
ciao@ciaogloria.com

© MIHAI SPETEANU – SHUTTERSTOCK.COM

Williamsburg.

M° Clinton – Washington (lignes A, C).

Ouvert en semaine de 8h à 16h et le week-end de 8h à 17h. Plats à 11 US$.

Ciao Gloria est un nouveau venu dans un quartier qui se veut décidément de plus en plus dynamique ! Ce café très lumineux, avec de grandes baies vitrées qui donnent sur la rue, propose une cuisine américaine avec des influences italiennes. Les plats sont plutôt simples, de la frittata au sandwich sicilien ou celui à la mortadelle, mais finement exécutés. Autre point fort : le café, qui est vraiment bon. Il y règne une ambiance un peu rétro, qui attire évidemment les hipsters du quartier (qui sont aussi derrière le comptoir).

▪ DINER

85 Broadway
Williamsburg
✆ +1 718 486 3077
www.dinernyc.com
M° Marcy Avenue (lignes J, M, Z).

Ouvert tous les jours de 11h à 15h30 et de 17h à 22h. Plats à 20 US$.

Un endroit que l'on adore, qui s'inscrit dans la plus pure tradition new-yorkaise. Le Diner est un bar tout en longueur dans le style années 1950 avec son comptoir longé de hauts tabourets en inox. Ici, on découvre les spécialités du jour, énumérées patiemment par les aimables serveuses, qui débitent une longue liste de petits plats, apprise par cœur. On n'a que l'embarras du choix entre les hamburgers, poissons du jour ou mets plus élaborés, préparés avec des produits de la ferme. En été, la terrasse est très agréable. L'endroit est très populaire pour le brunch.

Roberta's.

MAISON YAKI

626 Vanderbilt Avenue
Prospect Heights
✆ +1 718 552 2609
www.maisonyaki.com
contact@maisonyaki.com
M° Grand Army Plaza (lignes 2, 3), et 7 Avenue (lignes B, Q).

Ouvert du dimanche au vendredi de 17h à 21h (21h30 le vendredi), et le samedi de 12h à 21h30. Brochettes à 15 US$.

Ouvert en 2019, Maison Yaki est un restaurant au concept étonnant, qui se trouve à la croisée des chemins entre le bistrot français et le restaurant de brochettes japonais. En nippon, « yakitori » signifie brochettes, et celles-ci sont généralement au poulet et cuites sur le gril. Les puristes auront des sueurs froides en découvrant les brochettes de Maison Yaki : canard à l'orange, thon à la niçoise, poireau et vichyssoise... Ça nous rappelle la cuisine hexagonale, le côté classique en moins. Les prix sont raisonnables, même si les portions sont plutôt petites.

ROBERTA'S

261 Moore Street
Bushwick
✆ +1 718 417 1118
robertaspizza.com
bakery@robertaspizza.com
M° Morgan Avenue (ligne L) ou Flushing Avenue (lignes J, M).

Ouvert tous les jours de 12h à 22h. Pizzas de 16 à 23 US$.

Tout habitant de Brooklyn (pour ne pas dire New York !) s'est déjà rendu à Roberta's, un ancien garage transformé en pizzeria. Au milieu des lofts désaffectés et des vieilles usines se trouve un des endroits les plus branchés de Williamsburg. Cuites au feu de bois, les pizzas sont un délice. La mozzarella faite maison, la pâte bien croustillante et les garnitures très originales font la renommée de l'établissement. Nous vous recommandons tout particulièrement la Zucchini Contest, avec son parmesan, ses courgettes, ses poireaux et sa chapelure !

■ **SISTERS**
900 Fulton St, Clinton Hill
✆ +1 347 763 2537
M° Clinton-Washington Ave
(ligne C).
Ouvert du dimanche au jeudi de 11h à 23h, le vendredi et le samedi jusqu'à minuit. Plats de 15 à 25 US$.
Le quartier de Clinton Hill compte de plus en plus de bonnes adresses qui attirent les branchés, dont Sisters. Le restaurant propose une nourriture américaine moderne, avec ses *chicken wings*, ses salades de kale ou encore ses burgers (végétariens ou non). Sa vraie particularité, c'est son *design* hors du commun avec son long bar de marbre ondulé, sa très haute verrière qui laisse entrer la lumière naturelle et ses multiples étagères en bois où se mêlent bouteilles d'alcool (pour les cocktails, que l'on recommande) et plantes vertes.

BONNES TABLES

■ **AITA**
132 Greene Avenue
Clinton Hill
✆ +1 718 576 3584
www.aitarestaurant.com
aitaclintonhill@gmail.com
M° Clinton-Washington
(lignes C et G).
Ouvert tous les jours de 17h à 22h, également vendredi de 12h à 15h30 et le week-end de 11h à 15h. Plats de 22 à 38 US$.
Au cœur du charmant quartier de Clinton Hill, ce restaurant italien réunit tous les essentiels pour un dîner romantique ou entre amis réussi : une ambiance chaleureuse, des plats traditionnels absolument savoureux et des serveurs accueillants qui annoncent les plats du jour avec un accent chantant qui ne trompe pas. Si les pâtes font l'unanimité (les *paccheri* au sanglier nous ont conquis !), n'hésitez pas à vous laisser tenter par l'un des plats principaux, dont la sole au citron, légère et parfaitement assaisonnée. Une adresse avec un charme fou.

■ **BRICOLAGE**
162 5th Avenue
Downtown Brooklyn
✆ +1 718 230 1835
www.bricolage.nyc
info@bricolage.nyc
M° Union Street (ligne R).
Ouvert du mardi au dimanche de 12h à 15h et de 17h à 21h30 (22h30 vendredi et samedi, 21h dimanche). Plats : 25 US$.
Ce gastropub revisite des classiques vietnamiens en y ajoutant un soupçon de modernité et une touche gastronomique. La salle de restaurant est petite mais chaleureuse, on se sent bien entre ses murs de briques et au milieu de son mobilier dépareillé. Vous pouvez commencer votre repas avec une sélection de petites assiettes à partager (les *crispy imperial rolls* sont divins), puis commander un plat. Le menu est varié : côte de porc à la citronnelle, vermicelles au crabe ou encore le Cha Ca La Vong (spécialité de Hanoï à base de cabillaud et de nouilles de riz).

■ **CAFÉ PAULETTE**
1 S Elliott Place, Fort Greene
✆ +1 718 852 8582
cafepaulette.com
lionel@cafepaulette.com
M° Fulton (ligne G), Nevins Street
(lignes 2, 3, 4, 5).
Ouvert du mardi au dimanche de 10h à 23h. Plats de 18 à 34 US$.

Ce petit bistrot *frenchy* fait un angle dans le quartier vivant de Fort Greene. La clientèle est essentiellement composée d'habitués qui viennent s'asseoir au bar ou sur les banquettes de vinyle rouge aussi bien pour un café-croissant au petit déjeuner que pour un sandwich ou une salade à midi. En fin de journée, quand sonne l'*happy hour*, Chez Paulette s'anime avec le vin bio, les huîtres, les planches charcuterie-fromage, poussant certains à aller jusqu'à dîner – steak au poivre, canard à l'orange ou moules marinières – dans une ambiance intime et chaleureuse.

■ LOCANDA VINI E OLII

129 Gates Avenue, Clinton Hill
© +1 718 622 9202
www.locandany.com
M° Clinton-Washington (ligne C).
Ouvert tous les jours de 17h à 22h. Plats de 18 à 30 US$.

Encore un bel hommage à la cuisine italienne avec ce restaurant qui propose une cuisine du nord du pays. Ayant grandi à Milan pour l'un et Florence pour l'autre, le couple de propriétaires a eu le désir de faire découvrir aux habitants de Brooklyn les plats avec lesquels ils ont grandi. La plupart des propositions au menu puisent leurs origines dans la tradition toscane et florentine. Pour 4 personnes ou plus, un menu familial toscan est proposé. On déguste le tout dans un charmant décor désuet hérité de l'ancienne pharmacie qui a longtemps occupé les lieux.

■ PILOT

Brooklyn Bridge Park, Pier 6
Brooklyn Heights
© +1 917 810 8550
www.crewny.com/pilot
M° Borough Hall (lignes 2, 3, 4, 5) ou Court Street (ligne R).
En saison, ouvert en semaine de 16h à 23h, le week-end dès 10h. Plats : 25 US$. Douzaine d'huîtres : à partir de 36 US$.

Si vous avez une envie de fruits de mer pendant votre séjour new-yorkais, rien de mieux que de réserver une table à Pilot. Cet excellent restaurant de poisson est installé sur le pont d'un bateau, qui a posé l'ancre juste en face de la *skyline* de Manhattan. Face à ce panorama époustouflant de jour comme de nuit, vous pourrez déguster des huîtres de l'Etat de New York (ou d'ailleurs) avec un bon cocktail, installé au bar, ou vous attabler pour manger un plat de crabe, des coquilles Saint-Jacques ou du homard. Les plats sont aussi exquis que la vue !

■ SUNDAY IN BROOKLYN

348 Wythe Avenue
Williamsburg
© +1 347 222 6722
www.sundayinbrooklyn.com
M° Bedford Avenue (ligne L).
Ouvert tous les jours de 10h à 15h30 et de 17h à 22h. Plats de 15 à 35 US$.

Le summum du brunch version Brooklyn, d'où son nom évocateur ! La spécialité de la maison, ce sont les pancakes, très épais et pourtant fondants, recouverts d'un pralin de noisette riche à souhait et de beurre brun. On peine à finir (surtout si on a commandé les trois pancakes, empilés dans l'assiette tel un Everest culinaire), mais c'est tellement délicieux qu'on ne se résout pas à poser la fourchette. Les autres plats sont tout aussi finement exécutés. Attention, le restaurant n'accepte pas les espèces, paiement par carte bancaire uniquement.

Sunday in Brooklyn.

SUPERFINE

126 Front Street
Dumbo
✆ +1 718 243 9005
www.superfine.nyc
M° York Street (ligne F).
Ouvert le mardi de 14h à 23h et du mercredi au dimanche de midi à 23h, (11h le dimanche). Plats à 20 US$.
Ce délicieux restaurant méditerranéen se trouve non loin du Brooklyn Bridge et encore plus près de Manhattan Bridge. Il est abrité dans l'un de ces bâtiments en brique typique de Dumbo, héritage du passé industriel du quartier.
Les Français seront ravis de trouver au menu une assiette de fromages ! En plat, on aura le choix entre les calamars grillés, le saumon rôti ou les spaghettis à la carbonara. Après le repas, n'hésitez pas à vous dégourdir les jambes et les bras, au billard, gratuit. Une bonne adresse si vous êtes dans le quartier.

TRAIF

229 S 4th St
Williamsburg
✆ +1 347 844 9578
www.traifny.com
info@traifny.com
M° Marcy Ave (lignes J, Z, M).
Ouvert tous les jours de 17h à 22h. Menu dégustation à 55 US$ par personne.
Un restaurant gastronomique d'une rare qualité. Les portions sont assez petites et il est recommandé de commander trois plats par personne. A partir de recettes classiques, Traif change quelques ingrédients et propose des plats inédits que vous ne goûterez nulle part ailleurs. Dans ce restaurant, le porc se cuit avec de la rhubarbe, le bacon est accompagné de fromage bleu, et le tartare de thon est servi sur des aubergines grillées. Vu l'inventivité de la cuisine, les prix sont plutôt raisonnables. Une adresse exceptionnelle.

▪ UGLY BABY

407 Smith Street
Carroll Gardens
✆ +1 347 689 3075
www.uglybabynyc.com
info@uglybabynyc.com
M° Carroll Street (lignes F, G)
Ouvert du jeudi au samedi de 17h à 22h et le dimanche de 17h à 21h. Plats de 12 à 28 US$.

Un nom mémorable pour un lieu qui l'est tout autant ! Les plats de ce restaurant thaïlandais risquent de vous arracher quelques larmes tant ils sont épicés... Avant de prendre votre commande, votre serveur vous indiquera sur le menu ceux qui ne piquent pas, il y en a quelques-uns et ils sont délicieux. Nous avons eu un coup de cœur pour le poisson servi entier (y compris avec la tête) dans une feuille de banane, et pour les chips de peau de poulet. La salle, colorée, est assez petite, attendez-vous à faire la queue, à moins d'être là à l'ouverture.

▪ WHITE TIGER

601 Vanderbilt Avenue
✆ +1 718 552 2272
www.whitetiger.nyc
info@whitetiger.nyc
M° 7th Avenue (lignes B, Q).
Ouvert du mardi au vendredi de 17h à 22h (23h vendredi), samedi de 13h à 23h, dimanche de 13h à 22h. Plats : 19-26 US$.

En arpentant Vanderbilt Avenue, qui mène à Prospect Park, on découvre de très belles propositions de cuisine internationale. Avec White Tiger, on embarque pour la Corée, sans toutefois passer par la case barbecue ! On se laisse tout d'abord séduire par les petites assiettes, idéales pour découvrir un maximum de saveurs, ou bien l'on fonce directement sur les plats principaux, très copieux : beaucoup de soupes et d'assiettes à base de nouilles, accompagnées de champignons pleurotes, porc mariné, bœuf sauté et autres légumes parfaitement assaisonnés.

LUXE

▪ RIVER CAFÉ

1 Water Street
Dumbo
✆ +1 718 522 5200
www.rivercafe.com
info@rivercafe.com
M° Hight Street-Brooklyn Bridge (lignes A, C).
Ouvert du mercredi au dimanche de 17h30 à 23h30. Menu à 160 US$.

Les New-Yorkais sont unanimes, ce restaurant flottant, niché sous le Brooklyn Bridge et proche de Brooklyn Heights, offre l'un des plus beaux points de vue sur New York, avec son bar-patio idéal pour dîner à la belle saison. La petite véranda est très agréable en été, ouverte à partir de 17h (la réservation n'est pas obligatoire et l'on peut juste y siroter un cocktail). Le chef Brad Steelman fait des miracles avec le foie gras et les crevettes. La cuisine est raffinée, le restaurant est feutré, avec des banquettes rouges et un sol au parquet qui craque comme sur le pont d'un bateau.

SHOPPING

Williamsburg, Greenpoint et Bushwick, trois quartiers idéals pour un chineur et pour les adeptes de vêtements vintage et de créateurs locaux. Voici notre sélection de boutiques triées sur le volet.

■ BEDFORD CHEESE SHOP

265 Bedford Avenue
Williamsburg
✆ +1 718 599 7588
www.bedfordcheeseshop.com
info@bedfordcheeseshop.com
M° Bedford Ave (ligne L).
Ouvert tous les jours de 9h à 19h.
L'endroit qu'il vous faut si vous n'êtes pas trop chauvin et que vous avez envie de goûter, ou même de rapporter, des fromages américains. D'autres produits inconnus en France sont à vendre, tels que des sauces, des biscuits et des boissons. Pas d'inquiétude toutefois si vous êtes à la recherche d'un fromage de votre région, puisque Bedford Cheese Shop propose également de nombreux produits bien de chez nous, à des prix qui, il faut bien le dire, vous laisseront sans doute un peu perplexes... Il y a un petit espace avec des tables pour manger sur place.

■ OUT OF THE CLOSET

75 Atlantic Ave
Downtown Brooklyn
✆ +1 718 637 2955
www.outofthecloset.org
info@outofthecloset.org
M° Atlantic Ave (lignes 2, 3, 4, 5, B, Q, D, N, R).
Ouvert du lundi au samedi de 10h à 19h, le dimanche jusqu'à 18h.
Les fashionistas de Brooklyn ne jurent que par les *thrift stores*, ces magasins où l'on trouve des vêtements de seconde main, revendus ou donnés, souvent dotés de cette petite touche vintage qui plait aux *hipsters*. Faire son shopping à Out of the Closet, c'est dénicher un peu de tout (et parfois de rien) à des prix modiques. Parfois, notamment les week-ends, c'est un peu le bazar alors il faut savoir fouiller pour dénicher LA trouvaille. A l'étage inférieur, il y a également une section dédiée aux meubles et aux objets déco, où l'on trouvera notamment des vinyles.

SORTIR

L'endroit le plus animé de Brooklyn en soirée reste Williamsburg, suivi par Bushwick. Certains des restaurants cités de Williamsburg font aussi office de bar-club. Arpentez Bedford Avenue (M° Bedford Avenue, ligne L) et Metropolitan Ave et ses rues perpendiculaires et vous trouverez de quoi satisfaire vos envies. Greenpoint, au nord de Williamsburg, est également animé le soir. Pour des soirées plus tranquilles, préférez les alentours de Prospect Park et Carroll Gardens, des quartiers plus familiaux, moins bruyants mais néanmoins très vivants.

CAFÉS - BARS

■ BABY'S ALL RIGHT

146 Broadway
Williamburg
✆ +1 718 599 5800
babysallright.com
babysallright@gmail.com
M° Marcy Avenue (lignes J, M, Z).
Ouvert du lundi au vendredi de 18h à 4h. Concerts de 10 à 20 US$.
Brunch, bar, salle de concerts, Baby's All Right est un peu tout ça à la fois. Au brunch le week-end et les soirs en semaine, l'établissement sert une cuisine de Bangkok de très grande qualité. Mais c'est aussi une salle de

concerts qui accueille la nouvelle scène pop-rock et électro. Le bar est reconnu pour son excellente acoustique et attire des groupes qui veulent se faire un nom à New York, bien que la salle soit assez petite. L'occasion de découvrir de nouveaux talents qui rempliront peut-être des stades d'ici quelques années !

■ PETE'S CANDY STORE

709 Lorimer Street
Williamsburg
✆ +1 718 302 3770
www.petescandystore.com
info@petescandystore.com
M° Lorimer Street (ligne L).
Ouvert du lundi au jeudi de 17h à 2h, vendredi de 16h à 2h, samedi de 13h à 2h et dimanche de 15h à 2h.
On fait la fête jusqu'à pas d'heure dans cet ancien magasin de bonbons dont la salle de concert ressemble à un vieux wagon de train. Des groupes folk, rock ou country venant de tous les Etats-Unis se succèdent tous les soirs. Et vous ne serez jamais déçu, sans compter que les concerts sont toujours gratuits. Consultez le site internet pour connaître les événements. En été, un patio calme et agréable est ouvert. A découvrir absolument. Les fans de la série « made in Brooklyn » *Girls* reconnaîtront le bar puisque plusieurs scènes de la saison 4 y ont été tournées.

■ THE WATER TOWER BAR

The Williamsburg Hotel
96 Wythe Ave
Williamsburg
✆ +1 718 362 8100
www.thewilliamsburghotel.com
hello@thewilliamsburghotel.com
M° Bedford Avenue (ligne L).
Ouvert du mardi au jeudi à partir de 19h, 18h du vendredi au dimanche. Fermeture entre minuit et 4h. Cocktails à 24 US$.
Vous voyez les citernes d'eau perchées sur les toits des immeubles new-yorkais, qui se fondent dans le paysage urbain ? Eh bien l'une d'entre elles a été transformée en bar ! The Water Tower, au dernier étage du Williamsburg Hotel, est le dernier endroit à la mode à Brooklyn. Les prix des cocktails s'en ressentent, d'ailleurs, mais l'expérience est unique. On peut profiter de la vue sur Brooklyn et les gratte-ciel de Manhattan à travers les baies vitrées qui ont remplacé la structure en métal. Venez le plus tôt possible, avant que l'endroit ne soit trop bondé.

■ ZONA ROSA

571 Lorimer Street
Williamsburg
✆ +1 917 324 7423
www.zonarosabrooklyn.com
M° Lorimer Street (ligne L) ou Metropolitan Ave (ligne G).
Ouvert du lundi au vendredi de 16h à 23h, le week-end de 12h à 23h. Cocktails à 14 US$.
En voilà un qui a une bien drôle d'allure, avec ses murs en tôle et son *food truck* encastré ! Zona Rosa est une *taqueria* (restaurant de tacos) qui fait aussi d'excellents cocktails, dont une déclinaison assez impressionnante de margaritas : classique au citron vert, à la pastèque, au pamplemousse, à la mangue, au fruit de la passion, à l'hibiscus et au tamarin. Elles sont exquises et se boivent dangereusement vite... A l'étage, un *rooftop* qui fait lieu de terrasse, avec vue sur les rues de Williamsburg. Plus Brooklyn, tu meurs.

CLUBS ET DISCOTHÈQUES

▪ HOUSE OF YES
2 Wyckoff Ave
Bushwick
✆ +1 646 838 4973
www.houseofyes.org
reservations@houseofyes.org
M° Jefferson Street
(ligne L).
Ouvert du mercredi au dimanche, horaires en fonction des événements. Gratuit certains soirs, tickets jusqu'à 70 US$.
Haut lieu de la scène nocturne brooklynite, House of Yes est deux choses à la fois : une boîte de nuit avec de l'excellente musique où les fêtards viennent danser jusqu'à pas d'heure, et un lieu de spectacle où se produisent des performances artistiques assez impressionnantes. Danses enfiévrées, costumes déjantés, défilés de drag queens et performances suspendues se mêlent pour une soirée unique... N'hésitez surtout pas à vous déguiser aussi, même si ce n'est pas Halloween : à House of Yes, tout est permis ! *Only in Brooklyn.*

SPECTACLES

▪ BROOKLYN ACADEMY OF MUSIC (BAM)
30 Lafayette Avenue
Downtown Brooklyn
✆ +1 718 636 4100
info@bam.org
M° Lafayette Avenue (ligne C), Atlantic Avenue (lignes 2, 3, 4, 5, B, D, N, R Q).
Active depuis 1861, cette académie située dans un superbe bâtiment Beaux-Arts de Downtown Brooklyn, est une institution, l'une des plus aimées et des plus électriques de New York. La programmation et l'acoustique de ses deux scènes y sont d'une qualité exceptionnelle. Elle est le Siège du Brooklyn Philharmonic qui se produit pendant l'hiver. On y trouve aussi une cinémathèque de

House of Yes.

4 salles (BAM Rose Cinemas) et un café-concert (BAM Café) au décor majestueux.

■ MUSIC HALL OF WILLIAMSBURG

Entre Berry et Wythe Avenues
66 North 6th Street
Williamsburg
✆ +1 718 486 5400
www.musichallofwilliamsburg.com
info@bowerypresents.com
M° Bedford Avenue (ligne L).
Concerts la plupart des soirs à partir de 19h. Entrée autour de 18 US$ selon la programmation.
Cette salle de concert ouverte en 2008 connaît un succès non démenti. C'est ici que se produit aujourd'hui la scène indépendante américaine et surtout new-yorkaise. La programmation tourne souvent autour de musique rock ou electro. La salle, qui peut accueillir environ 650 personnes, accroche à son tableau quelques groupes reconnus grâce à l'excellente insonorisation. Il y a généralement entre 5 à 7 concerts par semaine, consultez le site internet pour connaître la programmation. A noter qu'au sous-sol se trouve un bar lounge cosy.

ACTIVITÉS ENTRE AMIS

■ BARCLAYS CENTER

620 Atlantic Avenue
Downtown Brooklyn
✆ +1 212 359 6387
www.barclayscenter.com
M° Atlantic Ave (lignes 2,3, 4, 5, B, Q, D, N, R).
Le Barclays Center est l'arène de Brooklyn qui a vu le jour en 2012. L'enceinte accueille l'équipe de NBA des Brooklyn Nets (les rivaux des Knicks, qui jouent au Madison Square Garden) mais aussi l'équipe de Hockey de New York, les Islanders. Y sont également organisés de nombreux concerts, Beyoncé, MGMT et Bob Dylan sont des habitués. Jay-Z aussi, d'ailleurs le rappeur de Brooklyn fut le premier à se produire sur la scène du Barclays une semaine après son ouverture. Jusqu'en 2013, Jay-Z était aussi l'un des actionnaires de la franchise des Nets.

■ BROOKLYN BOWL

61 Wythe Ave
Williamsburg
✆ +1 718 963 3369
www.brooklynbowl.com
M° Bedford (ligne L).
Ouvert à partir de 11h le week-end et 18h en semaine. Fermé lundi et mardi. Prix : 25 US$/30 min pour 8 joueurs.
L'un des passe-temps préférés des Américains dans les années 1980-90, le bowling est à nouveau «cool» et c'est tout naturellement qu'on trouve une salle à Williamsburg. Evidemment, puisqu'on se trouve à New York, Brooklyn Bowl ne se limite pas à ses 16 pistes de bowling, c'est aussi une boîte de nuit avec un DJ et un bar. Des événements musicaux y sont organisés quasiment tous les jours. En cas de petit creux, sachez qu'on peut y manger de la très bonne *bar food* – burger, *wings*, pizzas. Ambiance boîte nuit un peu rétro, on aime.

QUEENS

★★

Ainsi nommé en l'honneur de la reine Henrietta-Marie de Bragance, femme de Charles II d'Angleterre, un peu moins peuplé que Brooklyn, beaucoup plus sûr que le Bronx, le Queens est par sa taille le plus grand *borough* de New York (un tiers de la superficie totale de la ville, soit cinq fois la taille d'une ville comme Rennes). A l'exception de quelques points de logistique touristique – le QMA, la maison de Louis Amstrong –, et de quelques quartiers ciblés – Astoria, Long Island City –, le Queens présente peu d'intérêt dans le cadre d'un court séjour. A part les quartiers qui bordent l'East River, le Queens ressemble plus à une grande banlieue comme on en trouve par milliers dans tous les Etats-Unis avec ses petites maisons individuelles en bois et ses quelques barres d'immeubles en briques. Ce *borough* abrite la plus grande diaspora grecque au monde (dans le quartier d'Astoria, M° N), une grande communauté asiatique (55 % des habitants de Flushing), une importante communauté jamaïcaine, colombienne ou brésilienne, le plus grand stade de la Grosse Pomme (Shea Stadium), le plus grand complexe de tennis (Flushing Meadow), le premier et plus grand musée américain consacré à l'histoire du cinéma (The Museum of the Moving Image) et la plus grande diversité de restaurants ethniques de toute la ville...

Le Queens, qui fut le berceau du cinéma avant Hollywood, donnait aussi dans la musique : les pianos Steinway étaient fabriqués dans ses usines du bord de l'East River et les plus grands jazzmen (de Billie Holiday à Thelonious Monk en passant par John Coltrane ou Louis Armstrong) y vivaient car ce *borough* peu dispendieux leur permettait de s'offrir (pour les têtes d'affiche) des petites maisons avec jardin. Aujourd'hui, le Queens reste le royaume des classes moyennes, avec des poches de richesse comme Forest Hills, Kew Gardens ou Long Island City, récemment investies par les yuppies.

▶ **A noter** : le point de vue sur Manhattan, l'ONU et le Chrysler Building depuis les rives de l'East River au sud de Long Island City. Profitez de votre visite au PS1 pour y faire un tour à la tombée de la nuit, magique... Magique aussi le 4 juillet pour admirer les feux d'artifice. Ne manquez pas le grand panneau *vintage* Pepsi-Cola, accroché face à Manhattan le long d'une promenade au style néo-industriel. Pour y accéder : M° Vernon Boulevard/ Jackson Avenue, ligne 7. Marchez sur deux *blocks* vers l'East River.

VISITER

■ FLUSHING MEADOWS CORONA PARK

4-09 47th Rd, Long Island City
✆ +1 718 786 6385
M° Vernon Blvd-Jackson Avenues (ligne 7).
Accès libre.

L'Unisphère de l'exposition universelle de 1964/65 à Flushing Meadow-Corona Park (Queens).

Visiter le Hall of Science ou le Queens Museum donne l'occasion de faire un tour dans l'immense parc arboré de Flushing Meadows, qui abrite notamment l'Unisphere, globe en acier édifié pour l'Exposition universelle de 1964-1965. On profite de la visite pour voir les courts de tennis de l'US Open, faire du bateau à pédales sur le lac, et souhaiter bon appétit aux Latino-Américains qui viennent y préparer quelques grillades au barbecue. Une expérience originale.

■ QUEENS MUSEUM ★

New York City Building
Flushing Meadows Corona Park
✆ +1 718 592 9700
www.queensmuseum.org
info@queensmuseum.org
M° Willets Point-Shea Stadium (ligne 7) ou 111th Street (ligne 7).
Ouvert du mercredi au dimanche de 12h à 17h, dès 11h le week-end. Accès libre.
Construit pour l'Exposition universelle de 1939, le bâtiment s'élève dans l'immense parc de Flushing Meadows Corona. En face, l'Unisphere, imposant globe de métal édifié pour l'Exposition universelle de 1964-65. Deux points d'intérêt : sa collection unique de pièces de Tiffany, et le Panorama, une maquette absolument saisissante de l'ensemble des cinq *boroughs* de New York, réalisée pour l'Exposition universelle de 1964. Le long des coursives en hauteur, on survole une reproduction aux proportions parfaites de la Grosse Pomme, grande d'environ 1 100 m2 !

■ GANTRY PLAZA STATE PARK

4-09 47th Rd
Long Island City
M° Vernon Blvd-Jackson Avenues (ligne 7).
Accès libre.
Ne ratez sous aucun prétexte le point de vue sur Manhattan, l'ONU et le Chrysler Building depuis les rives de l'East River au sud de Long Island City, depuis le Gantry Plaza State Park. En plus de son panorama d'exception, ce parc est un véritable havre de tranquillité. On vient profiter de sa

Le métro aérien du Queens.

longue promenade au bord de l'eau, on pique-nique sur ses pelouses, on se repose sur ses chaises longues... A ne pas manquer : l'enseigne Pepsi-Cola, vestige de l'époque où la zone abritait une usine d'embouteillage de la célèbre boisson gazeuse, qui a fermé en 1999.

■ LOUIS ARMSTRONG HOUSE MUSEUM ★

34-56 107th Street
Corona
✆ +1 718 478 8274
www.louisarmstronghouse.org
M° 103rd Street, Corona Plaza (ligne 7).
Ouvert du jeudi au samedi de 11h à 16h. Visites guidées toutes les heures ; réservations obligatoires. Tarif : 12 US$.
Louis Amstrong est déjà célèbre quand il décide, en 1943, de s'installer dans le quartier de classe moyenne de Corona dans le Queens. Jusqu'à sa mort en 1971, il habite cette jolie demeure en compagnie de Lucille, son épouse bien-aimée. La maison est transformée en musée en 2003. La visite guidée vous entraîne pendant 40 minutes dans l'intimité de ce géant du jazz.

■ MOMA PS1 ★

22-25 Jackson Avenue
Long Island City
✆ +1 718 784 2084
www.momaps1.org
M° Court Square (ligne 7).
Ouvert du jeudi au lundi de 12h à 18h, le samedi jusqu'à 20h. Tarif : 10 US$.
Voici l'antenne expérimentale du MoMA. Derrière les murs de cette ancienne école publique se cachent les œuvres avant-gardistes de jeunes artistes contemporains, américains et internationaux. Ici, le fond et la forme sont intéressants : le bâtiment au style industriel conserve les couloirs et les carrelages de l'ancienne école et il abrite des expositions temporaires d'art nouveau, toujours expérimental. Des samedis *Warm Up* se tiennent dans les jardins du musée l'été : on peut y boire et y danser jusqu'en début de soirée, aux sons des DJ venus du monde entier.

■ MUSEUM OF THE MOVING IMAGE

36-01 35th Avenue
Astoria
✆ +1 718 7776888
www.movingimage.us
info@movingimage.us
M° Steinway (lignes M, R).
Ouvert le vendredi de 14h à 20h et le week-end de 12h à 18h. Tarif : 15 US$.
Ouvert en 1988 sur le site de la Paramount Astoria Studios, ce musée est intégralement consacré à l'histoire, l'esthétique et la technique du septième art. Les expositions permettent de faire le tour des professions du cinéma, du metteur en scène à la maquilleuse, du scénariste au spécialiste des effets spéciaux, tout en mettant en valeur 60 000 objets, caméras, projecteurs, décors, costumes et documents. Toute la magie de l'image est ici expliquée de A à Z, de sa création à sa diffusion en passant par sa commercialisation. Agencé sur deux étages, le musée occupe les anciens studios d'enregistrement Kaufman Astoria. Là ont été tournés un grand nombre de films muets jusque dans les années 1920, à l'époque où New York était encore au centre de la production cinématographique, ainsi que les premières émissions en direct de la télévision ou des épisodes du *Cosby Show*.

L'exposition principale *Behind the Screen* présente un grand nombre d'éléments nécessaires à la réalisation d'un film ou d'une émission de télévision : matériel, costumes, maquillage, doublages, effets spéciaux et les différentes techniques utilisées. Des jeux interactifs et des simulations vous mettent en situation d'acteur ou de réalisateur, sans oublier que l'on y trouve quelques emblèmes du cinéma comme le mannequin d'*E.T.* ou la marionnette de Yoda de *L'Empire contre-attaque*. Régulièrement, des séances de projections de films sont organisées avec l'intervention de comédiens et sont suivies de conférences-débats.

■ SOCRATES SCULPTURE PARK

32-01 Vernon Boulevard
Long Island City
✆ +1 718 956 1819
www.socratessculpturepark.org
info@socratessculpturepark.org
M° Broadway (lignes N, W).

Ouvert tous les jours de 9h jusqu'à la tombée de la nuit.
Le Socrates Sculpture Park fait partie de ces projets uniques qui font l'originalité de New York. A la fois espace d'exposition et jardin pour les résidents (de nombreuses activités gratuites y ont lieu), il offre la possibilité aux artistes d'exposer des sculptures de taille souvent imposante. Le jardin occupe un ancien terrain abandonné des rives de l'East River, réhabilité dès 1986, quand une coalition d'artistes eut l'idée de le créer.
A voir absolument par beau temps et lors d'une visite du musée adjacent, ne serait-ce que pour la vue sur Manhattan…

■ THE NOGUCHI MUSEUM

9-01 33rd Road et Vernon Blvd
Long Island City
✆ +1 718 545 8842
www.noguchi.org
info@noguchi.org
M° Broadway (lignes N, W).

Devra Freelander, Fluorescent Sunrise, 2017.

The Noguchi Museum, New York.

Ouvert du mercredi au dimanche de 11h à 18h. Tarif : 10 US$.
Espace zen par excellence, ce lieu magnifique doublé d'un jardin intérieur expose les œuvres de culture américano-japonaise du sculpteur Isamu Noguchi (1904-1988). Avec ces pièces parfois immenses de métal, de pierres et de bois, Noguchi nous entraîne dans son monde, où l'art de créer et l'art de se relaxer sont intimement liés. Le design intérieur d'un grand artiste, à voir !

SE RESTAURER

Le Queens est immense, et il est parfois difficile de s'y retrouver. Certains quartiers comme Long Island City sont en pleine expansion, et de belles tours ultra-modernes se construisent au bord de l'East River. Ce coin animé abrite un chapelet de petits restos sympas, notamment sur Vernon Bd entre la 51e et la 46e Avenue – rejoint en métro, Vernon Boulevard/Jackson Avenue, ligne 7, ou en prenant les bateaux de NYC Ferry –, mais le plus bigarré reste celui d'Astoria, où l'on peut manger grec, italien, brésilien, mexicain ou colombien pour un prix modique. Pour en profiter, il faut prendre le N ou W Train jusqu'à Astoria (la vue est superbe depuis Manhattan) et arpenter Broadway, 35th Street et 30th Avenue à la recherche d'un lieu attractif.

BIEN ET PAS CHER

■ CANNELLE LIC

5-11 47th Ave
✆ +1 718 937 8500
www.cannellelic.com
jeanclaude@cannellelic.com
M° Vernon Boulevard–Jackson Avenue (ligne 7).
Ouvert du lundi au samedi de 7h à 20h et le dimanche de 7h à 18h. Pâtisseries à 4 US$.

Ça sent bon la France dans cette boutique où sont vendues de délicieuses pâtisseries. Après avoir croqué dans l'éclair au café fondant ou le chausson aux pommes croustillant, vous ne douterez plus : il y a un Français dans les parages ! Cet homme, c'est Jean-Claude Perennou, natif de Bretagne qui a fait ses armes au prestigieux Waldorf Astoria en tant que chef pâtissier. Opéras, mille-feuilles, palmiers, tartes aux fraises, tout y est. Les viennoiseries et le pain, y compris les sandwichs, sont tout aussi savoureux. Vous pouvez y aller les yeux fermés.

▪ HINOMARU RAMEN

33-18 Ditmars Blvd
Astoria
✆ +1 718 777 0228
www.hinomaruramen.com
info@hinomaruramen.com
M° Ditmars Blvd (lignes N, W).
Ouvert tous les jours de 12h à 22h. Plats autour de 15 US$.

Un délicieux restaurant japonais où l'on peut manger d'authentiques ramens. Mention spéciale aux ramens à l'oursin. On peut prendre place le long du bar et regarder faire les chefs ou s'attabler dans la salle principale. Hormis les soupes, tout est bon : les gyozas, ces beignets japonais à base de viande ou de crevettes, sont parmi les meilleurs de New York. Les sushis sont frais et délicieux. Il n'y a aucun bémol, si ce n'est que le petit restaurant se remplit vite les soirs et les week-ends ! Vous pouvez y aller les yeux fermés.

▪ QUEEN'S ROOM

3602 Ditmars Blvd
Astoria
✆ +1 347 987 3994
www.queensroomnyc.com
info@queensroomnyc.com
M° Ditmars Blvd (lignes N, W).
Ouvert tous les jours de 9h à 22h. Plats de 15 à 25 US$.

A l'angle de Ditmars Boulevard et 36th Street se trouve ce café très cosy, aux murs de brique et aux grandes fenêtres qui rendent le lieu lumineux et chaleureux. Pour ce qui est de la nourriture, américaine avec de légères influences méditerranéennes, elle est excellente, surtout pour un restaurant de quartier. On retrouve tous les classiques du petit-déjeuner et du brunch, ainsi que des plats plus travaillés pour le dîner, comme le poulet aux asperges. Mention spéciale pour le burger, franchement délicieux et servi avec une énorme portion de frites maison.

BONNES TABLES

▪ NINO'S AQ

35-01 Ditmars Blvd
Astoria
✆ +1 718 777 0010
www.ninosaq.com
M° Ditmars Blvd (lignes N, W).
Ouvert lundi et mardi pour le dîner, le reste de la semaine également pour le déjeuner. Plats de 16 à 25 US$.

Ouvert en 2019, Nino's AQ est rapidement devenu un incontournable auprès des habitants du quartier. Il faut dire que c'est l'un des meilleurs restaurants du coin ! La cuisine est authentiquement italienne : on se régale des gnocchis au homard, des tagliatelles *alle vongole* ou de la burrata croustillante. C'est délicieux et les portions sont généreuses. La carte des boissons offre quelques options intéressantes, en particulier le prosecco bio et le vin orange, mais ce sont surtout les cocktails qui valent le détour.

■ **TAVERNA KYCLADES**
3307 Ditmars Blvd
Astoria
✆ +1 718 545 8666
www.tavernakyclades.com
tavernakyclades@gmail.com
M° Astoria Ditmars (lignes N, W).
Ouvert du lundi au jeudi de 12h à 23h, vendredi et samedi de 12h à 23h30, dimanche de 12h à 22h30. Plats de 15 à 35 US$.
Astoria étant le quartier grec du Queens, c'est forcément ici que vous trouverez le meilleur restaurant grec de toute la ville. Ce qui a commencé comme un simple restaurant de quartier s'est transformé en une véritable institution connue dans tout New York. Ici, on se régale de poissons grillés ultra frais et de calamars frits. Le cadre est on ne peut plus minimaliste, mais ça fonctionne. Seul bémol, la queue est souvent très impressionnante, car les réservations ne sont pas acceptées.

▶ **Autre adresse :** 228 1st Avenue ✆ +1 212 432 0011

SHOPPING

■ **BRASS OWL**
36-19 Ditmars Blvd
Astoria
✆ +1 347 848 0905
www.thebrassowl.com
hello@thebrassowl.com
M° Astoria Ditmars (lignes N, W).
Ouvert du dimanche au vendredi de 11h à 20h, le samedi jusqu'à 21h.
Si vous avez déjà entendu la formule « Queens is the new Brooklyn », elle prendra tout son sens lorsque vous découvrirez cette petite boutique très *hype* dans le quartier vivant d'Astoria. Elle propose des vêtements aussi bien tendance que rétro ainsi qu'une grande variété d'objets (bougies, *tote bags*, porte-clés, t-shirts, accessoires...), souvent féministes, à l'effigie de New York, bien sûr, mais surtout du Queens et d'Astoria. Pas mal si vous séjournez dans le quartier et souhaitez rapporter un souvenir de ce *borough* trop souvent oublié !

SORTIR

■ **L.I.C. BAR**
Long Island City
45-58 Vernon Bvd
✆ +1 718 786 5400
www.licbar.com
contact@licbar.com
M° Vernon-Jackson Avenues (ligne 7). Entre 46th Street et 46th Road.
Ouvert en semaine de 16h à 2h (4h vendredi), le samedi de 13h à 4h et le dimanche de 13h à 2h. Bières à 5 US$.
Le terme de *Speakeasy*, très en vogue à New York, prend ici tout son sens. Tripot clandestin sous la prohibition, le LIC (pour Long Island City) a rouvert ses portes en 2009 après... 50 ans de fermeture ! Sans prétention, ce vaste bar aux allures de pub irlandais abrite un paisible patio intérieur. Quelques concerts y sont organisés, en général le dimanche en été et le jeudi soir (consulter le site Internet). Une bonne adresse après une visite du PS1 et un dîner sur Vernon Boulevard.

THE BRONX

Séparé de Manhattan par la Harlem River, le Bronx est l'un des deux lieux en Amérique à être précédé de l'article défini « the ». On dit « The Bronx », et tout est dit. Un bras de l'Hudson a laissé la trace d'une vallée sur ce vaste territoire qui fait partie du continent. Le West Bronx est tout entier composé de collines verdoyantes se terminant abruptement sur l'Hudson par trois fortes déclivités : High Bridge, Morris Heights et University Heights. Vers l'est, le Bronx est absolument plat, traversé par deux rivières, la Hutchinson River et la Bronx River, qui coulent vers le sud. Le East Bronx côtoie le Long Island Sound. Dans sa partie la plus au nord, City Island abritait jadis un village de pêcheurs de baleine.

La partie ouest du Bronx était connue simplement comme la North End. C'était, quand elle fut annexée à New York, une zone essentiellement rurale. Certaines écoles gardent encore des cloches sur le toit pour appeler les élèves. La partie fut finalement annexée à son tour et les deux constituèrent le Bronx Country. Peuplé de 1 373 659 habitants au dernier recensement, le Bronx doit son nom à un propriétaire terrien hollandais du nom de Jonas Bronk (ou Bronek), qui s'établit au nord de Manhattan au XVIIe siècle. Longtemps peuplé d'immigrants irlandais et de juifs russes, ce quartier cossu au XIXe siècle connaît depuis les années 1960 un appauvrissement général et continu, encore qu'il subsiste des poches de richesse au nord-ouest, dans le quartier de Riverdale et près de l'université jésuite de Fordham.

Dans la mythologie américaine contemporaine, le Bronx a longtemps été le symbole du New York violent, peuplé de gangs. Mais depuis une dizaines d'années, le quartier s'est assagi. C'est d'ailleurs à l'est de Brooklyn que se trouvent aujourd'hui les quartiers les plus dangereux. Néanmoins, il est encore déconseillé pour un touriste de visiter le Bronx le soir. Ce *borough* est le siège du plus grand zoo du monde avec un splendide jardin botanique attenant. Les passionnés de sport pourront aller s'initier aux règles du base-ball et du football américain au Yankee Stadium. En dépit des merveilles architecturales (Art déco) qui ornent Grand Concourse, ces Champs-Elysées d'autrefois, le Bronx n'est pas un quartier propice aux promenades nonchalantes, à l'exception peut-être d'Arthur Avenue, le Little Italy du Bronx qui s'anime le week-end grâce à ses restaurants authentiques et son marché de produits. SI vous n'allez pas au Bronx, le Bronx n'ira pas à vous... Si, néanmoins, Edgar Allan Poe et le Bronx évoquent pour vous de mystérieuses affinités, sachez que la maison où le poète maudit de l'Amérique vécut les trois dernières années de sa vie, avant de mourir fou en 1850 à Baltimore, se dresse toujours au 2460 Grand Concourse, à la sortie du New York City Botanical Garden, et qu'on peut la visiter.

VISITER

■ CITY ISLAND

M° Pelham Bay Park (ligne 6).
Puis prendre le bus BX29 jusqu'à l'arrêt City Island Av/Fordham St.
L'endroit le plus improbable de New York ! Cette île située au nord-est du Bronx est une petite bourgade de 4 300 âmes où l'on trouve de nombreux pêcheurs et de très bons restaurants de poissons. Le port de l'île sert de parking aux yachts des richissimes habitants du Westchester (banlieue onéreuse du nord de New York), ce qui explique la présence de certains établissements chics. On y trouve donc d'imposantes maisons au style victorien, des galeries d'art, et des antiquaires. A voir : le City Island Nautical Museum, qui revient sur l'histoire maritime du lieu.

■ JOKER STAIRS

Shakespeare Avenue
Près de l'intersection
avec Jerome Avenue
M° 167 St (ligne 4).
Voici l'attraction qui fait se déplacer les foules jusque dans le Bronx depuis octobre 2019 : les marches qui apparaissent dans le film *Joker* de Todd Phillips, sur lesquelles Arthur Fleck (Joaquin Phoenix), sous les traits

© TOM PEPEIRA – ICONOTEC

Triboro Bridge.

de son *alter ego* Joker, entreprend quelques pas de danse mémorables. Pour les cinéphiles et influenceurs, ces marches sont devenues une visite quasi incontournable d'un voyage à New York. À toute heure de la journée, ils sont au moins une dizaine à reproduire la danse du Joker sous le regard mi-amusé mi-agacé des habitants du quartier.

■ NEW YORK BOTANICAL GARDEN

2900 Southern Boulevard
✆ +1 718 817 8700
www.nybg.org
M° Bedford Park Boulevard (lignes B, D, 4), puis le bus Bx 26 (ou marcher 20 minutes).
En train : depuis Grand Central Terminal, prendre le métro North, arrêt New York Botanical Garden.
Ouvert du mardi au dimanche de 10h à 18h (horaires variables, consulter le site Internet). Tarif : 30 US$ selon le jour.

Jouxtant le zoo, c'est le plus important jardin botanique des Etats-Unis, en particulier grâce à l'Enid A.-Haupt Conservatory, un bâtiment de style victorien en verre et en fer, qui abrite un jardin d'hiver tropical, des plantes désertiques, une forêt de fougères et des expositions saisonnières variées. Au printemps, les innombrables fleurs illuminent de couleurs inhabituelles cet environnement urbain. Un fabuleux espace de calme et de verdure avec des kilomètres de chemins bordés de plantes luxuriantes. C'est l'un des jardins botaniques les plus anciens et les plus grands au monde. Il fut fondé en 1891 et s'étend sur une centaine d'hectares. C'est à la fois un musée de la flore et un site historique. Des variétés innombrables de fleurs, de plantes et d'arbres poussent parmi les 27 jardins du parc. Un petit parc d'attractions, l'Everett Children's Adventure, a été aménagé pour les enfants et de nombreuses activités y sont organisées pendant les vacances. La visite du spectaculaire Enid A.-Haupt Conservatory et du jardin peut se faire à pied, en tramway ou en voiturette. Chaque été, des installations artistiques temporaires sont mises en place et sont à découvrir au gré de votre balade. L'été 2018, les fleurs de Georgia O'Keefe sont venues côtoyer celles, réelles, du Conservatory. Chaque année, à la période de Noël, le jardin est décoré de manière féerique pour le Holiday Train Show, petit train qui circule entre les plantes et les répliques de monuments new-yorkais.

SE RESTAURER

La frontière ouest du zoo est le Southern Boulevard ; de l'autre côté se trouve l'un des derniers quartiers intacts du Bronx, Little Italy, que l'on surnomme aujourd'hui le *Real* Little Italy, en comparaison à celui de Manhattan, qui compte plus de touristes que d'Italiens. Montez de la 186th Street jusqu'à Arthur Avenue, vous y trouverez les meilleures pizzas et la meilleure cuisine italienne de ce côté de New York. Vous risquez fort (comme nous) de vous retrouver dans un restaurant avec statue de la Sainte Vierge, poster de Platini, fanions de la Juventus de Turin, entouré de clients gominés dans des manteaux en cachemire. Le vrai Little Italy comme il a disparu depuis longtemps à Manhattan, mais ici on cultive le secret.

■ MARIO'S RESTAURANT

2342 Arthur Avenue
www.mariosarthurave.com
contact@mariosrestaurantbronx.com
M° 182nd-183rd Streets
(lignes B, D).

Ouvert du dimanche au jeudi de 11h30 à 21h, jusqu'à 22h le vendredi et le samedi. Plats de 15 à 25 US$.

Plus authentique que ce restaurant italien tenu depuis cinq générations par la même famille, ce n'est pas possible. La décoration pourrait paraître vintage, voire *old school* mais elle est tout simplement ancienne car Mario's est ouvert dans le Bronx depuis 1919 ! La cuisine traditionnelle italienne y est d'une très grande qualité. Peu de pizzas mais une quinzaine de plats de pâtes et également de nombreuses préparations savoureuses à base de viande ou de poisson. C'est très bon et les portions sont plus que généreuses. Dépaysant.

SHOPPING

■ ARTHUR AVENUE RETAIL MARKET

2344 Arthur Avenue
✆ +1 718 220 0346
www.arthuravenuebronx.com
M° 182nd-183rd Streets (lignes B, D).
Ouvert du lundi au samedi de 8h à 20h. Horaires variables selon les stands.
Saviez-vous que le vrai Little Italy de New York se trouve dans le Bronx ? Un grand nombre d'immigrants italiens se sont installés dans le coin dès1850 et, à l'inverse du Little Italy de Manhattan, devenu une vitrine pour touristes, Arthur Avenue a gardé de son authenticité !
Si vous cherchez de bons produits, allez faire un tour à son marché, qui foisonne de commerces spécialisés dans les produits italiens : pâtisserie, charcuterie, viande mais aussi fruits et légumes frais.

SORTIR

■ YANKEE STADIUM

161st Street et River Avenue
✆ +1 718 293 4300
www.yankees.com
M° 161st Avenue (lignes 4, D, B).
Visite guidée du stade tous les jours de 11h à 13h40, départ toutes les 20 minutes. Prix : 25 US$ (20 US$ sur Internet).
Ce stade accueille l'équipe de football du New York City FC et bien sûr l'équipe de Baseball des Yankees, la franchise la plus titrée de l'histoire de ce sport avec 27 victoires, la dernière datant de 2009. Le stade sert aussi de lieux de concert et a accueilli Jay-Z, Eminem, Paul McCartney ou encore Madonna. Une visite du stade est possible, elle inclut une visite des tribunes, du musée, de la tribune presse, et du Monument Park, un musée en plein air. Mais le mieux pour prendre le pouls des lieux est encore d'assister à un match de baseball !

Yankee Stadium.

STATEN ISLAND ★★

Staten Island est le *borough* oublié de New York... Délaissé par les touristes, renié par les New-Yorkais des autres *boroughs* qui ne se reconnaissent pas dans ses habitants qui votent majoritairement républicain et ont un accent à couper au couteau, Staten Island est essentiellement résidentiel et ne représente pas un grand intérêt lorsque l'on visite New York. Néanmoins, emprunter le ferry reliant Manhattan à Staten Island peut valoir le coup : le spectacle est d'une grande beauté et vaut largement celui offert par les compagnies de bateaux privées qui pratiquent des tarifs rédhibitoires. Le ferry part de la pointe sud de Manhattan (M° South Ferry, ligne 1), le trajet entre les deux îles est gratuit et dure environ 20 minutes. Le ferry passe très près de la statue de la Liberté et la vue sur Lower Manhattan est absolument époustouflante. La majeure partie des touristes, une fois arrivés à destination, reprennent illico le bateau en direction de Manhattan. Il faudra cependant descendre du ferry et refaire la queue pour y remonter. Ne perdez pas trop de temps, il ne vous attendra pas !

Le mémorial du 11 septembre de Staten Island.

■ **TOMPKINSVILLE** ★

Ce quartier situé au nord-est de Staten Island est le plus vivant de l'île avec ses galeries d'art, cafés, bars, et restaurants. Sa proximité avec le Staten Island Ferry, auquel on peut accéder à pied, le rend facile d'accès depuis Manhattan. Une importante communauté du Sri Lanka (l'une des plus grandes en dehors du pays) s'y est installée et l'on parle parfois de « Little Sri Lanka ». Faites un détour au Silver Lake Park où se trouve notamment un terrain de golf. La vue sur la statue de la Liberté, au soleil couchant, y est magnifique.

New York by night ! Manhattan.

ORGANISER SON SÉJOUR

PENSE FUTÉ

ARGENT

- **Monnaie.** Le dollar américain ($ ou US$).
- **Taux de change.** 1 € = 1 US$ (septembre 2022).

CLIMAT

- **L'hiver est rude,** plutôt sec et très froid (surtout de novembre à mars). Les hivers sans neige sont très rares à New York. On ne peut donc que vous recommander de prendre des bottes dans votre valise si vous vous rendez à New York de décembre à mars.
- **L'été est chaud,** humide et lourd, ce qui peut être pénible en juillet et en août. En revanche, le climat est idéal au printemps et de septembre jusqu'à mi-octobre (été indien), où le mercure demeure souvent autour de 20 °C et plus.

DÉCALAGE HORAIRE

Il est de 6 heures avec la France. Lorsqu'il est 17h à Paris, il est 11h à New York. Cela est vrai hiver comme été, puisque le *saving time* a lieu sensiblement aux mêmes dates en France et aux Etats-Unis.

FORMALITÉS

Désormais, il vous faut un passeport biométrique pour aller aux Etats-Unis. Ce passeport permet de bénéficier du programme d'exemption de visa

Vue sur New York, Manhattan.

Skyline de New York avec la One World Trade Center.

pour les séjours de moins de 90 jours. Car la France fait toujours partie du programme « Visa Waiver Pilot », qui autorise tous les ressortissants français à entrer sur le sol américain sans visa, et ce pour un séjour d'une durée maximale de 90 jours. Depuis 2009, pour bénéficier de cette exemption de visa, il est nécessaire de faire une déclaration en ligne pour les séjours touristiques aux Etats-Unis, dans le cadre du programme d'exemption de Visa (VWP). Pour cela, il vous faudra remplir le formulaire ESTA au moins 72 heures à l'avance, en ligne sur le site Internet ESTA (https://esta.cbp.dhs.gov) et vous acquitter des frais administratifs, payants depuis 2010, à hauteur de 21 US$.

Pour entrer, il suffit donc d'avoir un passeport biométrique à lecture optique en cours de validité ainsi qu'un billet aller-retour non remboursable aux Etats-Unis et ne pas avoir l'intention de prolonger son séjour.

Enfin, pour tout séjour d'une durée supérieure à 90 jours, le visiteur doit être en possession d'un visa. Plusieurs types de visas existent (étudiant, de travail, etc.), mais ils sont tous assez difficiles à obtenir.

Le *travel ban*, mis en place en mars 2020 dans le contexte de la pandémie de Covid-19 pour les voyageurs provenant de l'espace Schengen, a été levé le 8 novembre 2021. A ce jour et pour une durée indéterminée, seuls les voyageurs entièrement vaccinés contre le Covid-19 sont autorisés à entrer sur le territoire américain.

■ ESTA (ELECTRONIC SYSTEM FOR TRAVEL AUTHORIZATION)

✆ +1 202 325 5120

https://esta.cbp.dhs.gov

L'ESTA est assortie d'une taxe de 21 US$, payable en ligne sur ce site. Attention aux sites frauduleux ou aux sites tiers qui tentent de vous faire payer plus cher en rajoutant un intermédiaire.

INTERNET

A New York, vous trouverez un nombre incalculable de points wi-fi (cafés, Starbucks, McDonald's etc.), répartis dans toute la ville, mais les cybercafés se font rares.
L'accès Internet est gratuit à la New York Public Library, qui compte plusieurs dizaines d'adresses dans Manhattan, et dans les boutiques Apple.

LANGUES PARLÉES

- **Langue officielle :** il n'y a pas de langue officielle aux Etats-Unis au niveau fédéral. Huit-cent langues sont parlées à New York, l'anglais étant bien sûr la plus courante.

SÉCURITÉ

New York est aujourd'hui une ville sûre, plus sûre que Paris en tout cas. Prendre le métro le soir n'est absolument pas dangereux, à moins que vous ne soyez déjà dans un quartier de New-York pas très recommandable. Mais à Manhattan, vous vous rendrez vite compte que vous ne serez jamais seul sur le quai du métro ou dans une rame, quelle que soit l'heure. D'autant que le métro fonctionne 24h/24.

TÉLÉPHONE

- **Appeler de France à New York.** Code appel international + code pays + indicatif régional + numéro local à sept chiffres. Par exemple, pour téléphoner de Bordeaux à Manhattan : 00 + 1 + 212 + 123 4567.
- **Appeler de New York à New York.** Il vous faudra composer systématiquement le code des Etats-Unis et l'indicatif régional. Ex : 1 + 212 + 123 4567 (vers un fixe) et 1 + 917 + 123 4567 (vers un portable).
- **Appeler de New York vers l'étranger.** Le code d'appel international est le 011 (contre le 00 en France). 011 + code pays + indicatif régional (ou indicatif portable) + numéro local. Exemples : pour Paris 011 + 33 + 1 + 49 87 65 43. Vers un portable 011 + 33 + 6 + 12 34 56 78.

TOURISME

▪ OFFICIAL NYC INFORMATION CENTER

151 W. 34th St
✆ +1 212 484 1222
www.nycgo.com
M° 34th Street (1, 2, 3, N, Q, R, W).
Ouvert du lundi au samedi de 10h à 22h, jusqu'à 21h le dimanche.
Dans ce bureau d'informations touristiques, à Midtown West, des centaines de brochures sur tout ce qu'il est possible de faire et de voir à New York et un personnel très accueillant qui peut répondre à toutes vos questions.

- **C'est ici que vous vous procurerez le New York Citypass** – citypass.com – qui vous donne accès à 6 attractions pour 136 US$ (ou 112 US$ pour les 6-17 ans), au choix : l'Empire State Building, l'American Museum of Natural History, le Met Museum, un tour de la statue de la Liberté et Ellis Island ou une croisière avec le Circle Line Sightseeing Cruises, le Guggenheim ou le Top of the Rock et enfin le musée du Mémorial du 9/11 ou l'Intrepid Sea, Air & Space Museum.

Y ALLER

Le plus simple pour se rendre à New York est l'avion. Le bateau est pour ceux qui ont le temps, qui aiment passer 7 jours à ne voir que l'océan et qui ont suffisamment de budget pour de longues vacances entre la France et New York.

EN AVION

De nombreuses compagnies proposent des vols quotidiens vers New York. Un vol dure entre 6 heures et 13 heures selon s'il est direct ou avec escale. En s'y prenant très en avance, il est possible de trouver des allers/retours pour environ 500 €.

■ AIR CANADA

✆ 08 25 88 08 81
http://www.aircanada.com
Air Canada est la plus importante compagnie aérienne canadienne. Elle assure le plus grand nombre de vols réguliers internationaux au départ et à destination du Canada ainsi que sur le marché transfrontalier (Canada etEtats-Unis). Plus de 35 millions de passagers utilisent chaque année lesservices d'Air Canada. Au départ de Paris, profitez de deux vols quotidiens vers Montréal et vers Toronto, villes où les plates-formes de correspondance d'Air Canada vous donneront accès à New York et à 50 autres destinations étasuniennes.

■ AIR FRANCE

✆ 36 54
www.airfrance.fr
Air France assure 7 vols quotidiens au départ de Roissy-CDG (terminal 2E), à destination de New York. Compter environ 7h45 pour aller de Paris à New York, et entre 6h30 et 7h pour aller de New York à Paris. Pour l'aéroport J.-F.-Kennedy, 6 vols quotidiens. Et 1 départ par jour pour l'aéroport de Newark.

■ AMERICAN AIRLINES

✆ 0 826 460 950
www.americanairlines.fr
American Airlines propose 2 vols quotidiens de Paris-CDG à New York-JFK. Départ en fin de matinée pour une arrivée en début d'après-midi et départ en fin d'après-midi pour une arrivée dans la soirée. Comptez en moyenne 8 heures de vol.

■ DELTA AIRLINES

✆ 0 811 64 00 05
fr.delta.com
Delta Airlines propose quotidiennement des vols directs entre Paris et New York. Au départ de Paris-CDG pour New York-JFK, 5 vols quotidiens directs sont programmés.
La compagnie relie également Nice à New York à raison de 4 vols par semaine.

■ **EASYVOYAGE**
✆ 08 99 19 98 79
www.easyvoyage.com
contact@easyvoyage.fr
Le concept peut se résumer en trois mots : s'informer, comparer et réserver. Des infos pratiques sur plusieurs destinations en ligne (saisonnalité, visa, agenda...) vous permettent de penser plus efficacement votre voyage. Après avoir choisi votre destination selon votre profil (famille, budget...), le site vous offre la possibilité d'interroger plusieurs sites à la fois concernant les vols, les séjours ou les circuits. Grâce à ce moteur performant, vous pouvez réserver directement sur plusieurs bases de réservation (Lastminute, Go Voyages et bien d'autres).

EN BATEAU

■ **CUNARD – COMPAGNIE INTERNATIONALE DE CROISIÈRE**
68, rue de Lourmel (15e)
Paris (France)
✆ 01 45 75 95 00
www.cunard-france.com
1 800 € par personne pour un aller simple Southampton – New York et 2 700 € pour un aller simple Le Havre – New York.
Cunard Line assure régulièrement la liaison maritime entre l'Europe et les Etats-Unis, à bord de *liners* conçus pour affronter la traversée de l'Atlantique Nord. Départs du Havre ou Southampton vers New York. Comptez minimum 1 100 € pour 7 jours de simple traversée sur le *Queen Mary 2*. De nombreuses croisières font une halte à New York : n'hésitez pas à consulter le site de la compagnie.

AGENCES DE VOYAGE

L'offre pour New York est variée, importante et complète. Courts séjours, sélection d'hébergement, visite accompagnée, il y en a pour tous les goûts. N'hésitez pas à surfer sur les sites comparateurs et les agences pour trouver les meilleurs prix. Les courts séjours sont possibles à partir de 600 € en moyenne.

■ **AMERIKASIA**
48, rue Franklin
Lyon (France)
✆ 04 78 42 98 82
www.amerikasia.fr
contact@amerikasia.fr
Comme son nom l'indique, Amerikasia est spécialisé dans les séjours en Amérique et en Asie. L'agence propose toutes sortes de formules pour les États-Unis, dont de courts séjours de 6 jours et 4 nuits à New York (logé près de Central Park), un circuit de 5 jours « A la découverte de New York » avec un guide francophone pour visiter Brooklyn, Manhattan, le Rockefeller Center et Ellis Island, ou encore « Les capitales du Nouveau Monde » qui passera par Montréal, Québec, Niagara, Washington et New York. Un séjour pour réveillonner à New York est aussi possible !

■ **ANAPIA VOYAGES**
✆ 04 42 54 21 52
www.anapiavoyages.fr
sylvia@anapiavoyages.fr
Visite sur rendez-vous.
Anapia Voyages, basée en Provence, a été créée par Sylvia, une Péruvienne vivant depuis plus de trente ans en France. La richesse de ses programmes, à dominante culture et nature, s'appuie sur l'expérience de ses

collaborateurs, guides ou producteurs de séjours et circuits, notamment en Amérique latine, mais aussi en Asie et en Afrique. A New York, l'agence propose un intéressant séjour chez l'habitant à Brooklyn, pour vivre le vrai «American Way of Life». Ceux qui préfèrent l'hôtel seront logés au prestigieux Warwick, à Manhattan.

▶ **Autres adresses :** à Saint-Jean-de-Luz ✆ 05 47 02 08 61. • Bayonne, Mauléon Licharre, Lyon et Paris.

■ BACK ROADS

14, place Denfert-Rochereau (14e)
Paris (France)
✆ 01 43 22 65 65
www.backroads.fr
contact@backroads.fr
Ouvert du lundi au vendredi de 9h30 à 19h et le samedi de 10h à 18h.
Back Roads propose toutes sortes de produits à destination de la Big Apple. Un week-end culturel, des locations d'appartements, des mini-tours et des forfaits... En outre, plusieurs types d'excursions sont possibles pour New York : survol de Manhattan en hélicoptère, croisières, excursions en bus, etc.

■ CERCLE DES VOYAGES

31, avenue de l'Opéra (1er)
Paris (France)
✆ 01 40 15 15 11
www.cercledesvoyages.com
M° Pyramides.
Ouvert du lundi au vendredi de 9h à 20h et le samedi de 10h à 18h30.
Pour New York, le Cercle des Vacances propose des vols économiques au départ de Paris, mais aussi des séjours, week-ends, ainsi qu'un circuit de sept jours pour visiter la Big Apple avec visites incluses, Ellis Island comprise, avec une messe gospel en bonus et un show à Broadway ! L'agence propose également un circuit de 12 jours qui part de Montréal pour s'achever à New York, un autotour qui longe la côte est en 15 jours et de multiples possibilités d'excursions.

■ JETSET VOYAGES

249, rue de Crimée (19e)
Paris (France)
✆ 01 53 67 13 00
www.jetset-voyages.fr
cotation@jetset-voyages.fr
Jetset Voyages propose plusieurs séjours à New York. Vous pouvez choisir un court ou un long séjour en liberté grâce aux formules à la carte. Avec une quinzaine d'hôtels en brochure, des appartements et de très nombreuses excursions et visites, vous pourrez créer un voyage sur mesure. Il existe également une formule pour les voyages accompagnés, « New York Skyline », qui bénéficie d'un excellent rapport qualité-prix (plusieurs alternatives au niveau de la restauration) et d'un programme assez complet. L'offre du tour-opérateur est très large et le mieux est de consulter la brochure ou le site pour faire votre choix.

S'Y DÉPLACER

Plus que centenaire, le *subway* new-yorkais est l'un des plus vieux métros américains. Il n'avait qu'une seule ligne en 1904, il en compte à présent trente-six (soit le plus grand nombre de lignes au monde). Principalement souterrain depuis les années 1950, le métro n'a gardé que quelques lignes en surface, dans le Queens, le Bronx ou Brooklyn.

Il a été rénové, nettoyé et modernisé : les wagons ont l'air conditionné en été, le chauffage en hiver.

Des plans de métro gratuits (*maps*) sont à demander aux guichets (*booth*). Ils vous seront fort utiles car, s'il y a des plans affichés près de chaque guichet, une fois passé le tourniquet, ils sont quasi inexistants sur les plates-formes et difficiles d'accès dans les wagons souvent bondés. N'hésitez pas à demander votre chemin autour de vous, les New-Yorkais renseignent toujours volontiers les personnes désorientées. Notez que le terme « *subway* » désigne l'infrastructure et non pas les lignes, pour lesquelles on emploie le mot « *train* » (B train ; 7 train).

Le métro est le moyen de déplacement le plus rapide. Il fonctionne 24h/24, 7j/7, avec une périodicité de 2 à 5 minutes en heures de pointe, de 5 à 10 minutes le reste du temps, et de 15 à 30 minutes en pleine nuit.

Les stations sont repérables dans les rues grâce à de grosses boules vertes (station et guichet ouverts en permanence) ou rouges (entrée à horaires restreints). Certaines entrées de stations affichent « *Downtown only* » (vers le sud) ou « *Uptown only* » (vers le nord).

Les lignes sont indiquées par leur lettre ou numéro apparaissant sur le rond de couleur qui leur est assigné. Encore une fois, sachez toujours si vous allez *Uptown* ou *Downtown*, c'est affiché le long des quais. Plusieurs lignes peuvent emprunter un même quai.

Attention également au fait qu'une même ligne peut être *local* ou *express* (les *express* sautent pas mal de stations et sont repérables au losange jaune figurant sur les wagons ; leurs arrêts sont représentés sur les plans par des ronds blancs et annoncés par le conducteur).

Enfin, la nuit, le métro a largement gagné en sécurité, les conseils de prudence sont les mêmes qu'ailleurs.

TRANSPORTS EN COMMUN

■ METROPOLITAN TRANSPORT AUTHORITY (MTA)

www.mta.info

Le site Internet de la société de transports en commun vous donnera toutes les informations que vous cherchez sur les tarifs, les lignes, les plans, etc.

Un trajet simple coûte 2,75 US$, payable aux distributeurs automatiques en espèces ou par carte et vous pouvez demander de la monnaie auprès du

© MACIEJ NOSKOWSKI

Les fameux taxis jaunes sur la 7e Avenue à Times Square, Manhattan.

guichet. Les personnes âgées (senior + de 65 ans) ou handicapées ont droit au demi-tarif.

Quant aux enfants accompagnés, la gratuité leur est accordée selon... leur taille ! Ils doivent mesurer moins de 44 inches (moins de 1,12 m). Trois enfants accompagnés d'un adulte peuvent en profiter.

▶ **La Metrocard** : la manière la plus avantageuse de voyager. Il s'agit d'une carte chargée en crédits. Elles s'achètent aux distributeurs automatiques de la station (les billets et cartes de crédit sont acceptés) mais aussi dans les gares, kiosques, Visitors Centers, etc.

Le prix du trajet est comptabilisé automatiquement à chaque fois que vous glissez votre carte dans le lecteur pour prendre le métro ou le bus. Vous bénéficiez alors d'une connexion gratuite pendant 2 heures, de métro à bus, de bus à métro ou de bus à bus. Quand vous avez épuisé votre crédit de trajets, vous pouvez recharger votre carte aux distributeurs automatiques.

Plusieurs formules de MetroCard vous sont proposées :

▶ **Pay per Ride.** La MetroCard est créditée du nombre souhaité de trajets (de 5 US$ à 100 US$). Pour chaque unité de 5 US$, 5 % de trajet est offert.

▶ **Unlimited Ride Metrocard.** La formule la plus avantageuse, qui offre un nombre de trajets illimités sur la période de validité : 7-Day Card : 33 US$. 30-Day Card : 127 US$.

▶ **Bus :** les tarifs et la formule sont exactement les mêmes que ceux du métro. Si vous comptez régler en espèces, il faut avoir l'appoint car le chauffeur ne rend pas la monnaie et la machine n'accepte pas les billets.

TAXI

Les *yellow cabs* portant le médaillon « NYC Taxi » et les tarifs sur leurs portières. Très sûrs, ces taxis affichent la *driver's licence*, la photo et le numéro personnel du chauffeur : il n'est donc pas dans leur intérêt de vous arnaquer. Vous pouvez demander un reçu (*a receipt*).

▸ **Il existe désormais des taxis verts**, appelés *Boro Taxis*. Ceux-ci ne sont autorisés à prendre des clients qu'au delà de la 96e rue à l'Est de Manhattan et de la 110e rue à l'Ouest et dans les quatre autres *borough* de New York (Brooklyn, Queens, Staten Island et le Bronx).

▸ **Tarifs.** Le taxi est le moyen de transport meilleur marché lorsqu'on est trois. Le prix d'une course est de 2,50 US$ pour la prise en charge et le premier tiers de mile parcouru (533 m), puis de 50 cents par un cinquième de mile (320 m) supplémentaire, on y ajoute 50 cents par tranche de 60 secondes d'immobilité due au *slow traffic*, s'ajoute également un surcoût forfaitaire de 50 cents entre 20h et 6h ou un surcoût forfaitaire de 1 US$ du lundi au vendredi entre 16h et 20h (sauf jours fériés). Le prix des tunnels et des ponts (*tolls*) est à vos frais. Laisser en plus un pourboire de l'ordre de 15-20 %. Pas de frais supplémentaire si vous avez des bagages.

▸ **L'application Uber** est très populaire à New York. A l'inverse des taxis, il n'est pas nécessaire de laisser des pourboires, cela revient donc généralement moins cher.

■ TAXIFAREFINDER.COM

www.taxifarefinder.com

Le site taxifareFinder.com est très pratique puisqu'il calcule le prix de votre trajet en taxi une fois que vous avez rentré vos adresses de départ et d'arrivée. Vous pouvez entrer une adresse précise (votre hôtel, par exemple) ou celle d'un point d'un intérêt situé à proximité. Il prend en compte toutes les données nécessaires à l'estimation : le jour et l'heure à laquelle vous effectuez le trajet ainsi que l'état du trafic. Le montant estimé inclut par défaut un pourboire de 15 %. Le site vous donnera également une indication du temps de trajet.

LOCATION DE VOITURE

■ ALAMO RENT A CAR

✆ 08 05 54 25 10

www.alamo.fr

Avec plus de 40 ans d'expérience, Alamo possède actuellement plus d'un million de véhicules au service de 15 millions de voyageurs chaque année, répartis dans 1 248 agences implantées dans 43 pays. Alamo met tout en œuvre pour une location de voiture sans souci.

■ BSP AUTO

✆ 01 86 26 90 80

www.bsp-auto.com

Site comparatif accessible 24h/24.

Il s'agit là d'un prestataire qui vous assure les meilleurs tarifs de location aux conditions les plus avantageuses auprès des grands loueurs de véhicules dans les gares, aéroports et les centres-villes du monde entier. Le kilométrage illimité et les assurances sont souvent compris dans le prix. Avec BSP Auto, vous pouvez réserver dès maintenant et payer seulement cinq jours avant la prise de votre véhicule. Autre bonus du courtier BSP : pas de frais de dossier ni d'annulation (jusqu'à la veille). La moins chère des options zéro franchise.

VÉLO

On fait généralement du vélo dans Central Park, mais pédaler dans Manhattan peut être un moyen imparable de visiter la ville (la prudence est évidemment de mise).

BIKE RENTAL CENTRAL PARK

9 W 60th St
Upper West Side
✆ +1 347 871 4499
www.bikerentalcentralpark.com
M° Columbus Circle (lignes 1, A, C, B, D).
Tarifs : 9 US$ pour une heure, 14 US$ pour deux heures, 25 US$ pour une journée complète (de 8h à 20h).
Le lieu idéal pour louer un vélo en vue d'une balade à Central Park. Vous n'aurez que quelques *blocks* à traverser en plein trafic avant de flâner sur les chemins du poumon vert de New York. Notez que vous ferez de belles économies en réservant votre vélo à l'avance sur Internet.

Autres adresses : 1391 6th Ave ✆ +1 212 664 9600 • 892 9th Ave ✆ +1 212 664 9600

BLAZING SADDLES

Pier 17, South Street Seaport
✆ +1 917 440 9094
www.blazingsaddles.com
info@blazingsaddles.com
M° Wall St. (lignes 2, 3), Broad St (lignes J, Z).
De mai à novembre. Tarifs : A partir de 10 US$ pour une heure, 35 US$ pour 24h (28 US$ en passant par le site Internet).
Blazing Saddles propose des packages tels que le combo Vélo-bateau. Plutôt que de louer une voiture, taxi, métro ou de prendre un autocar, des visiteurs se mettent à louer un vélo pour profiter de leur temps à New York. La location d'un vélo chez Blazing Saddles vous permet de voir des endroits de la ville inaccessibles autrement, notamment Governors Island. On n'oubliera pas non plus les grandes attractions : Brooklyn Bridge, Central Park, Wall Street, Financial District, Soho, ou bien la Manhattan Greenway, une balade sympathique le long de l'Hudson river.

© FERRANTRAITE – ISTOCKPHOTO.COM

CITI BIKE

www.citibikenyc.com
bikeforbusiness@citibikenyc.com
Tarif : 3,50 US$ pour un trajet de 30 minutes ; 15 US$ pour un forfait journée avec trajets illimités de 30 minutes.
Inaugurés en mai 2013, les Citi Bike sont à New York ce que les Vélib' sont à Paris. Avec près de 750 stations et 1 000 vélos disséminés dans les *boroughs* de Manhattan, du Queens, du Bronx et de Brooklyn, vous ne peinerez pas à en trouver pendant votre séjour. Les Citi Bike sont une alternative économique à la location de vélo. Le fait que l'on puisse les déposer à n'importe quelle borne Citi Bike dans la ville les rend particulièrement pratiques. Si les New-Yorkais ont mis du temps à les adopter, ils sont désormais nombreux à se déplacer en Citi Bike !

SE LOGER

FINANCIAL DISTRICT, SOHO ET CHINATOWN

■ ARLO SOHO
231 Hudson Street
SoHo
✆ +1 212 342 7000
www.arlohotels.com
info@arlohotels.com
M° Canal Street (lignes 1, 2).
Chambre double à partir de 130 US$.
Abrité dans un bâtiment de briques plein de cachet, cet hôtel plutôt branché aux 325 chambres est l'un des meilleurs rapport qualité/prix du quartier. Les chambres les moins chères sont assez petites, mais efficacement agencées, si bien que l'on ne se sent pas à l'étroit. Leur déco est assez épurée, le blanc étant la couleur dominante, mais elles sont tout de même chaleureuses grâce aux touches boisées ici et là. Sur le toit, le bar A.R.T offre des vues incroyables sur les gratte-ciel du Financial District et sur la rivière.

■ ROXY HOTEL
2 6th Avenue
Tribeca
✆ +1 212 519 6600
www.roxyhotelnyc.com
reservations@roxyhoteltribeca.com
M° Canal Street (lignes 1, A, C, E, N, Q, R, W, Z, 6, J).
Chambre double à partir de 200 US$ en basse saison et 270 US$ en haute saison.
Sur son petit coin de rue pavée, le charmant Roxy Hotel nous plonge dans un univers à part, digne d'un film de Woody Allen. Ce boutique-hotel abrite 201 chambres confortables dotées d'une touche Art déco, plusieurs bars et restaurants où l'on côtoie célébrités et New-Yorkais anonymes, ainsi qu'un minuscule cinéma qui semble sorti des années 1930. La déco est rétro et chic, aussi bien dans les chambres que dans le Roxy Lounge, où l'on peut s'installer avec un café ou un verre pour profiter de l'atmosphère unique des lieux. Un endroit très New York.

EAST VILLAGE, ALPHABET CITY ET LOWER EAST SIDE

■ BLUE MOON HOTEL
100 Orchard Street
Lower East Side
✆ +1 212 533 9080
www.thebluemoonhotel.com
reservations@bluemoonboutique-hotel.com
M° Delancey Street-Essex Street (lignes F, J, M, Z)
Chambre double à partir de 139 US$, dortoir à 40 US$ par personne.
Au croisement des rues Delancey et Orchard, le Blue Moon Hotel est une

très bonne option pour qui souhaite être au cœur du Lower East Side. On y trouve 22 chambres et suites lumineuses au charme suranné des années 1920-1930, certaines avec balcon, mais aussi des dortoirs relativement économiques.

■ OFF SOHO SUITES HOTEL

11 Rivington Street
Bowery
✆ +1 800 633 7646
www.offsoho.com
M° Bowery (lignes J, Z).
Suite 2 personnes à partir 159 US$ selon la saison. Suite 4 personnes à partir à partir de 179 US$.
Vous trouverez ici trente-huit petits appartements rénovés très récemment, parfaits pour les petits groupes : la « suite » (appartement) pour quatre comprend une chambre principale, un *living-room* avec canapé pliant (pour deux), un coin salle à manger, une kitchenette et une salle de bains avec baignoire ; la suite pour deux propose les mêmes avantages, avec salle de bains et kitchenette à partager avec une autre suite pour deux. Dans toutes les suites : téléphone, télé, connexion Internet, café et air conditionné. La réception assure l'accueil en plusieurs langues. Service de fax également, une lingerie, une salle de gym, une épicerie, un café ouvert 24h/24 et un parking (payant).

■ REDFORD HOTEL

136 Ludlow Street
Lower East Side
✆ +1 212 260 4141
www.lowereastsidehotel.com
frontdesk@redfordhotelnyc.com
M° Delancey St-Essex St (lignes J, M, Z, F).
Chambre double à partir de 139 US$.
Un hôtel pour somnanbules ou fêtards. L'établissement est parfaitement situé si vous comptez danser de longues heures dans les bars du Lower East Side. Vous éviterez ainsi de longues minutes à attendre le métro ou des factures de taxi. L'hôtel se trouve dans le même block que Piano's ou encore Cake Shop, deux bars réputés pour leurs soirées endiablées. La tranquillité n'est pas le point fort de l'hôtel. Mais qui a dit que vous alliez dormir à New York ?

GREENWICH VILLAGE, WEST VILLAGE ET MEATPACKING DISTRICT

■ GANSEVOORT HOTEL

18 9th avenue
Meatpacking District
✆ +1 212 206 6700
res@gansevoortmeatpacking.com
M° 14th Street (lignes L, A, C, E).
Chambre double à partir de 480 US$.
Ouvert en 2004, le Gansevoort Hotel est rapidement devenu l'épicentre du Meatpacking District. D'extérieur comme à l'intérieur, l'hôtel est paré d'un design ultra-moderne qui ne laissera pas indifférent. Quant aux chambres, elles ne sont pas aussi luxueuses que le design de l'hôtel peut le laisser penser mais elles sont magnifiquement décorées. La vue sur New York est magnifique si vous êtes assez haut dans l'immeuble, quelle que soit la taille de votre chambre. Seul bémol, les ascenseurs sont à partager avec les clients du bar et du restaurant.

■ **THE STANDARD – EAST VILLAGE**
25 Cooper Square, East Village
✆ +1 212 475 5700
press@standardhotels.com
M° Astor Place (ligne 6).
Chambre double à partir de 250 US$.
Le Standard est l'exemple même de l'hôtel branché. Du look cool de son jeune personnel, à la décoration vintage façon Brooklyn, l'établissement attire les jeunes trentenaires bobos. Le design des chambres est assez minimaliste pour que votre regard ne soit attiré que par la vue superbe sur Manhattan (attention, quelques chambres donnent sur la cour intérieure). La rue dans laquelle se trouve l'hôtel, au croisement entre les quartiers de Greenwich Village et East Village, est calme et vous n'aurez aucun mal à trouver le sommeil dans les confortables lits.

■ **WASHINGTON SQUARE HOTEL**
103 Waverly Place
Greenwich Village
✆ +1 212 777 9515
www.washingtonsquarehotel.com
reservations@wshotel.com
M° West 4th Street (lignes A, B, C, D, E, F, M).
Chambre double à partir de 170 US$ en basse saison et 270 US$ en haute saison.
Un petit bijou Art déco de 160 chambres dans le charmant et trépidant Greenwich Village. Les murs des chambres rétros et confortables sont tapissés de photographies d'artistes d'Hollywood. Ernest Hemingway et Bob Dylan ont résidé dans cet établissement ouvert en 1902. Les repas sont servis dans un cadre cosy au North Square Restaurant, ouvert toute la journée. L'excellent rapport qualité/prix de cet endroit en vogue fait du Washington Square Hotel l'un des établissements les plus recommandables du Village. Réserver longtemps à l'avance.

TIME SQUARE ET MIDTOWN

■ **ACE HOTEL**
20 W 29th Street, NoMad
✆ +1 212 679 2222
www.acehotel.com
enquire.nyc@acehotel.com
M° 28th Street (lignes R, W, 6).
Chambres doubles à partir de 120 US$.
L'Ace Hotel ne désemplit pas depuis son ouverture. Ici, tout est pensé *trendy*, et le résultat est plutôt réussi. Il faut commencer par le hall, qui réunit tous ces critères tendances : lumière sombre et tamisée, déco design, *beautiful people* et ordinateurs à foison. Pas besoin d'être client pour fréquenter le Ace Hotel, qui recèle également un bar et un resto (le Breslin). Côté logement, l'hôtel met 260 chambres au service du client, et pour tous les profils : de la petite chambre aux lits superposés (la moins chère) à l'espace résolument classe et cosy.

■ **CARLTON ARMS HOTEL**
160 East 25th Street
Gramercy Park
✆ +1 212 679 0680
www.carltonarms.com
artbreakhotel@aol.com
M° 23rd Street (ligne 6).
Chambre double à partir de 90 US$ en basse saison et 110 US$ en haute saison.
Un hôtel pour le moins psychédélique. D'extérieur, l'hôtel n'a rien d'étonnant. A

l'intérieur, pourtant, la décoration vous fera passer par toutes les émotions. Lieu de vie des *hippies* et *junkies* dans les années 1980, le lieu a conservé cet esprit marginal. L'hôtel a depuis été intégralement décoré par des artistes de passage. Toutes les chambres sont très différentes, avec toujours un côté kitsch assumé et une surabondance de bibelots en tout genre. Attention, certaines chambres ne sont pas équipées de douches ou toilettes. Il faut donc se rendre dans une salle de bains commune.

■ CHELSEA SAVOY HOTEL

204 W 23rd Street
Chelsea
✆ +1 8669299353
www.chelseasavoynyc.com
info@chelseasavoynyc.com
M° 1 (23rd St)
Chambre double à partir de 119 US$. Petit déjeuner compris.

Le quartier de Chelsea est l'un des plus chers de New York... Autant dire que cet hôtel est une bonne affaire (un *bargain*, comme on dit aux Etats-Unis). La déco est un peu vieillote – il faut le reconnaître –, mais si vous n'êtes pas venu à New York pour dormir dans une chambre sortie tout droit de l'imagination de Philippe Starck (si oui, allez au Paramount Hotel !) cet établissement présente un excellent rapport qualité-prix. Chaque matin, un petit déjeuner léger comprenant des boissons chaudes et des pâtisseries est servi entre 8h et 10h.

■ FREEHAND

23 Lexington Avenue
Flatiron District
✆ +1 212 475 1920
www.freehandhotels.com
info.nyc@thefreehand.com
M° 23rd Street (lignes R, W, 6).
A partir de 110 US$ la nuit pour une chambre double et 165 US$ pour un dortoir 4 personnes.

Le Freehand est au carrefour entre l'auberge de jeunesse et le boutique-hôtel. Le design des chambres est moderne et épuré, avec une déco assez éclectique (des sculptures évoquant l'art gréco-romain côtoient des peintures contemporaines). Pour le quartier, les tarifs sont abordables, surtout lorsque l'on voyage à plusieurs puisque le prix de la chambre est divisé par le nombre de voyageurs. Ainsi, si vous êtes une famille ou un groupe de quatre, vous pourrez partager une chambre très moderne et bien décorée avec deux lits superposés à des prix tout doux.

■ HOTEL ELYSÉE

60 East 54th Street
Midtown East
✆ +1 212 753 1066
www.elyseehotel.com
info@elyseehotel.com
M° Lexington Av-53 St (lignes E, M).
Chambre double à partir de 200 US$.

Cet hôtel de charme, construit dans les années 1920, s'enorgueillit de la fidélité de ses clients. Ses 99 chambres sont spacieuses et douillettes et ses suites ont des allures de petits appartements. Chambres et suites n'ont pas de numéro, mais un nom, pour faire plus intime. Toutes les chambres ont air conditionné, câble, coffre privé, deux téléphones, dont un dans la salle de bains, et un répondeur. L'hôtel dispose en outre d'un restaurant grec ainsi que d'une galerie de peinture. C'est somptueux. Accueil tout à fait cordial.

■ **HOTEL GRAND UNION**
34 East 32nd Street, Midtown East
✆ +1 212 683 5890
www.hotelgrandunion.com
M° 33rd Street sur la ligne 6. L'hôtel est situé sur la 32e rue entre Park Avenue et Madison Avenue.
Chambre double à partir de 120 US$.
Un bon rapport qualité-prix. Parfait si vous ne comptez pas passer trop de temps dans l'hôtel. Les chambres sont petites, assez sommaires et sombres. L'hôtel a l'avantage de n'être qu'à quelques rues de la gare Grand Central Terminal, de l'Empire State Building et des commerces de la 5e Avenue. Contrairement à certains établissement, les chambres du Grand Union sont équipées de l'air climatisé et du chauffage central. Un vrai plus si vous séjournez en juillet-août ou de décembre à février !

■ **MOXY NYC TIMES SQUARE**
485 7th Avenue
Entrée sur la 36e rue, Midtown West
✆ +1 212 967 6699
info@moxytimessquare.com
M° 34th Street-Penn Station (lignes A, C, E).
Chambre double à partir de 135 US$ en basse saison et 200 US$ en haute saison.
Le Moxy Times Square propose un rapport qualité/prix très convenable, étant donné qu'il vient d'ouvrir ses portes et que sa déco sort un peu des sentiers battus. Les chambres sont assez petites mais si bien agencées que ce n'est pas vraiment dérangeant. La situation de l'hôtel, en plein Midtown, est également enviable et vous conviendra particulièrement si c'est votre première fois à New York. La cible du Moxy, ce sont les *millennials*, qui n'ont pas un budget faramineux mais qui veulent tout de même voyager avec un certain panache.

■ **THE EVELYN**
7 East 27th Street
Flatiron District
✆ +1 212 545 8000
www.theevelyn.com
sales@theevelyn.com
M° 28th Street (lignes W, R, 6)

Moxy Times Square.

The Library Hotel.

Chambre double à partir de 220 US$ en basse saison et 300 US$ en haute saison.

La décoration de The Evelyn est inspirée des hôtels new-yorkais des années 1960, avec un mobilier qui évoque cette époque. Les chambres sont spacieuses et décorées de telle manière qu'elles donnent l'agréable sensation d'être dans un appartement *vintage* plutôt que dans une chambre d'hôtel. Elles sont toutes équipées d'un gramophone, que l'on peut faire fonctionner avec son smartphone. L'établissement, situé à proximité de la rue qui accueillait tous les plus grands studios de musique à la fin du XIXe siècle, assume également son héritage musical.

■ THE LIBRARY HOTEL

299 Madison Avenue
Midtown East ✆ +1 212 983 4500
www.libraryhotel.com
reservations@libraryhotel.com
M° 42nd Street-Grand Central
(lignes 4, 5, 6, 7 et S).

Chambre double à partir de 230 US$ en basse saison et 300 US$ en haute saison.

Ce petit hôtel de 60 chambres, aménagé dans un ancien manoir de 1912, est pensé autour d'un concept unique et original. L'établissement est organisé comme une bibliothèque : pas moins de six mille bouquins sont répartis un peu partout en fonction du thème de la pièce où l'on se trouve (science, littérature, philosophie, etc.). Le décor en acajou et l'ambiance agréablement feutrée font du Library l'un des hôtels les plus charmants et uniques de Manhattan. Si l'on devait trouver un bémol, ce serait celui-ci : le wifi est payant.

■ THE IROQUOIS

49 West 44th Street, Midtown
✆ +1 212 840 3080
www.iroquoisny.com
M° 42nd Street-Bryant Park
(lignes 7, B, D, F, M).
Chambre double à partir de 150 US$ en basse saison et 270 US$ en haute saison.

So charming ! Ce petit hôtel boisé et raffiné recèle 140 chambres, dont neuf suites, dotées de toutes les commodités et d'une salle de bains de marbre avec peignoirs douillets et échantillons de toilette. Parmi les nombreux services de l'établissement : une salle de sport ouverte 24h/24 et un tout nouveau cocktail lounge. Visiblement, le boutique-hôtel s'est aligné sur ses prestigieux voisins, l'Algonquin et le Royalton, et n'a plus rien à leur envier…

■ THE TIME

224 West 49th Street
Times Square © +1 212 246 5252
www.TheTimeNY.com
info@thetimeny.com
M° 50th Street (lignes 1, C, E).
Chambre double à partir de 170 US$ en basse saison et 300 US$ en haute saison.

Cet établissement se distingue par son concept original. Le designer Adam D. Tihany joue ici sur les trois couleurs primaires : le rouge, le bleu et le jaune. Ainsi, si vous séjournez dans la chambre jaune, le dessus-de-lit sera de cette couleur, assorti au polochon, au cadre de lit... Du confort aussi : les lits sont douillets et les chambres – 193 – plutôt calmes au milieu de la jungle urbaine. Le soir, le LeGrande Lounge, très cosy avec ses lumières orangées et tamisées, invite à la détente. La salle de fitness se trouve au quatrième étage.

UPPER WEST SIDE ET CENTRAL PARK

■ HI NEW YORK

891 Amsterdam Avenue
Upper West Side
© +1 212 932 2300
www.hinewyork.org
newyork@hiusa.org
M° 103rd Street (ligne 1).
Lit en dortoir entre 45 US$ et 70 US$ par personne selon la période et le type de dortoir.

La seule auberge de jeunesse digne de ce nom à New York ! Installé dans un immense bâtiment rouge flamboyant de style victorien de l'Upper West Side, près de l'université de Columbia, cet établissement dispose de dortoirs avec lits superposés pouvant héberger de quatre à douze personnes. Les salles de bains sont communes pour presque toutes les chambres. Egalement : une laverie automatique, une salle de télévision, un accès Internet, une cuisine, une salle de jeux et un jardin spacieux. Réserver au moins deux semaines à l'avance en été.

▪ HOTEL BELLECLAIRE

250 West 77th Street
Upper West Side
✆ +1 212 362 7700
www.hotelbelleclaire.com
reservations@hotelbelleclaire.com
M° 79th Street (ligne 1).
Chambre double à partir de 90 US$.
Difficile de faire mieux en rapport qualité/prix. Localisé dans la partie la plus belle et la plus animée de l'Upper West Side, l'hôtel Belleclaire est à seulement deux *blocks* du métro et de Central Park. Broadway, aux alentours de la 77e rue, est très vivant le soir et vous n'aurez aucun mal à trouver des restaurants et des bars ouverts tard le soir. Seul inconvénient, du fait de sa proximité avec Broadway, le bruit des voitures et des passants la nuit.

UPPER EAST SIDE

▪ BENTLEY HOTEL

500 East 62nd Street
Upper East Side
✆ +1 212 644 6000
www.bentleyhotelnyc.com
customerservice@bentleyhotelnyc.com
M° 59th Street (4, 5, 6, N, R, W).
Chambre double à partir de 140 US$ en basse saison et 200 US$ en haute saison.
Le Bentley Hotel réussit le pari de proposer des chambres à moins à des tarifs abordables dans l'Upper East Side. L'hôtel est évidemment un peu excentré du centre du quartier, mais les rues adjacentes sont tout à fait agréables. Quant aux chambres, elles sont non seulement très chics mais elles offrent également une vue imprenable sur le Queensborough Bridge ! Une vue que vous pourrez aussi apprécier depuis le *rooftop* très branché de l'hôtel. A noter qu'il faut marcher une dizaine de minutes pour atteindre la station de métro la plus proche.

▪ HOTEL PLAZA ATHENEE

37 East 64th Street
Upper East Side
✆ +1 800 447 8800
www.plaza-athenee.com
res@plaza-athenee.com
M° Lexington Ave-63rd St (lignes F, Q).
Chambre double à partir de 630 US$.
Suite à partir de 1 300 US$.
Cet hôtel de luxe reste l'établissement caché le long de Madison. Avec ses meubles antiques, son élégance italienne, ses peintures murales, son sol en marbre et son ambiance cosy, ce luxueux palace offre une certaine idée de l'élégance européenne. Le service est remarquable et chaque détail compte. Les chambres – 152 – sont spacieuses et colorées, avec des plafonds hauts et des placards aussi grands que les appartements de Downtown. Sinon, direction le lounge Bar Seine, où vous pourrez vous détendre avant de dîner au restaurant Arabelle.

▪ THE PIERRE, A TAJ HOTEL

2 East 61st Street
✆ +1 212 838 8000
www.thepierreny.com
thepierre.ny@tajhotels.com
M° 5th Avenue-59th Street (N, R, W).
Chambre double à partir de 725 US$.
Salle de sport.

Un hôtel de plus qui s'inscrit dans la plus pure tradition new-yorkaise, situé le long de la Cinquième Avenue et de Central Park. The Pierre est un établissement prestigieux qui a ouvert ses portes en 1930 et qui a été fondé par le Français Charles Pierre Casalasco. De l'extérieur, on le reconnait à sa belle façade historique et à ses portiers en uniforme. Entre simplicité et raffinement, les chambres sont spacieuses et, pour certaines, jouissent d'une sublime vue sur Central Park. Sur place, un restaurant, Perrine, et un bar/lounge.

HARLEM ET LE NORD

■ **SOUL FOOD (MONT MORRIS)**
120th Street, Harlem
✆ +1 212 369 8845
www.montmorris.com
M° 116th Street (lignes B, C).
Chambre double de 120 à 175 US$.
Cette superbe maison *brownstone* de Harlem est à l'image de votre hôte : élégante, inspirée, chaleureuse et énigmatique. Georgia, Jamaïcaine d'origine parlant le français, partage son temps entre l'art et la gestion de sa maison d'hôtes. La demeure est cossue, élançant son parquet ciré sur deux étages que l'on parcourt après s'être séparé de ses souliers, pour se rendre à l'une des chambres. Chacune possède son caractère propre, et toutes sont équipées d'un espace de travail et d'une salle de bains privée. L'accueil chaleureux réservé à chacun et l'emplacement du Mont Morris concourt à ce sentiment d'être comme à la maison.

LES AUTRES BOROUGHS

■ **NU HOTEL**
85 Smith Street
Downtown Brooklyn, BROOKLYN
✆ +1 718 852 8585
www.nuhotelbrooklyn.com
info@nuhotelbrooklyn.com
M° F, G (Bergen St.) ou A, C (Hoyt-Schermerhorn Streets).
Chambre double à partir de 120 US$.
L'hôtel le plus « Brooklyn » de New York ! Visiblement fier d'appartenir à ce

Nu Hotel.

The Wythe.

quartier de la ville, le propriétaire du Nu Hotel a décoré son établissement à la gloire de Brooklyn. On retrouve donc sur les murs des citations des plus célèbres Brooklynites et des meubles pour la plupart *made in Brooklyn*. Les chambres sont modernes, fonctionnelles et équipées d'un beau mobilier. Chacune d'entre elles est personnalisée avec des œuvres d'art, de grandes fresques murales, réalisées par des artistes locaux, égayent parfois le mur qui se trouve derrière le lit.

■ **THE WYTHE**
80 Wythe Ave, Williamsburg
BROOKLYN
✆ +1 718 460 8000
wythehotel.com
hello@wythehotel.com
M° Bedford Avenue (L).
Au croisement de North 11th
et de Wythe Street.
Chambre double à partir de 230 US$.
Ouvert en 2012, cet hôtel est un des tout premiers à Williamsburg et symbolise la révolution du quartier comme une annexe de Manhattan. Situé dans un building vieux de 110 ans qui a longtemps servi d'usine de textile, l'hôtel a conservé les magnifiques murs en brique et les grandes poutres en bois au plafond, ce qui lui donne un certain cachet. Quant à la vue sur Manhattan, elle est absolument magnifique depuis certaines chambres. A noter que l'on trouve un restaurant au rez-de-chaussée et un bar au sixième étage avec là aussi une vue imprenable sur la skyline.

INDEX

C

D

E

F

Times Square.

Coney Island.